RECUEIL GÉNÉRAL

DES DÉCRETS

DE L'ASSEMBLÉE NATIONALE

SANCTIONNÉS PAR LE ROI.

CODE FRANÇAIS,

OU

RECUEIL GÉNÉRAL

DES DÉCRETS

DE L'ASSEMBLÉE NATIONALE

SANCTIONNÉS PAR LE ROI.

TREIZIÈME PARTIE.

A PARIS;

Chez GUEFFIER, Imprimeur-Libraire, rue du Hure-poix, N° 17.

1791.

RECUEIL

Des Décrets de l'Assemblée nationale, avec les lettres-patentes du Roi qui les sanctionnent, les proclamations, adresses & déclarations qui y sont relatives.

PROCLAMATION *du roi, en exécution de la loi du 5 janvier 1791, relative à la création d'un régiment de cavalerie.*

Du 28 janvier 1791.

LA loi du 5 janvier 1791 ayant réglé qu'il sera créé un régiment de cavalerie, sa majesté a ordonné & ordonne ce qui suit.

ARTICLE PREMIER.

Il sera créé un régiment de cavalerie composé de trois escadrons & d'un état-major, ainsi qu'il est réglé pour les autres régimens de cavalerie.

II. Ce régiment aura le nom de vingt-quatrième régiment de cavalerie, & prendra rang immédiatement après le régiment de royal-Guyenne.

III. Pour parvenir à la composition de ce régiment, dont sa majesté a nommé les officiers supérieurs destinés à le commander, elle autorise l'officier général chargé de cette opération, à recevoir les demandes des officiers réformés par la nouvelle organisation, & ceux

Partie XIII.   A

du régiment licencié qui defireront continuer leurs fervices dans le nouveau régiment, & qu'il jugera fufceptibles de remplacement. Elle l'autorife auffi à admettre
ceux des fous-officiers & cavaliers également réformés
ou licenciés, qui demanderont d'y continuer leurs fervices, & qu'il en jugera de même fufceptibles.

IV. Les fous-officiers & cavaliers du régiment licencié, qui feront admis à fervir dans ce nouveau régiment,
y rempliront le temps de fervice qui leur reftoit à
faire pour leur engagement dans le régiment licencié,
& il ne leur fera point donné d'engagement, mais il
fera fait un fonds extraordinaire à la maffe générale du
régiment, lequel aura les deftinations ci-après.

1°. De former, à raifon de dix-huit livres par homme
de tous grades, le premier fonds de fa maffe de linge
& chauffure, laquelle fera portée par des retenues fucceffives à trente-fix livres.

2°. De pourvoir au remplacement en nature des effets
de petit équipement des hommes qui en auront befoin,
fans que le décompte puiffe en être fait à ceux qui feront
reconnus n'en avoir pas befoin.

L'état des dépenfes réfultant des difpofitions ci-deffus,
dont le foin fera confié au confeil d'adminiftration, fera
arrêté par lui, vérifié par le commiffaire des guerres,
& approuvé par l'officier général.

V. Quant aux hommes réformés des autres régimens,
qui feront admis dans le nouveau régiment, ils recevront
l'engagement prefcrit par l'ordonnance de recrutement
du 20 juin 1788.

VI. Voulant pourvoir auffitôt à la compofition en chevaux de ce nouveau régiment, fa majefté entend que
ceux du régiment licencié, y paffent tout équippés,
& que de même l'armement & l'équipement des hommes dudit régiment licencié, foient remis au nouveau
régiment, ainfi que les trompettes.

VII. L'officier général, d'après les différentes demandes qui lui auront été faites par ceux des officiers, fous-
officiers & cavaliers qui voudront continuer leurs fer-

vices dans le nouveau régiment, compofera les trois efcadrons, placera à leur tête les officiers qui doivent le commander, formera l'état-major & fera reconnoître le colonel ; ce dernier recevra & fera reconnoître enfuite les lieutenans-colonels & les autres officiers.

VIII. Les capitaines feront, chacun dans leur compagnie, reconnoître les fous-officiers.

IX. Ces opérations terminées, l'officier général fera prêter le ferment aux officiers, fous-officiers & cavaliers, conformément à l'article 8 de la proclamation du Roi, fur un décret de l'Affemblée nationale, concernant l'armée, du 21 mars 1790. Il fera dreffer un contrôle fignalé des hommes qui compoferont chaque compagnie, lequel fera figné de chaque commandant de compagnie, du colonel, vifé du commiffaire des guerres, & approuvé par l'officier général.

X. Il fera auffi former par compagnie, le fignalement des chevaux qui pafferont du régiment licencié au nouveau régiment, lequel fera auffi revêtu des fignatures mentionnées en l'article IX.

XI. L'officier général fera enfuite une revue de ce régiment. Le commiffaire des guerres fera auffi la fienne pour fervir au paiement de la fubfiftance & des maffes, à compter du jour de la création du régiment & il conftatera fa nouvelle formation par un procès-verbal, dont un double fera envoyé au miniftre de la guerre, & l'autre au tréforier.

XII. Les lettres brevets & commiffions du nouveau régiment feront expédiés fous le nom de vingt-quatrieme régiment de cavalerie.

XIII. L'officier général formera le confeil d'adminiftration de ce regiment, & le compofera comme celui des autres régimens de cavalerie. Le confeil étant formé, l'officier général fera établir les regiftres néceffaires à l'adminiftration ; l'argent dépofé dans la caiffe du tréforier, provenant du régiment licencié, fera le premier fonds de la maffe générale du nouveau régiment.

XIV. Les appointemens, soldes & masses seront payés au vingt-quatrieme régiment du jour de sa formation, & sur le pied réglé pour les autres régimens de cavalerie.

XV. Ce régiment aura pour uniforme, jusqu'à ce que sa majesté ait fixé l'habillement des régimens de cavalerie, un surtout & un gillet de tricot bleu de roi, garnis de boutons de métal blanc timbrés du N°. 24. L'on suivra pour la coupe des surtouts, les formes prescrites par la décision du 24 novembre & du 22 décembre 1788. Les officiers auront le même uniforme, mais la doublure du surtout sera rose & la veste blanche.

XVI. Les trompettes seront habillés à la livrée du Roi.

XVII. Sa majesté donnera ses ordres pour faire passer à ce régiment des étendards & banderolles de trompettes.

XVIII. Il sera pourvu par des fonds extraordinaires, à la dépense nécessaire pour mettre le vingt-quatrieme régiment de cavalerie de tout point en état de servir. L'officier général formera en conséquence des états détaillés & séparés des objets dont ce régiment aura besoin, & les adressera au ministre de la guerre.

XIX. Veut au surplus sa majesté, que ce régiment se conforme à toutes les ordonnances & réglemens précédemment rendus concernant les régimens de cavalerie, tant en ce qui est relatif à l'administration des finances, que pour la discipline, police, instruction, les exercices & les manœuvres, en tout ce qui ne sera pas contraire à la présente proclamation.

Mande, &c. A Paris le vingt-huit janvier mil sept cent quatre-vingt-onze. *Signé* LOUIS. *Et plus bas,* DUPORTAIL.

Loi portant suppression de divers officiers & employés dans les hôtels de la guerre, à Paris, à Versailles, Compiegne & Fontainebleau.

Donnée à Paris, le 27 mars 1791.

LOUIS, par la grace de Dieu, & par la loi constitutionnelle de l'Etat, Roi des Français : à tous présens & à venir; salut. L'Assemblée nationale a décrété, & nous voulons & ordonnons ce qui suit :

Décret de l'Assemblée nationale, du 11 mars 1791.

L'Assemblée nationale, ouï le rapport de son comité militaire, sur les employés des hôtels de la guerre de Paris, Versailles, Compiegne & Fontainebleau, décrete ce qui suit :

ARTICLE PREMIER.

La place de gouverneur est supprimée, ainsi que celles de médecin, de chirurgien & de peintre de batailles ; & le traitement attaché auxdites places sera rayé des états, à compter du premier avril prochain.

II. Le traitement des trois ingénieurs géographes, employés à la carte des chasses du Roi, sera renvoyé à la liste civile, à compter du même jour.

III. A l'égard de toutes les autres dépenses qui peuvent demeurer nécessaires pour lesdits hôtels, elles seront suspendues à compter du premier avril prochain, & elles ne seront rétablies qu'en vertu d'un décret de l'Assemblée, rendu sur un état nominatif & détaillé de la cause & du montant desdites dépenses, lequel sera imprimé & distribué préalablement à la délibération.

Mandons, &c. *Signé* LOUIS *Et plus bas*, M. L. F. *Duport.* Et scellées du sceau de l'Etat.

Loi portant circonscription des paroisses de Châlons, de Reims, de Nancy & de Château-Thierry.

Donnée à Paris, le 4 mai 1791.

LOUIS, par la grace de Dieu, & par la loi constitutionnelle de l'Etat, Roi des Français : à tous présens & à venir ; salut. L'Assemblée nationale a décrété, & nous voulons & ordonnons ce qui suit.

Décret de l'Assemblée nationale, du 28 avril 1791.

L'Assemblée nationale, ouï le rapport qui lui a été fait par son comité ecclésiastique,

1°. Des arrêtés du directoire du département de la Marne du 1er. & du 10 de ce mois, sur les avis du directoire du district de Châlons, des 10, 21, 28 février & 16 mars 1791, & du district de Reims du mois de mars dernier & du 10 avril suivant, concernant la circonscription des paroisses de la ville de Châlons & de celle de Reims, & du refus de l'évêque de concourir à cette opération, en date du 8 décembre 1790 ;

2°. De l'arrêté du directoire du département de la Meurthe, du 28 mars dernier, sur l'avis du directoire du district & la délibération de la municipalité de Nancy, concernant la circonscription des paroisses de la ville de Nancy, & de la requisition faite à l'évêque, le 10 février dernier, de concourir à ladite opération ;

3°. De l'arrêté du directoire du département de l'Aisne, du 12 de ce mois, sur l'avis du directoire du district de Château-Thierry, du 1er. février dernier, & la délibération de la municipalité de Château-Thierry, du 25 octobre 1790, concernant la circonscription des paroisses de ladite ville, & de l'avis de l'évêque de ce département, du 3 de ce mois, décrete :

ARTICLE PREMIER.

Département de la Marne.

Ville de Châlons. Il y aura, pour la ville de Châlons, quatre paroiſſes, ſavoir : celle de Saint-Etienne, dans la ci-devant égliſe cathédrale, celles de Saint-Alpin, de Notre-Dame & de Saint-Loup.

II. L'égliſe de Saint-Etienne aura pour territoire, tout ce qui eſt compris entre le canal de Nau, la riviere de Marne, & en outre les grands & petits faubourgs, ainſi que toutes les maiſons contigues élevées ſur la nouvelle route & au-deſſous, appelées guinguettes, & celles qui pourroient y être bâties dans la ſuite.

III. Celle de Saint-Alpin aura tout le terrein compris entre le canal de Nau & de Mau.

IV. Celle de Notre-Dame s'étendra depuis le canal de Mau juſqu'à la ligne qui partant des remparts, ſe prolongeant par la rue des Meules, entrera dans la rue Saint-Jacques, en deſcendant juſqu'à la rue de Picherot, ſuivra cette rue, puis la premiere ruelle de la Croiſée, de-là la rue de Pocmagny, ſuivant la rue Baſſe Saint-Jean, juſqu'à celle de la Poterie qu'elle ira juſques vis-à-vis l'Arſenal, ſe prolongeant ſur le rempart où elle s'arrêtera. Ladite paroiſſe ſuivra en outre les habitations appelées le Salage à la porte Saint-Antoine, ainſi que les maiſons des jardins ſitués hors la porte Sainte-Croix.

V. Celle de Saint-Loup aura dans l'intérieur de la ville, tout ce qui eſt compris entre la ligne ci-deſſus décrite, avec les remparts qui ferment la ville dans cette partie & le fauxbourg Saint-Jacques.

VI. Les autres paroiſſes de ladite ville ſont ſupprimées.

VII. L'égliſe de Saint-Jean ſera conſervée comme oratoire de la paroiſſe de Saint-Loup; le curé y enverra les dimanches & fêtes, un vicaire célébrer la meſſe &

faire les inftructions fpirituelles, fans pouvoir exercer les fonctions curiales.

VIII. *Département de la Marne.*

Ville de Reims. Il n'y aura pour la ville & les faubourgs de Reims, que fix paroiffes, favoir : la paroiffe cathédrale fous l'invocation de Notre-Dame, celles de Saint-André, de Saint Pierre, de Saint-Maurice & de Saint Remy, dans l'églife ci-devant abbatiale de ce nom, enfin la paroiffe de la Magdeleine.

IX. L'églife de Saint-André confervera fon ancien territoire ; les cinq autres paroiffes feront circonfcrites ainfi qu'il eft expliqué par l'arrêté fufdaté du directoire du département de la Marne à l'exception qu'une ligne traverfant par le milieu les rues de la Coulure & des Capucins à commencer à la porte neuve & finir à la porte du couvent des Capucins, fervira de démarcation refpective entre les paroiffes de Saint-Pierre & de Notre-Dame d'un côté, & celle de la Madeleine de l'autre.

X. L'églife de Saint-Jacques fera confervée comme oratoire de la paroiffe cathédrale ; l'évêque y enverra les fêtes & dimanches, célébrer la meffe & faire les inftructions fpirituelles, fans y exercer les fonctions curiales.

XI. *Département de la Meurthe.*

Ville & faubourgs de Nancy. Il n'y aura pour la ville de Nancy, les faubourgs & campagnes environnantes que fix paroiffes, favoir : favoir la paroiffe cathédrale, celles de Saint-Sébaftien, de Saint-Nicolas, de Saint-Epvre, de Saint-Pierre & de Saint-Vincent ; elles feront deffervies dans les églifes indiquées par l'arrêté fufdité du directoire du département de la Meurthe, & circonfcrites ainfi qu'il eft expliqué audit arrêté.

XII. Les églifes de Bon-Secours & de Maxeville feront confervées comme oratoire, la premiere de la paroiffe de Saint-Pierre, & la feconde de celle de Saint-Vincent ; les curés de ces paroiffes y enverront refpectivement un vicaire les dimanches & fêtes célébrer la meſſe & faire les inſtructions ſpirituelles, ſans pouvoir y exercer les fonctions curiales.

XIII. *Département de l'Aiſne.*

Ville de Château-Thierry. Les trois paroiſſes de Saint-Creſpin, du Château & de Saint-Martin, de la ville de Château-Thierry, ne formeront plus qu'une ſeule paroiſſe qui ſera deſſervie dans l'égliſe de Saint Creſpin, & qui comprendra tout le territoire des paroiſſes réunies.

XIV. L'égliſe ci-devant paroiſſiale de Saint-Martin ſera conſervée comme oratoire; le curé y enverra les dimanches & fêtes un vicaire, célébrer la meſſe & faire les inſtructions ſpirituelles, ſans pouvoir y exercer les fonctions curiales.

Mandons, &c. *Signé* LOUIS. *Et plus bas,* M. L. F. Duport. Et ſcellées du ſceau de l'Etat.

Loi relative au ci-devant abonnement de la ville de Touloufe, pour ſes impoſitions ordinaires.

Donnée à Paris, le 8 mai 1791.

LOUIS, par la grace de Dieu, & par la loi conſtitutionnelle de l'Etat, Roi des Français: à tous préſens & à venir; ſalut. L'Aſſemblée nationale a décrété, & nous voulons & ordonnons ce qui ſuit:

Décret de l'Aſſemblée nationale, du 3 mai 1791.

Sur ce qui a été repréſenté à l'Aſſemblée nationale, que par arrêt du conſeil & lettres patentes du 28 février 1789, la ville de Toulouſe avoit obtenu l'abonnement de la taille & autres impoſitions, pour vingt années à compter du premier octobre 1790, à la charge de payer annuellement la ſomme de cinq mille francs, & en don gratuit, une ſomme de quatre cent mille livres, dont deux cent mille livres le premier juin 1789, & les deux cents autres le premier janvier 1790, duquel don gratuit le premier paiement a été effectué, l'Affemblée nationale confidérant que tous les abonnemens d'impofitions font contraires aux principes de la conftitution, & ont été abolis par fes décrets des 4 & 10 août & novembre 1789, & ouï le rapport de fon comité des contributions publiques, décrete ce qui fuit :

ARTICLE PREMIER.

L'abonnement accordé à la ville de Touloufe pour fes impofitions ordinaires, par lefdites lettres-patentes, du 28 février 1789, eft aboli conformément aux décrets des 4 & 10 août & novembre 1789.

II. Les deux cent mille francs verfés par la ville de Touloufe au tréfor public, le 7 juillet 1789, à raifon dudit abonnement, feront reftitués à ladite ville par la caiffe de l'extraordinaire, à la charge d'employer ladite fomme à l'acquittement des dettes de la ville, & avant tout, à rembourfer ce qui peut être dû aux prêteurs de la fomme payée par la ville pour cet abonnement.

III. La ville de Touloufe fe conformera, dans le plus court délai poffible, aux difpofitions du décret du 19 février dernier, concernant les befoins des villes.

Mandons, &c. *Signé* Louis. *Et plus bas*, M. L. F. *Duport*. Et fcellées du fceau de l'Etat.

Loi portant entr'autres chofes, que l'adminiftration du pilotage de Dunkerque fera verfer dans la caiffe de la municipalité de la même ville, une fomme de 50,000 liv.

Donnée à Paris, le 15 mai 1791.

Louis, par la grace de Dieu, & par la loi conftitutionnelle de l'Etat, Roi des Français : à tous préfens & à venir ; falut. L'Affemblée nationale a décrété, & nous voulons & ordonnons ce qui fuit :

Décret de l'Assemblée nationale, du 11 mai 1791.

L'Assemblée nationale décrete ce qui suit :

ARTICLE PREMIER.

Que dans le délai de trois jours , à compter de la notification du présent décret , l'administration du pilotage de Dunkerque fera verser dans la caisse de la municipalité de cette ville , une somme de cinquante mille livres, faisant partie de celle qui existe dans la caisse du pilotage.

II. Le conseil général de la commune remettra à l'administration du pilotage , une obligation de pareille somme payable au premier janvier 1793, sans intérêts ; & les fonds nécessaires à ce remboursement seront prélevés sur ceux que la ville de Dunkerque sera autorisée à imposer , suivant le mode & dans la forme qui sera décrétée par l'Assemblée nationale , pour subvenir aux dépenses particulieres des villes.

Mandons , &c. *Signé* Louis. *Et plus bas*, M. L. F. *Duport*. Et scellées du sceau de l'Etat.

Loi relative à la justice de paix d'Ernetat , qui établit des juges de paix & de commerce à Perpignan , Bastia , Pau, Bayonne , Limoux , Castelnaudary , Coutances & Belvez.

Donnée à Paris , le 20 mai 1791.

Louis , par la grace de Dieu , & par la loi constitutionnelle de l'Etat , Roi des Français : a tous présens & à venir , salut. L'Assemblée nationale a décrété , & nous voulons & ordonnons ce qui suit :

Décret de l'Assemblée nationale , du 13 mai 1791.

L'Assemblée nationale , après avoir entendu le rapport du comité de constitution , décrete ce qui suit :

L'administration de la justice de paix, dans la section du canton de la ville de Rouen séant à Ernetat, aura lieu uniformément & sans distinction pour son arrondissement, comme pour les huit autres sections.

Les villes de Perpignan & de Bastia auront chacune deux juges de paix.

Il sera établi des tribunaux de commerce dans les villes de Pau, Bayonne, Limoux, Castelnaudary, Coutances & Belvez.

Mandons, &c. *Signé* LOUIS. *Et plus bas*, L. M. F. Du-*port*. Et scellées du sceau de l'Etat.

LOI relative au paiement des différentes sommes faisant partie de l'arriéré du département de la maison du Roi & autres.

Donnée à Paris, le 25 mai 1791.

LOUIS, par la grace de Dieu, & par la loi constitutionnelle de l'Etat, Roi des Français : à tous présens & à venir ; salut. L'Assemblée nationale a décreté, & nous voulons & ordonnons ce qui suit :

Décret de l'Assemblée nationale, du 17 mai 1791.

L'Assemblée nationale, ouï le rapport de son comité central de liquidation, qui a rendu compte des vérifications & rapports faits par le directeur général de la liquidation, décrete qu'en conformité de ses précédens décrets sur la liquidation des dettes de l'état, & sur les fonds destinés à l'acquit de ladite dette, il sera payé aux personnes nommées audit état, la somme de deux millions quatre cents quatre-vingt-cinq mille sept cent huit livres douze sous deux deniers.

A la charge en outre, par tous les dénommés ci-dessus de se conformer aux loix de l'état, pour l'obtention de leur reconnoissance définitive & mandat sur la caisse de l'extraordinaire.

A l'égard du paiement des différentes sommes échues jusqu'à ce jour, pour partie du prix des forges & dé-

(13)

pendances vendues au Roi par Pierre-Babaud de la Chauffade, fuivant le contrat du 8 mars 1781 ,

L'Affemblée nationale déclare qu'il n'y a lieu d'y procéder quant à préfent. Décrete qu'à la diligence des commiffaires du Roi, près les tribunaux de diftricts dans
le reffort defquels font fituées les forges vendues par le
fieur de la Chauffade & leurs dépendances , il fera obtenu des lettres de ratification fur le contrat du 8 mars
1781 ; & après que lefdites lettres auront été obtenues,
le total des fommes qui reftent dues au fieur de la Chauffade, fur le prix des forges par lui vendues, fera payé à
lui ou à fes ayant caufe. Décrete en outre , eu égard
à la fufpenfion du paiement des termes déja échus , réfultant du préfent décret, que le fieur de la Chauffade
ou fes enfans donataires de lui d'une partie de fes
créances fur le Roi, lefquels, fur la foi des paiemens fti-
pulés par le contrat du 8 mars 1781 , fe font rendus
adjudicataires de biens nationaux, ne pourront être con-
traints au paiement du prix des adjudications qui leur
ont été faites jufqu'à l'époque du paiement à faire par
la nation au fieur de la Chauffade, defquels biens ils
pourront néanmoins fe mettre en poffeffion, à la charge
par eux de payer l'intérêt à cinq pour cent des fommes
dont ils fe trouveront débiteurs ; & pour la fûreté du
capital defdites fommes, les receveurs des diftricts dans
l'étendue defquels les biens adjugés fe trouvent fitués ,
formeront oppofition entre les mains du confervateur des
hypotheques fur les fommes à payer audit fieur de la
Chauffade ou à fes repréfentans.

Mandons , &c. *Signé* LOUIS. *Et plus bas,* M. L. F.
Duport. Et fcellées du fceau de l'Etat.

Loi relative à la gendarmerie du département de Corfe,

Du 8 juin 1791.

LOUIS, par la grace de Dieu, & par la loi conftitutionnelle de l'Etat, Roi des Français: à tous préfens & à venir;
falut. L'Affemblée nationale a décrété, & nous voulons &
ordonnons ce qui fuit :

Décret de l'Assemblée nationale, du 3 juin 1791.

L'Assemblée nationale considérant que dans le département de Corse il n'y avoit point de maréchaussée, que le ci-devant régiment provincial en a toujours fait le service, après avoir entendu ses comités de constitution & militaire, sur les observations faites par le directoire du département de Corse, décrete que la gendarmerie nationale de ce département sera composée au moment de cette premiere formation, d'officiers, sous-officiers & soldats qui aient servi dans le régiment provincial Corse ou dans les troupes de ligne ; qu'attendu la localité, cette gendarmerie au lieu de vingt quatre brigades à cheval, sera composée de trente-six brigades à pied, lesquelles seront divisées en trois compagnies, sous les ordres d'un colonel & de deux lieutenans-colonels ; qu'au surplus les décrets rendus sur l'organisation de la gendarmerie en général, seront exécutés en Corse comme dans tous les autres départemens.

Mandons, &c. *Signé* Louis. *Et plus bas,* M. L. F. Duport. Et scellées du sceau de l'Etat.

Loi qui autorise différens directoires de départemens & de districts y énoncés, à acquérir les bâtimens nécessaires à leur établissement & à y faire les réparations convenables.

Donnée à Paris, le 10 juin 1791.

Louis, par la grace de Dieu, & par la loi constitutionnelle de l'Etat, Roi des Français : à tous présens & à venir ; salut. L'Assemblée nationale a décrété, & nous voulons & ordonnons ce qui suit :

Décret de l'Assemblée nationale, du 31 mai 1791.

L'Assemblée nationale, ouï le rapport de son comité d'emplacement, autorise, 1°. le directoire du district de Péronne, département de la Somme, à acquérir, aux frais des adminiſtrés & dans les termes preſcrits par les décrets de l'Aſſemblée nationale, la maiſon des cordeliers de cette ville pour placer le corps adminiſtratif du diſtrict.

L'autoriſe également à faire procéder à l'adjudication au rabais des réparations & arrangemens intérieurs portés au devis eſtimatif du 27 février dernier, le montant de laquelle adjudication ſera ſupporté par tous les adminiſtrés.

Excepte de la préſente permiſſion d'acquérir, le jardin & les deux portions de terrain ſituées à ſes extrémités, leſquels jardin & terrains ſeront vendus dans les formes ci-deſſus preſcrites.

2°. Autoriſe le directoire du département d'Indre & Loire à acquérir, aux frais des adminiſtrés & dans les formes preſcrites par les décrets de l'Aſſemblée nationale pour la vente des biens nationaux, pour y établir le corps adminiſtratif du département, la portion des bâtimens de l'intendance qui eſt au fond de la premiere cour, & en face de la rue de la Sellerie, ainſi que ladite cour & les iſſues qui ſont au midi, donnant ſur la rue des foſſés Saint-Georges, avec l'aile de ladite maiſon entre ladite cour & la deuxieme cour de ladite intendance, & une portion de l'aile des bâtimens qui régne ſur la rue au rez-de-chauſſée, tel que le tout eſt énoncé & détaillé aux articles premier, juſques & compris l'article trente-neuf du procès-verbal de viſire & eſtimation deſdits bâtimens, dreſſé par le ſieur Deſchamps, expert, le 23 février dernier.

Autoriſe également le directoire du diſtrict de Tours à acquérir, auſſi aux frais des adminiſtrés & dans les formes ci-deſſus preſcrites, pour y placer le corps adminiſtratif du diſtrict, une autre portion des bâtimens de ladite intendance, qui régne ſur la rue de la Sellerie, tel que le tout eſt énoncé & détaillé dans les articles quarante, juſques & compris l'article ſoixante-treize du ſuſdit procès-verbal, du 23 février dernier.

Autoriſe pareillement tant le directoire du département que celui du diſtrict à faire procéder, chacun pour ce qui peut les concerner, à l'adjudication au rabais des réparations & arrangemens intérieurs néceſſaires, ſur le devis eſtimatif qui en ſera dreſſé, pour le montant de ladite adjudication être ſupporté par leſdits adminiſtrés.

« Excepte de la présente permission d'acquérir, les deux corps de bâtimens & objets acceſſoires qui ſont dans la deuxieme cour de ladite intendance, ainſi que ladite deuxieme cour, tels qu'ils ſont déſignés & détaillés au ſuſdit procès-verbal eſtimatif, dans les articles ſoixante-quatorze, juſques & compris le dernier article cent un, pour être tous leſdits objets ci-deſſus exceptés, réſervés, loués ou vendus en la maniere accoutumée, & le prix du loyer ou de la vente verſé à la caiſſe du diſtrict.

3°. Autoriſe le directoire du diſtrict de Chatellerault, département de la Vienne, à acquérir aux frais des adminiſtrés & dans les formes preſcrites par les décrets de l'Aſſemblée nationale pour la vente des biens nationaux, la partie de la maiſon & la cour des minimes de Chatellerault, tracées ſur le plan qui ſera joint à la minute du préſent décret par les lettres *D d, A N, M, L J, I I, L & O,* pour y placer le corps adminiſtratif du diſtrict.

L'autoriſe également à faire procéder à l'adjudication au rabais des réparations & arrangemens intérieurs néceſſaires, ſur le devis eſtimatif qui en a été dreſſé le 21 avril dernier, pour le montant de ladite adjudication être ſupporté par les adminiſtrés.

Excepte de la préſente permiſſion d'acquérir, tout le ſurplus de ladite maiſon, égliſe, chapelles, cloître, jardins, prairie, & autres dépendances, pour être leſdits objets ci-deſſus réſervés, vendus dans les formes proſcrites.

Mandons, &c. *Signé* Louis. *Et plus bas, M. L. F. Duport. Et ſcellées du ſceau de l'Etat.*

Loi relative aux maiſons de retraite deſtinées pour les ci-devant religieux du département du Pas de-Calais, qui voudront continuer de vivre en commun,

Donnée à Paris, le 12 juin 1791.

Louis, par la grace de Dieu, & par la loi conſtitutionnelle de l'Etat, Roi des Français : à tous préſens
&

& à venir; falut. L'Affemblée nationale a décrété, & nous voulons & ordonnons ce qui fuit :

Décret de l'Affemblée nationale, du 6 juin 1791.

L'Affemblée nationale, fur le rapport qui lui a été fait par fon comité eccléfiaftique, concernant les maifons de retraite à défigner aux ci-devant religieux du département du Pas-de-Calais qui voudront continuer la vie en commun, décrete ce qui fuit :

ARTICLE PREMIER.

Des communautés qui, dans le département du Pas-de-Calais, font actuellement habitées par des ci-devant religieux, il ne fera confervé que celles qui fuivent, pour fervir de retraite à ceux qui voudront vivre en commun.

II. La ci-devant abbaye de Saint-Waaft, aux ci-devant Bénédictins de Saint-Vaaft & prévôtés en dépendant, à l'exception de celles fur lefquelles il a été déja ftatué, Blaugis, Saumers, Auchi; & aux ci-devant chanoines réguliers d'Arrouaife, Deaucourt & de Saint-André-le-Vaire.

III. La ci-devant communauté d'Arrouaife, aux ci-devant Bénédictins de Saint-Bertin, aux ci-devant chanoines réguliers d'Hénin-Liétard, Ruiffauville & Mareuil.

IV. La ci-devant communauté de Choques, aux ci-devant chanoines réguliers de Choques, aux ci-devant Trinitaires d'Arras, aux ci-devant Bénédictins de Ham, Saint-Georges, Evin; les ci-devant chanoines réguliers de Saint-Auguftin d'Aubigni, Rebreuve, le Peroy & dépendances; les ci-dvant Prémontrés de Saint-André-aux-Bois, & les ci-devant Bernardins de Louvilliers.

V. La ci-devant abbaye de Saint-Eloy, aux ci-devant chanoines réguliers de Saint-Eloy, aux ci-devant Prémontrés de Domartin-Licques, Saint-Auguftin, aux ci-devant Bernardins de Cercamp & Clair-Marais.

VI. La ci-devant Chartreufe de la Boutellerie, aux

Partie XIII.   B

ci-devant Chartreux de Gofnay, Sainte-Aldegonde, Neu-
ville, la Boutellerie, & aux ci-devant Chartreux de Douay
& Valenciennes, département du Nord, auxquels ladite
maifon a déja été défignée.

VII. Le couvent des ci-devant Récollets de Bapaume,
aux ci-devant Récollets de Bapaume, d'Arras & de
Pernel.

VIII. Le couvent des ci-devant Récollets de Lens, à
ceux de Lens, Béthune & Renti.

IX. Le couvent des ci-devant Récollets d'Hefdin, aux
ci-devant Récollets d'Hefdin, aux ci-devant Capucins de
Saint Omer, Boulogne, Béthune, du Biez, & aux ci-
devant Cordeliers de Boulogne.

X. Le couvent des ci-devant Récollets de Saint-Omer,
à ceux de Saint-Omer, du Valentins, & aux ci-devant
Capucins d'Aire.

XI. Le couvent des ci-devant Capucins de Béthune,
aux ci-devant Capucins d'Arras, & aux ci-devant Dominicains d'Arras & de Saint-Omer.

XII. Le Couvent des ci-devant Carmes de Saint-Omer,
aux ci-devant Carmes de Saint Omer, aux Carmes chauffés
d'Arras, & aux ci-devant Carmes de Saint Pol.

XIII. Le couvent des ci-devant Carmes d'Arras, aux
ci-devant Carmes d'Arras, de Bernieuil, de Montreuil,
ci-devant Carmes déchauffés d'Arras, & ci-devant Capucins de Calais.

XIV. Les ci-devant religieux qui habitent les maifons
non conservées par le préfent décret, feront tenus de
les évacuer dans le délai de quinze jours, à compter
de celui de la notification qui leur en fera faite, à
peine de privation abfolue de leur traitement, fans que
ladite privation puiffe être réputée comminatoire.

Mandons, &c. *Signé* LOUIS. *Et plus bas, M. L. F.
Duport.* Et fcellées du fceau de l'Etat.

Loi relative à la circonscription de différentes paroisses des départemens de Rhône & Loire, de la haute Loire, de l'Oise, du Puy-de-Dôme, du Loiret & de l'Indre.

Donnée à Paris, le 19 juin 1791.

LOUIS, par la grace de Dieu & par la loi constitutionnelle de l'Etat, Roi des Français : à tous présens & à venir ; salut. L'Assemblée nationale a décrété, & nous voulons & ordonnons ce qui suit :

Décret de l'Assemblée nationale, du 15 juin 1791.

L'Assemblée nationale, ouï le rapport qui lui a été fait par son comité ecclésiastique,

1°. De l'arrêté du directoire du département de Rhône & Loire du 30 mai dernier, sur les délibérations du directoire du district & du conseil général de la commune de Lyon, des 28 avril & 1er. février précédens, concernant la circonscription des paroisses de cette ville & de ses faubourgs ; & de l'avis d'Adrien Lamourette, évêque de ce département, du 12 mai dernier ;

2°. De l'arrêté du directoire du département de la haute Loire du 3 mai dernier, sur les délibérations du directoire du district & de la municipalité du Puy, des 23 mars & 22 février précédens, concernant la circonscription des paroisses de la ville du Puy ; & de la requisition faite à l'évêque du département le 3 dudit mois de mars ;

3°. De l'arrêté du directoire du département de l'Oise du 27 mai dernier, sur les délibérations du directoire, du district & de la municipalité de Compiegne, des 24 avril & 26 mars précédens, concernant la circonscription des paroisses de Compiegne ; & de l'avis donné par l'évêque de ce département, le 27 du même mois d'avril :

4°. De l'arrêté du directoire du même département du 30 mai dernier, sur les délibérations du directoire du district de Senlis & de la municipalité de Chambly des 19 & 3 avril précédent, concernant la réunion des deux paroiſſes de la ville de Chambly ; & de l'avis de l'évêque de ce département, du 7 juin dernier ;

5°. De l'arrêté du directoire du département du Puy-de-Dôme du 16 mai dernier, ſur la délibération du directoire du diſtrict de Riom, du 11 du même mois, concernant la circonſcription des paroiſſes de ce diſtrict, & de l'avis donné à la ſuite de ladite délibération, par Pierre Claude Tailhand, curé à Riom, fondé de pouvoir ſpécial de Jean-François Perrier, évêque de ce département.

6°. De l'arrêté du directoire du même département du Puy de Dôme du 26 mai dernier, ſur la délibération du directoire du diſtrict d'Ambert du 19 du même mois, concernant la circonſcription des paroiſſes de ce diſtrict ; & de l'avis donné par l'évêque du département à la ſuite de l'arrêté ſuſdaté ;

7°. De l'arrêté du directoire du département de Loiret du 11 de ce mois, ſur les délibérations du directoire du diſtrict de Beaugency, des 26 février & 16 mai derniers, concernant la circonſcription des paroiſſes des villes de Beaugency, Meung & Cléry, & du bourg de Lailly ; & de l'avis donné le 18 décembre 1790, par Louis-François Alexandre de Jarente, évêque de ce département ;

8°. De l'arrêté du département de l'Indre du 18 mai dernier, ſur les délibérations du directoire du diſtrict & du conſeil général de la commune de Châtillon ſur-Indre, des 9 & 6 du même mois, concernant la tranſlation de l'égliſe paroiſſiale de Châtillon, dans l'égliſe ci-devant collégiale de cette ville ; & de l'avis de René Héraudin, évêque de ce département, du 17 dudit mois, décrete ce qui ſuit :

ARTICLE PREMIER.

Département de Rhône & Loire.

Ville de Lyon. Il y aura pour la ville de Lyon dix paroiſſes, ſavoir :

La paroiſſe cathédrale qui aura pour ſuccurſale l'égliſe de Saint-Georges, & pour oratoire celle du collége de notre-Dame.

(25)

Les paroisses d'Aisnay , qui aura pour oratoire l'église de la Charité.

Saint Pothin, qui sera desservie sous ce nom dans l'église du ci-devant monastere des Dominicains, & qui aura pour oratoire l'église de l'hôtel-Dieu.

Saint-Nizier, qui aura pour succursale l'église du ci-devant monastere des Cordeliers, sous le titre & invocation de Saint-Bonaventure.

Saint-Pierre , qui aura pour oratoire l'église des ci-devant missionnaires de Saint-Joseph.

Saint polycarpe, qui sera desservie sous ce nom, dans l'église des Oratoriens , rue de la vieille Monnoie , & qui aura pour oratoires les églises des ci-devant monasteres des Feuillans & des Bernadines.

Saint Louis, qui sera desservie sous ce nom, dans l'église du ci-devant monastere des grands-Augustins , & qui aura pour oratoires les églises des ci-devant monasteres des Carmélites & de Sainte-Marie-des Chaînes.

Saint-Paul , qui aura provisoirement pour oratoire l'église du ci-devant monastere des Cordeliers de l'observance.

Saint-Just , qui aura pour oratoires les églises de Fourvieres & de Saint-Roch.

Saint-Irénée.

II. Il y aura pour les faubourgs de Lyon trois paroisses , savoir : *la Guillotiere* , qui sera desservie sous le nom de notre-Dame, dans l'église du ci-devant monastere de Picpus ; *la Croix-rousse*, qui sera desservie sous le nom de Saint-Augustin, dans l'église du ci-devant monastere des Augustins réformés , & qui aura pour succursale l'église de Cuires, sous le nom de Saint-Blaise, laquelle cessera de dépendre de la paroisse de Vaise, pour faire partie de celle de la Croix-rousse , au moyen de quoi la paroisse de Cuires est & demeure supprimée ; *Vaise*, qui continuera d'être desservie sous le nom & dans l'église de Saint-Pierre-aux-liens.

III. Les paroisses de la ville & des faubourgs de Lyon seront circonscrites ainsi qu'il est expliqué dans l'arrêté susdaté du directoire du département de Rhône & Loire.

IV. *Département de la Haute-Loire.*

Ville du Puy. Il y aura pour la ville du Puy & pour les campagnes environnantes quatre paroisses ; savoir : la paroisse cathédrale . qui sera desservie dans l'ancienne église épiscopale , sous le nom de Notre-Dame ; celle de Saint-Georges , qui sera desservie sous ce nom, dans l'église du ci-devant monast.re des Dominicains ; celle de Saint Pierre qui sera desservie sous ce nom, dans l'église du ci devant monastere des Carmes ; & celle de Brives, qui sera desservie dans l'église du ci-devant monastere des Chartreux de ce lieu , sous le nom de Saint-Bruno , & qui comprendra les territoires, les villages de Brives, Chareusac, Monteil , Chadrac, Darianne & dépendances.

Les autres paroisses feront circonscrites ainsi qu'il est expliqué dans l'arrêté susdaté du directoire du département , à l'exception des parties qui font détachées par le présent décret pour former la paroisse de Brives.

L'église du collége fera conservée comme oratoire de la paroisse cathédrale.

V. *Département de l'Oise.*

Ville de Compiegne. Il n'y aura pour la ville de Compiégne & pour les campagnes environnantes, qu'une seule paroisse, qui sera desservie sous l'invocation & dans l'église de Saint-Jacques. Les paroisses de Saint-Germain & du Crucifix, de Saint-Antoine de Magny & de Venettes font supprimées, & leurs territoires réunis à celui de la paroisse de Saint-Jacques ; les églises ci-devant paroissiales de Saint-Germain & du grand-Margny font conservées comme succursales.

VI. *Ville de Chambly.* Il n'y aura pour la ville de Chambly qu'une seule paroisse ; celle de Saint-Martin est supprimée , & réunie à la paroisse de Notre-Dame.

VII. *Département du Puy-de-Dôme.*

District de Riom. Les paroisses du district de Riom,

hors la ville , chef-lieu du directoire de ce diſtrict ,
feront au nombre de cinquante-deux dont l'état ſuit ;
ſavoir :

Aigueperſe.
Artonnes , qui comprendra
le territoire de la ci-de-
vant paroiſſe de Joſſerand.
Bas.
Beaumont.
Bromond.
Buſſieres.
Cellule.
Chades-Beaufort.
Charbonnieres - les - Varen-
nes.
Charbonnieres-les-Vieilles.
Châtel-Guyon.
Chavanon.
Combronde.
Comps.
Coudat.
Croix (La).
Effiat.
Embaux (Les).
Ennezat.
Giat.
Loubeyrat.
Mauzat.
Miremont.
Montcel , dont le territoire
ſera augmenté de la partie
du village de Jouffreit,
ci-devant dépendante de
la paroiſſe de Charbon-
nieres-les-Vieilles.
Monts.

Nozat.
Obiat.
Pompignat.
Pont-au-Mur.
Pontgibaud.
Saint-Julien de Prompſat ,
qui comprendra outre ſon
ancien territoire, ceux de
Theilhede , Chirat , Gi-
maux , Davayat & Iſſac-
la-Tourette.
Randan.
Saint-André.
Saint-Angel.
Saint- Avit.
Saint-Bauzir.
Saint-Bonnet.
Saint-Clément.
Saint-Etienne.
Saint-Geneix-les-Monges.
Saint-Georges.
Saint-Hypolite.
Saint-Ignat.
Saint-Jacques d'Amburg.
Saint-Ours.
Saint-Prieſt Bramefrant.
Saint Sylveſtre.
Thuret.
Vanſſat.
Varennes.
Vitrac.
Volvic.

VIII. L'une des deux paroiſſes de Mozac, celle d'Iſ-
ſac-la-Tourette , Montpenſiers, Chaplezat, Saint-Jean ,
Saint Geneix-de-Retz , la chapelle d'Audelot, Denones,
Ollias , Lézat, Saint-Denis , Saint Myon, Saint-Agoulin , Sainte-Flamine de Davayat, Champ , Beauregard ,

Jofferand, Gimaux, Theilhede, Saint Julien de-Volvic, Notre-Dame-de-Volvic, Quenille, Saint Geneix-l'Enfant, Juffat, Villeneuve-des-Cerfs, Saint-Laure, Fernoël, Combrailles-la-Celle, Montfermi, Landogne, Salmondeige, du Puy-Saint Gulmier, Saint-Hilaire, Cifternes & la Forêt font reunies, ainfi qu'il eft expliqué par l'arrêté fufdaté.

IX. Les églifes ci-devant paroiffiales de Chapluzat, Saint-Geneix-du-Retz, la chapelle d'Andelot, Saint-Agoulin, Sainte Flamine-de-Davayat, Gimaux, Theilhede mineure, Juffat, Saint-Laure, Fernoël, Vouingt, la Celle-Landogne, Salmondeige, Quenille, Combrailles & Saint-Hilaire font confervées comme fuccurfales des paroiffes auxquelles elles font réunies.

X. L'églife de Marfac fera confervée dans fon ancien état de fuccurfale de la paroiffe de Mozac ; celles d'Entraigues & de Chaps continueront d'être attachées aux paroiffes auxquelles elles appartenoient.

XI. Les églifes d'Iffac la-Tourrette, Jofferand, la Sainte-Chapelle d'Aigue-Perfe, Champ, Beauregard, Villeneuve, Montfermi, Montpenfier, Saint-Myon & des Martres feront confervées comme oratoires des paroiffes dont elles dépendent en vertu du préfent décret.

XII. Les nouvelles paroiffes du diftrict de Riom, hors la ville, feront deffervies dans les eglifes indiquées refpectivement par l'arrêté fufdaté du directoire du département du Puy-de-Dôme, & circonfcrites ainfi qu'il eft expliqué par ledit arrêté. Néanmoins la ci-devant paroiffe de Jofferand eft réunie à celle d'Artonnes.

XIII. *Diftrict d'Ambert.* Les paroiffes du diftrict d'Ambert font au nombre de 52, dont l'état fuit :

Ambert.	Montboiffier où il y aura
Arlant.	un oratoire.
Auzelles.	Brugéron (Le).
Aix la Fayette.	Chabaffe (La), qui aura
Bertignat.	pour fuccurfale Olliergues ; la fuccurfale de
Beuzieres.	gues ; la fuccurfale de
Brouffe, qui comprendra	Meymonte eft fupprimée

Chapelle-Agnon (La).
Chambon.
Champétieres qui aura pour
  fuccurfale Notre-Dame
  de Mons.
Chaulm (La).
Chaumont.
Condat.
Cunlhat.
Doranges.
Dore l'Eglife.
Echandelis.
Eglizolle.
Fayet, qui aura pour fuc-
  curfale Romaye.
Fournot.
Granrif.
Grandval.
Job, qui aura un fuccur-
  fale au lieu de Laforie.
Marat.
Marfac.
Meyderolles.
Meyres.
Moneftier (Le).

Novacelle.
Saillans.
Sauveffanges.
Saint-Ferréol.
Saint-Germain.
Saint-Allyre.
Saint-Amans.
Saint-Anthelme.
Saint Bonnet-le-Bourg.
Saint-Bonnet-le-Châtel.
Sainte-Catherine de-fraiffe.
Saint-Clément.
Saint-Eloi.
Saint-Gervais.
Saint-Juft de Baffié, qui
  aura Baffié pour fuccur-
  fale.
Saint-Martin.
Saint-Romains.
Saint-Sauveur.
Thiolieres.
Valcivieres.
Vertolaye.
Viverols.

XIV. Les paroiffes dénommées au précédent article feront circonfcrites ainfi qu'il eft expliqué dans ladite délibération du directoire du diftrict d'Ambert, fauf les différences indiquées en l'arrêté fufdaté du département du Puy-de-Dôme.

XV. *Département du Loiret.*

Diftrict de Beaugency. Ville de Beaugency. Il n'y aura pour la ville de Beaugency qu'une feule paroiffe, qui fera deffervie, fous le nom de Notre-Dame, dans l'églife ci-devant collégiale de Beaugency, & qui comprendra tout le territoire des ci-devant paroiffes de Saint-Nicolas & de Saint Firmin ; l'églife ci-devant paroiffiale de Saint-Nicolas fera provifoirement confervée comme oratoire.

XVI. *Ville de Meung.* Il n'y aura pour la ville de Meung:
qu'une feule paroiffe qui fera defTervie, fous le nom
de Saint-Liphard, dans l'églife ci-devant collégiale de
cette ville, & qui comprendra tout le territoire des
paroiffes de Saint-Nicolas & de Saint-Pierre ; la chapelle
qui exifte au hameau de Bardou fera confervée comme
oratoire.

XVII. *Ville de Cléry.* La paroiffe de la ville de Cléry
confervera fon ancien territoire & fera deffervie à l'a-
venir, fous l'invocation de Notre-Dame, dans l'églife
ci-devant collégiale de cette ville. L'églife ci-devant pa-
roffiale de Saint-André fera confervée comme oratoire.

XVIII. *Bourg de l'Ailly.* La paroiffe de Monçay fera
réunie avec tout fon territoire à celle de l'Ailly ; l'églife
ci-devant paroiffiale de Monçay fera confervée provifoirement comme oratoire.

XIX. Lefdites paroiffes feront circonfcrites ainfi qu'il
eft expliqué dans la délibération du directoire du diftrict
de Beaugency, du 16 mai dernier.

XX. *Département de l'Indre.*

Ville de Châtillon-fur-Indre. Il y aura pour la ville de
Châtillon, une feule paroiffe qui fera deffervie dans l'é-
glife ci-devant collégiale de cette ville. La maifon ci-
devant canoniale, contiguë à la nouvelle églife paroiffiale,
fera confervée comme presbytere ; & le jardin dépendant du ci-devant chapitre, fitué dans le fauxbourg de
Bourgneuf, fera converti en cimetiere pour ladite paroiffe.

XXI. Il fera envoyé, les dimanches & fêtes, dans
chacun des oratoires mentionnés au préfent décret, par
les curés refpectifs, un de leurs vicaires pour y célébrer
la meffe & y faire les inftructions fpirituelles, fans pouvoir y exercer les fonctions curiales.

Mandons, &c. *Signé* Louis. *Et plus bas,* M. L. F.
Duport. Et fcellées du fceau de l'Etat.

Loi qui autorise les directoires de département & de district y énoncés à acquérir les bâtimens nécessaires à leurs établissemens.

Donnée à Paris, le 17 juin 1791.

LOUIS, par la grace de Dieu, & par la loi constitutionnelle de l'Etat, Roi des Français : à tous présens & à venir; salut. L'Assemblée nationale a décrété, & nous voulons & ordonnons ce qui suit :

Décret de l'Assemblée nationale, du jeudi 9 juin 1791

L'Assemblée nationale, après avoir entendu le rapport de son comité d'emplacement, autorise le directoire du département de Seine & Marne à acquérir aux frais des administrés, & dans les formes prescrites par les loix sur la vente des biens nationaux, la maison & l'église des Carmes de Melun, pour y placer l'administration du département, celle du district de Melun, & le tribunal criminel du département ou le tribunal civil du district; autorise également à acquérir dix toises de distance autour des bâtimens pour la conservation des jours; excepte de la présente permission d'acquérir, le surplus des clos, jardin & potager dépendans de ladite maison des carmes, pour être vendus séparément en la maniere accoutumée, à la charge néanmoins que le puits étant dans le potager sera commun tant à l'adjudicataire qu'aux corps administratifs, à l'effet de quoi il sera pratiqué de concert entr'eux un accès par la rue du fauxbourg des carmes.

Décrete que l'administration du district occupera tous les lieux indiqués au plan fait par le sieur Boistard, ingénieur, pour son établissement dans ladite maison des carmes; autorise le directoire à faire faire par adjudication au rabais, dont le montant sera supporté par les administrés du district, les réparations & arrangemens intérieurs indiqués au devis estimatif dressé par le sieur Boistard le vingt-trois mars dernier, à l'exception néanmoins des articles reconnus inutiles par le directoire du district dans sa délibération du trente du même mois.

Décrete que les administrés du district paieront annuellement à ceux du département , par la médiation des administrations refpectives , l'intérêt du tiers du prix total
de l'acquisition à titre de loyer.

Autorife le directoire du département de Saône & Loire
à acquérir aux frais des administrés , & dans les formes
prefcrites par les décrets de l'Affemblée nationale, le palais épifcopal de la ville de Mâcon, pour y placer les corps
administratifs du département & du district , à la charge par
le directoire du département de louer à celui du district les
parties lavées en jaune fur le plan qui fera joint à la minute du préfent décret.

L'autorife également à faire procéder à l'adjudication au
rabais des réparations & arrangemens intérieurs néceffaires
fur le devis eftimatif qui en a été dreffé par le fieur Pochon,
le 18 mai dernier , pour le montant de ladite adjudication
être fupporté par les administrés , chacun pour ce qui
pourra les concerner ; excepte de la préfente permiffion
d'acquérir le logement du portier , les terraffes défignées
par les nos. 24 & 25 , ainfi que le jardin n°. 27 dudit plan,
pour être lefdits objets ci-deffus exceptés vendus féparé-
ment ou conjointement avec les terreins dépendans de la
maifon des capucins auxquels ils font adjacens.

Autorife le directoire du district de Nemours à acquérir
de la municipalité de Nemours , aux frais des administrés ,
pour y placer le corps administratif du district , les bâtimens de l'hôtel-dieu de cette ville & fes dépendances ,
moyennant la fomme de 8000 livres , prix convenu entre
le confeil général de la commune & le bureau de l'adminiftration de l'hôtel-dieu, par délibérations des vingt-cinq
& vingt-fept mai dernier.

L'autorife pareillement à faire procéder à l'adjudication
au rabais des ouvrages & arrangemens intérieurs néceffaires, fur le devis eftimatif qui en a été dreffé le trente mai
dernier , le montant de laquelle adjudication fera auffi fupporté par lefdits administrés.

Autorife de plus la municipalité de Nemours , du confentement du bureau d'administration de l'hôtel-dieu, à
acquérir , dans les formes prefcrites par les décrets de
l'Affemblée nationale & par adjudication , la maifon des
religieufes de la congrégation de Saint-Auguftin avec fes
dépendances pour y placer l'hôtel-dieu , & en remplace-

ment de celui qui fera vendu au directoire du district en vertu du préfent décret.

Mandons , &c. *Signé* LOUIS. *Et plus bas ,* **M. L. F.** *Duport.* Et fcellées du fceau de l'Etat.

Loi relative à la liquidation de différentes fommes faifant partie de l'arriéré des départemens de la guerre & de la finance.

Donnée à Paris , le 28 juin 1791.

LOUIS , par la grace de Dieu , & par la loi confti-tutionnelle de l'Etat, Roi des Français : à tous préfens & à venir ; falut. L'Affemblée nationale a décrété , & nous voulons & ordonnons ce qui fuit :

Décret de l'Affemblée nationale , du 14 *juin* 1791.

L'Affemblée nationale, ouï le rapport de fon comité central de liquidation qui lui a rendu compte des rapports & vérifications faites par le commiffaire du Roi , directeur général de la liquidation , décrete qu'en confor-mité de fes précédens décrets fur la liquidation de la dette publique & fur les fonds deftinés à l'acquit de ladite dette , il fera payé aux perfonnes nommées aud:t état , & pour les caufes qui y font pareillement ex-primées, la fomme de deux millions vingt-deux mille cent quatre-vingt-deux livres cinq fous deux deniers.

Mandons , &c. *En vertu des décrets des* 21 & 25 *du préfent mois :* Pour le Roi. Signé **M. L. F.** *Duport.*

Loi qui autorise les directoires de divers départemens & dis-
tricts, à acquérir les bâtimens néceffaires à leur établiffement.

Donnée à Paris, le 28 juin 1791.

LOUIS, par la grace de Dieu, & par la loi conftitutionnelle de l'Etat, Roi des Français : à tous préfens & à venir ; falut. L'Affemblée nationale a décrété,
& nous voulons & ordonnons ce qui fuit :

Décret de l'Affemblée nationale, du 17 juin 1791.

L'Affemblée nationale, ouï le rapport de fon comité
d'emplacement, autorife le directoire du département de
la Charente à acquérir aux frais des adminiftrés, & dans
les formes prefcrites par les décrets, le palais épifcopal
de la ville d'Angoulême, pour y placer le corps adminiftratif du département.

L'autorife également à faire faire toutes les réparations &
arrangemens intérieurs, à l'adjudication au rabais defquels
ouvrages il fera procédé fur le devis eftimatif qui en a été
dreffé, & dont le montant fera auffi fupporté par lefdits
adminiftrés.

Excepte de la préfente permiffion d'acquérir, le petit
jardin, une ancienne cuifine & une églife appelée *la
Peyre*, enfemble les dépendances du palais épifcopal qui
en font féparées par une rue, & où font pratiquées des
écuries & remifes, pour être lefdits jardin, églife, cuifine, remifes & écuries, &c. vendus féparément, dans les
formes prefcrites par les décrets.

Décrete, au furplus, que le doyenné & fes dépendances
font fubftitués au palais épifcopal, & deftinés au logement
de l'évêque.

Autorife le directoire du département de la haute-Marne
à s'établir définitivement dans la maifon commune de Chau-
mont-en-Baffigny, pour y tenir fes féances.

L'autorife également à faire procéder à l'adjudication
au rabais des ouvrages & arrangemens intérieurs néceffaires à fon établiffement, fur le devis eftimatif qui en a
été dreffé par le fieur Mangot, architecte, le 20 novembre

dernier ; le montant de laquelle adjudication fera fupporté par les adminiftrés.

Autorife auffi le directoire dudit diftrict de Chaumont à louer, à dire d'expert & pour deux années, aux frais des adminiftrés, la maifon ci-devant poffédée par les carmé-lites dudit Chaumont, & occupée par les demoifelles Pimaudan, pour y placer le corps adminiftratif du diftrict.

L'autorife en outre à faire procéder à l'adjudication au rabais des ouvrages & arrangemens intérieurs néceffaires pour fon établiffement dans ladite maifon, fur le devis eftimatif qui a été dreffé defdits ouvrages par ledit fieur Mangot, architecte, le 4 avril dernier, pour être le montant de ladite adjudication fupporté par lefdits adminiftrés du diftrict.

Mandons, &c. *En vertu des décrets des 21 & 25 juin préfent mois.* Pour le Roi. *Signé M. L. F. Duport.*

LOI portant qu'il n'y a pas lieu à accufation contre le cardinal de la Rochefoucault.

Donnée à Paris, le 28 juin 1791.

LOUIS, par la grace de Dieu, & par la loi conftitution-nelle de l'Etat, Roi des Français : à tous préfens & à venir; falut. L'Affemblée nationale a décrété, & nous voulons & ordonnons ce qui fuit :

Décret de l'Affemblée nationale, du 18 juin 1791.

L'Affemblée nationale, après avoir entendu le compte que fon comité de rapport lui a rendu de l'état de la procédure criminelle inftruite devant les juges du tribunal de Saint-Germain-en-Laye, décrete qu'il n'y a pas lieu à accufation contre le cardinal de la Rochefoucault.

Mandons, &c. *En vertu des décrets des 21 & 25 juin dernier :* Pour le Roi. Signé *M. L. F. Duport.*

Loi relative aux pensions.

Donnée à Paris , le 20 juillet 1791.

LOUIS , par la grace de Dieu, & par la loi constitutionnelle de l'Etat, Roi des Français : à tous péfens & à venir ; falut. L'Assemblée nationale a décrété, & nous voulons & ordonnons ce qui fuit :

Décret de l'Assemblée nationale , du 2 juillet 1791.

L'Assemblée nationale, ouï le rapport de fon comité des penfions , décrete que, fur les fonds affectés au paiement des penfions, le tréfor public paiera provifoirement , à titre de fecours, pour chacune des années 1790 & 1791 , la fomme de 273,677 liv. 2 f. 2 den. , laquelle fomme fera répartie entre les perfonnes comprifes en l'état annexé au préfent décret , & fuivant la proportion portée audit état ; & en outre, il fera remis entre les mains de M. Pingré de l'académie des fciences, la fomme de 3,000 liv. pour l'impreffion des annales céleftes du dix-feptieme fiecle, laquelle fomme fera prife fur les fonds de deux millions, deftinés aux gratifications.

Le paiement fera fait dans les termes & aux conditions exprimées au décret du premier février dernier, & en outre, aux conditions fuivantes.

1°. Les perfonnes comprifes audit état, ne feront payées qu'en juftifiant, aux termes du décret du 24 juin dernier, de leur domicile actuel & habituel dans le royaume, ainfi que de la quittance de leurs impofitions & du paiement des deux premiers termes de leur contribution patriotique, ou de la déclaration qu'elles n'ont pas été dans le cas de faire une contribution patriotique.

2°. Lefdites perfonnes feront tenues de déclarer expreffément, dans la quittance qu'elles donneront du fecours qui leur fera payé, fi elles fe préfentent en perfonne pour le recevoir, ou dans la procuration qu'elles donneront à cet effet, qu'elles n'ont aucune autre penfion dont elles touchent les arrérages en tout ou en partie ;

à

à quelque titre que ce foit, ni aucun traitement d'activité,

3°. Il fera fait déduction, fur les fommes qui revien-
dront aux perfonnes comprifes dans l'état annexé au préfent décret, de ce qui leur auroit été payé fur les fecours
déja accordés par l'Affemblée nationale pour l'année 1790,
aux perfonnes qui n'étoient pas, à l'époque de fes décrets,
comprifes dans des états nominatifs.

Mandons, &c. *En vertu des décrets des* 21 *&* 25 *juin
dernier :* Pour le Roi. Signé *M. L. F. Duport.*

---

*Loi relative à la libre circulation des caiffes expédiées en
exécution des décrets de l'Affemblée nationale.*

Donnée à Paris, le 25 juillet 1791.

LOUIS, par la grace de Dieu, & par la loi conftitutionnelle de l'Etat, Roi des Français : à tous préfens
& à venir ; falut. L'Affemblée nationale a décrété, &
nous voulons & ordonnons ce qui fuit :

Décret de l'Affemblée nationale, du 16 *juillet* 1791.

L'Affemblée nationale décrete que le directoire du
département de Paris eft chargé de donner tous les ordres néceffaires pour que les caiffes expédiées en exécution
des décrets de l'Affemblée nationale, n'éprouvent aucun obftacle, & puiffent être envoyées au lieu de leur
deftination.

Mandons, &c. *En vertu des décrets des* 21 *&* 25 *juin
dernier :* Pour le Roi. Signé *M. L. F. Duport.*

Loi relative aux reconnoiffances définitives de liquidation, qui fe trouvent grevées d'oppofitions.

Donnée à Paris, le 25 juillet 1791.

Louis, par la grace de Dieu, & par la loi conftitutionnelle de l'Etat, Roi des Français : à tous préfens & à venir; falut. L'Affemblée nationale a décrété, & nous voulons & ordonnons ce qui fuit :

Décret de l'Affemblée nationale, du 16 juillet 1791.

L'Affemblée nationale décrete ce qui fuit :

ARTICLE PREMIER.

Les reconnoiffances définitives de liquidation qui fe trouvant grevées d'oppofitions, ne pourront être payées comptant à la caiffe de l'extraordinaire, feront fufceptibles d'être employées en acquifition de domaines nationaux, en conformité des articles XI & XII du décret du 30 octobre, & des articles V & X de celui des 6 & 7 novembre.

II. Elles ne feront expédiées qu'après que les parties prenantes auront juftifié des acquifitions par elles faites, qui feront vifées dans lefdites reconnoiffances, dans lefquelles il fera en outre fait mention des noms des oppofans & de la date des oppofitions.

III. Les intérêts dont les créances liquidées feront fufceptibles, aux termes des décrets, feront calculés & compris dans lefdites reconnoiffances.

IV. Lefdites reconnoiffances ne pourront être reçues au paiement des domaines nationaux, qu'après que le porteur aura notifié aux créanciers oppofans l'acquifition par lui faite, avec fommation à comparoître à jour & heures fixes chez le tréforier du diftrict, pour y affifter par eux ou leurs procureurs fondés, à l'emploi de ladite

reconnoiffance , & au tranfport de leurs droits , priviléges & hypotheques.

V. Le tréfor du diftrict qui recevra lefdites reconnoiffances en paiemens , les retirera quittancées par le propriétaire ou fon fondé de procuration , & fera tenu de
les vifer dans la quittance qu'il délivrera , & d'y faire
mention du nom des créanciers oppofans , de la fommation qui leur aura été faite & de leur préfence ou défaut
de comparution ; & fe conformera en outre à ce qui
lui eft prefcrit par l'article VII du décret du 30 décembre.

VI. Lefdites reconnoiffances ne pourront être employées
qu'à la charge de payer la totalité d'un ou de plufieurs
domaines nationaux , afin qu'en aucun cas l'hypotheque
des créanciers ne foit atténuée par le privilége de la
nation fur les biens vendus.

VII. Les droits, priviléges & hypotheques des créanciers pafferont fur le domaine acquis fans novation ,
en conformité de l'article XII du décret du 30 octobre.

Mandons, &c. *En vertu des décrets des* 21 & 25 *juin*
1791 : Pour le Roi. Signé *M. L. F. Duport.*

---

*L*OI *relative aux employés des hôtels de la guerre de Paris,*
Verfailles, Compiegne & Fontainebleau.

Donnée à Paris, le 25 juillet 1791.

Louis, par la grace de Dieu , & par la loi conftitutionnelle de l'Etat, Roi des Français : à tous préfens
& à venir ; falut. L'Affemblée nationale a décrété, & nous
voulons & ordonnons ce qui fuit :

Décret de l'Affemblée nationale, du 16 *juillet* 1791.

L'affemblée nationale , après avoir entendu fon comité
militaire fur une des parties des dépenfes du département de la guerre , décrete que celle des employés des

hôtels de la guerre de Paris, Verfailles, Compiegne &
Fontainebleau , attachés à ce département , fera réduite
de la fomme de foixante-deux mille huit cent fix livres,
à celle de vingt-cinq mille livres , à compter du 25 juillet
prochain.

L'état des employés confervés avec la répartition des
fonds affignés à leur traitement, fera communiqué à
l'Affemblée nationale, & l'état des employés qui feront
fupprimés, fera remis par le miniftre de la guerre au
comité des penfions.

Mandons, &c. *En vertu des décrets des* 21 & 25 *juin
dernier* : Pour le Roi. Signé *M. L. F. Duport.*

---

*LOI qui ordonne que la tréforerie nationale fournira au dépar-
tement des ponts & chauffées une fomme de trois millions ,
& que la caiffe de l'extraordinaire remplacera les fommes
prifes fur les fonds de 1791.*

Donnée à Paris , le 25 juillet 1791.

LOUIS , par la grace de Dieu , & par la loi conftitutionnelle de l'Etat , Roi des Français : à tous préfens
& à venir ; falut. L'Affemblée nationale a décrété, &
nous voulons & ordonnons ce qui fuit.

Décret de l'Affemblée nationale , du 17 juillet 1791.

L'Affemblée nationale décrete ce qui fuit :

ARTICLE PREMIER.

Sur les ordonnances & fur la refponfabilité du miniftre de l'intérieur , il fera fourni par la tréforerie nationale au département des ponts & chauffées, aux époques
fucceffives qui feront déterminées entre le miniftre &
les commiffaires de la tréforerie , la fomme de trois millions, pour les travaux publics, appointemens, falaires
& frais de conduite qui font à la charge de la nation.

II. La caiffe de l'extraordinaire remplacera à la tréforerie nationale, les fommes qui, fur les ordres du

département, ont été prifes fur les fonds de 1791 , pour être employées au paiement de ce qui étoit dû aux divers entrepreneurs des travaux publics, pour les ouvrages exécutés en mil fept cent quatre-vingt-dix, après toutefois que le montant defdits paiemens aura été vérifié par le commiffaire-général de la liquidation, & fixé par un décret de l'Affemblée nationale.

Mandons, &c. *En vertu des décrets des* 21 *&* 25 *juin* 1791 : Pour le Roi. Signé *M. L. F. Duport.*

Loi relative au diftrict de Louhans , département de Saône & Loire.

Données à Paris, le 25 juillet 1791.

LOUIS, par la grace de Dieu , & par la loi conftitution-nelle de l'Etat, Roi des Français : à tous préfens & à venir ; falut. L'Affemblée nationale a décrété , & nous voulons & ordonnons ce qui fuit.

Décret de l'Affemblée nationale, du 19 *juillet* 1791.

L'Affemblée nationale, ouï le rapport de fon comité d'emplacement, autorife, 1°. le directoire du diftrict de Louhans, département de Saône & Loire , à acquérir aux frais des adminiftrés & dans les formes prefcrites, la partie du jardin de l'hôpital de cette ville , énoncée dans l'avis du directoire du diftrict, du 30 juin dernier, pour y faire les conftructions néceffaires à l'établiffement du corps adminiftratif du diftrict, du tribunal & du bureau de conciliation.

L'autorife également à employer , aux frais de cette conftruction, les deniers provenant de la contribution volontaire des citoyens du diftrict de Louhans, dont l'affemblée loue le zele & le patriotifme.

2°. Autorife le directoire du diftrict de Reims , département de la Marne, à acquérir aux frais des adminiftrés & dans les formes prefcrites, la maifon de l'abbaye de Saint-Denys & terrains en dépendans , renfermés dans les limites figurées fur le tracé du local qui fera joint à la minute du préfent décret, pour y placer le corps adminiſtratif du diſtrict, le tribunal, les priſons, le bureau de conciliation & la gendarmerie nationale.

L'autoriſe pareillement à faire faire auxdits bâtimens toutes les réparations & arrangemens intérieurs néceſſaires, à l'adjudication au rabais deſquels il ſera procédé ſur le devis eſtimatif qui en a été dreſſé par le ſieur *Hurault*, inſpecteur des ponts & chauſſées, pour être le montant de l'adjudication ſupporté par leſdits adminiſtrés.

3°. Conſidérant qu'il n'exiſte d'autres édifices nationaux dans la ville de Clamecy que la maiſon des récoltes, jugée néceſſaire pour y transférer l'Hôtel-dieu,

Autoriſe le directoire du diſtrict de Clamecy, département de la Nievre, à acquérir aux frais des adminiſtrés, de M. *de Nivernois*, moyennant la ſomme de 15,000 livres, prix convenu entre lui & le directoire, l'ancien auditoire de la ci-devant juſtice ſeigneuriale de Clamecy, & bâtimens en dépendans, pour y placer le corps adminiſtratif du diſtrict & le tribunal.

L'autoriſe pareillement à faire procéder à l'adjudication au rabais des ouvrages & arrangemens intérieurs néceſſaires à ces établiſſemens, ſur les devis eſtimatifs qui en ont été dreſſés par le ſieur *Paillard*, les 13 & 18 février dernier, pour le montant de ladite adjudication être auſſi ſupporté par leſdits adminiſtrés.

Mandons, &c. *En vertu des décrets des 21 & 25 juin dernier* : Pour le Roi. Signé *M. **L. F. Duport.***

Loi relative aux troubles ſurvenus dans le pays de Caux.

Donnée à Paris, le 25 juillet 1791.

LOUIS, par la grace de Dieu & par la loi conſtitutionnelle de l'Etat, Roi des Français : à tous préſens & à venir ; ſalut. L'Aſſemblée nationale a décrété, & nous voulons & ordonnons ce qui ſuit :

Décret de l'Assemblée nationale, du 23 juillet 1791.

L'Assemblée nationale, après avoir entendu le compte qui lui a été rendu par son comité des rapports, des événemens qui viennent d'avoir lieu dans le pays ci-devant de Caux ;

Déclare qu'elle approuve la conduite des administrateurs composant le directoire du département de la Seine inférieure, & de ceux du directoire du district de Dieppe ; leur enjoint d'user de tous les moyens que la loi met à leur disposition pour l'exécution des décrets précédemment rendus sur la libre circulation des grains dans l'intérieur du royaume.

Décrete, 1°. qu'il sera informé, à la diligence des accusateurs publics, & sur leur responsabilité, contre les auteurs des troubles qui ont eu lieu dans le pays de Caux, leurs fauteurs, adhérens & complices ; & que les administrateurs du directoire du département du district de Dieppe, & les officiers municipaux requerront, si besoin est, la force militaire, pour faire exécuter les décrets déja prononcés contre quelques prévenus par le tribunal du district de Dieppe.

2°. Que les administrateurs du directoire du département prendront toutes les informations nécessaires sur la conduite tenue par les officiers municipaux des paroisses & communautés dont les habitans ont participé à la rebellion à la loi, & en rendront incessamment compte à l'Assemblée nationale ; sauf auxdits administrateurs à prendre provisoirement, à l'égard desdits officiers municipaux, toutes les mesures prescrites par les décrets pour le rétablissement de la paix & le bien de l'administration.

3°. Que les troupes de ligne & gardes nationales se conformeront aux ordres & requisitions des corps administratifs & municipalités, & que provisoirement aucune garde nationale ne sortira de son territoire, sans une requisition formelle des corps administratifs ou de leurs propres municipalités, provoquée par la municipalité qui a besoin d'assistance.

4°. L'Assemblée nationale autorise les administrateurs du directoire du département de la Seine inférieure, à indiquer provisoirement aux ci-devant fonctionnaires pu-

blics eccléfiaftiques, féculiers & réguliers, & aux ci-devant religieux, même non fonctionnaires, qui n'ont pas
prêté ferment, les lieux que le département jugera convenables pour la réfidence defdits prêtres & religieux;
fauf à rendre compte à l'Affemblée nationale des mefures
qu'ils auront prifes à cet égard, & à être ftatué par elle ce
qu'il appartiendra.

5°. L'Affemblée nationale, d'après le témoignage du
département, approuve la conduite du fieur Douvers, qui
s'eft efficacement entremis pour empêcher les effets de
la rebellion.

Mandons; &c. *En vertu des décrets des 21 & 25 juin
1791 :* Pour le Roi. Signé *M. L. F. Duport.*

Loi relative aux maîtres papetiers & à leurs ouvriers.

Donnée à Paris, le 26 juillet 1791.

Louis, par la grace de Dieu, & par la loi conftitutionnelle de l'Etat, Roi des Français : à tous préfens & à venir;
falut. L'Affemblée nationale a décrété, & nous voulons &
ordonnons ce qui fuit :

Décret de l'Affemblée nationale, du 26 juillet 1791.

L'Affemblée nationale, ouï le rapport de fon comité
des finances & des affignats, décrete provifoirement ce
qui fuit :

Les compagnons & ouvriers papetiers ne pourront quitter leurs maîtres pour aller chez d'autres, qu'ils ne les
aient avertis fix femaines auparavant, en préfence de
deux témoins, à peine de cent livres d'amende payables
par corps contre les compagnons & ouvriers, & de trois
cents livres également payables par corps contre les maîtres fabricans qui recevroient à leur fervice & engage-
roient aucuns compagnons & ouvriers, qu'ils ne leur
aient repréfenté le congé par écrit du dernier maître
chez lequel ils ont travaillé, ou du juge des lieux, en
cas de refus mal fondé de la part du maître. Seront auffi
tenus les maîtres d'avertir lefdits compagnons & ouvriers ;

en préfence de deux témoins, fix femaines avant de les
renvoyer, à peine de leur payer, & même par corps,
leurs gages & nourriture, ou le prix de leurs journées
pendant lefdites fix femaines. Charge le pouvoir exécutif
d'enjoindre aux corps adminiftratifs de faire exécuter le
préfent décret, & autorife les commiffaires de l'Affemblée
nationale dans les manufactures de Courtalin & du Ma-
rais, où fe fabrique le papier des affignats, à veiller à
fon exécution, & même à requérir au befoin la force
publique.

Mandons, &c. *En vertu des décrets des* 21 *&* 25 *juin*
1791 : Pour le Roi. *Signé M. L. F. Duport.*

Loi relative à l'adreffe aux Français fur les contributions
publiques.

Donnée à Paris, le 28 juillet 1791.

Louis, par la grace de Dieu, & par la loi conftitutionnelle de l'Etat, Roi des Français : à tous préfens
& à venir ; falut. L'Affemblée nationale a décrété, &
nous voulons & ordonnons ce qui fuit :

Decret *de l'Affemblée nationale, du* 24 *juin* 1791.

L'ASSEMBLÉE NATIONALE

AUX FRANÇOIS,

Relativement aux contributions publiques.

Citoyens, après le devoir de vous donner une conftitution libre, la plus importante obligation que vous
ayez impofée à vos repréfentans, étoit de pourvoir à vos
befoins publics avec la moindre dépenfe & la moindre
gêne qu'il feroit poffible.

En effet, chacun de vous a l'intérêt, le droit & la
volonté de trouver dans le bon emploi de la force commune, & dans un fyftême de finance, fage, humain,
clair, économique, peu fufceptible d'abus, une fuffi-

fante ; une puiſſante garantie pour la liberté de ſes actions, pour la ſûreté de ſa perſonne, pour la propriété
de ſes biens, & des moyens abondans pour l'améliora-
tion des propriétés nationales indiviſes ; telles que les
routes, les fortereſſes, les ports, & pour l'inſtitution
& la conſervation de tous les établiſſemens d'une utilité
générale.

Conſidérées ſous cet aſpect, & dirigées vers ce but
ſalutaire, les contributions publiques, loin de vous être
onéreuſes, ſont le moyen le plus efficace de ménager
votre temps & vos richeſſes, le ſeul qui puiſſe vous
aſſurer le loiſir, la faculté de vous livrer en paix & avec
ſuccès au travail, à l'adminiſtration de vos biens, à
la direction de vos affaires, à l'augmentation de votre
fortune.

Sans elles, vous ne pourriez tirer aucun revenu de
vos terres, aucun profit de vos manufactures ni de votre
commerce ; car il n'y auroit aucune ſûreté pour vos
propriétés, aucune force à l'appui de la juſtice & de la
raiſon, pour faire reſpecter la conſtitution & les loix.
Nous n'aurions ni armée de terre, ni armée de mer :
nos frontieres ſeroient expoſées aux incurſions de l'ennemi ; & quand la valeur des gardes nationales le re-
pouſſeroit du point qu'il auroit attaqué, leurs freres
d'armes des autres départemens ne pourroient pas arriver à leur ſecours, parce qu'on ſeroit dénué de fonds
& d'approviſionnemens pour préparer leur ſubſiſtance, &
les entretenir en campagne loin de leurs foyers.

Calculez, citoyens, à combien de dangers de toutes
eſpeces vous ſeriez expoſés, & à quelles dépenſes énormes vous ſeriez entraînés, par l'impuiſſance de conſerver
& d'améliorer ce qui vous appartient, à laquelle vous
réduiroit le défaut d'aſſiſtance mutuelle & de commu-
nication réciproque. La nation ne peut y pourvoir pour
tous, qu'aux frais de tous : il faut donc faire ces frais ;
rien ne ſeroit plus ruineux pour vous que leur ceſſation.
Votre ſubſiſtance, votre aiſance, votre bonheur, votre
gloire, votre exiſtence politique tiennent à ce que chaque citoyen par la quote-part qu'il y fournit, proportionnellement à ſes revenus, ſe procure un partage utile
dans les bons effets de tous les ſervices publics, payés
par les contributions pareilles que tous ſes concitoyens
mettent en commun avec lui.

Pourquoi les anciennes impofitions, dont une partie au moins fervoit à procurer la sûreté publique & le bon ordre de la fociété, étoient-elles devenues odieufes ? c'eft qu'elles étoient des impofitions établies par un pouvoir arbitraire, & non pas des contributions déterminées par la volonté générale ; c'eft qu'elles excédoient les véritables befoins publics ; c'eft qu'elles étoient réparties avec injuftice ; c'eft qu'elles étoient perçues ou avec cruauté, ou avec un infolent dédain des droits & de la liberté des hommes ; c'eft que vous aviez une mauvaife conftitution.

Nul de vous ne fe refufe, ni ne fe refufera jamais à payer fa jufte part des dépenfes publiques, faites à fon profit, fans déprédation, avec une fage économie, que vos repréfentans ont féverement jugées, dont ils vous rendent & vous font rendre compte, & qui ne font pas trop à charge à perfonne, lorfque tout le monde y concourt à raifon de fes facultés, dans une équitable proportion.

Il n'y a que vos ennemis & ceux de la révolution, qui puiffent fuppofer contre l'entretien à frais communs de la puiffance nationale, une mauvaife volonté qui n'exifte pas, qui n'eft pas dans la nature de l'homme raifonnable, moins encore dans le caractere noble & généreux du François.

Depuis que la nouvelle conftitution vous a donné une véritable patrie, dont tous les intérêts font préfentés fans voile à vos yeux, depuis qu'il ne peut plus y avoir de dépenfes arbitraires ; que des miniftres refponfables font, & feront perpétuellement furveillés par une légiflature, dont vous renouvellerez les membres tous les deux ans ; & que, par la liberté de la preffe, tous les hommes éclairés pourront fans ceffe appeler l'infpection générale fur toutes les opérations publiques, vous n'avez point à craindre que les contributions aient aucun autre objet ni aucun autre emploi, que votre plus grande utilité.

Vous avez la certitude que dès-aujourd'hui, & chaque année, elles font & feront limitées à ce que commandent & commanderont impérieufement le fervice & les intérêts de la nation, & qu'elles ne pourroient être diminuées davantage, fans vous priver de quelque fevice public qui vous vaut plus que ne vous coûte la portion de votre contribution qu'on y applique.

Déja les dépenſes ont été reſtreintes & les reſſources multipliées, au point que l'Aſſemblée nationale a pu vous ſoulager de la dîme & de pluſieurs autres charges très-peſantes, & trouver dans des contributions inférieures à la ſomme des impoſitions anciennes, & dans les revenus des biens nationaux, de quoi ſuffire à toutes les dépenſes de la ſociété, aux intérêts de la dette nationale, aux frais du culte conſidérablement augmentés en faveur de la plupart des curés & des vicaires, aux penſions des religieux, à celles des autres eccléſiaſtiques dont les fonctions ne ſubſiſtent plus.

Pour aſſeoir ces contributions modérées, vos repréſentans ſe ſont preſcrit pluſieurs loix de juſtice, d'intérêt public, de reſpect pour vos droits & votre liberté.

C'eſt leur devoir que de vous expoſer ces principes de leur conduite, ces baſes des réſolutions qu'ils ont priſes & dû prendre en votre nom.

Ils ont trouvé les impoſitions diviſées en cinq claſſes principales.

Premiérement, les impoſitions directes qui comprenoient les dîmes, la taille réelle, les vingtiemes, la taille perſonnelle & la capitation.

Secondement, les impoſitions de monopole & de privilége excluſif, qui étoient la gabelle dans les deux tiers du royaume, le tabac qui s'étendoit preſque ſur ſa totalité, la vente de l'eau-de-vie & d'autres boiſſons dans un petit nombre de provinces.

On pourroit ranger auſſi dans cette claſſe ce que le tréſor public retiroit des jurandes & des maîtriſes d'arts & métiers, par leſquelles l'état ne faiſoit pas directement le monopole, mais vendoit celui de chaque profeſſion.

Troiſiémement, les impoſitions qu'on appeloit à l'exercice ſur différentes eſpeces de conſommation & d'induſtrie, telles que les droits d'aides ſur les boiſſons dans un tiers du royaume; ceux de même nature, nommés *équivalent* en Languedoc, *impôts, billots & devoirs* en Bretagne, & des *quatre membres*, en Flandre; ceux d'inſpecteurs aux boucheries, qui embraſſoient en effet, ou par abonnement, preſque toutes les provinces; ceux de marque des cuirs & à la fabrication des cartes & des amidons, qui fe percevoient avec une rigueur extrême chez tous les fabricans & les débitans de ces marchandifes, dans toute l'étendue de l'empire ; ceux de marque des fers & à la fabrication des huiles, qui n'avoient lieu que fur environ la moitié du territoire de l'état.

Quatriémement, les impofitions fur le tranfport des marchandifes, qui comprenoient les droits à l'entrée & à la fortie du royaume, les péages ; une multitude incroyable de droits de traite de toute dénomination, au paffage d'une province à l'autre, & ceux d'entrée dans les villes.

Cinquiémement enfin, les impofitions fur les actes, droits de contrôle, infinuation, centieme dernier, formule, greffes, confignations, lettres de ratification, &c. &c.

L'Affemblée nationale n'a confervé d'impofitions qui portaffent fur les capitaux, dans l'intérieur du royaume, que celles qui correfpondent à cette cinquieme claffe, les droits d'enregiftrement, de timbre & d'hypotheque.

Elles les a préférées aux autres impofitions indirectes, & quoiqu'ils ne foient en proportion qu'avec la circulation des capitaux, au lieu de l'être avec les revenus, elle a cru pouvoir les admettre dans le nouveau fyftême de finances à côté des contributions régulieres, parce qu'ils n'exigent pas que le percepteur aille troubler la paix du citoyen, & qu'ils donnent, au contraire, au citoyen motif & intérêt d'aller chercher le percepteur dont il reçoit un fervice public, utile pour affurer la date des actes qui conftatent fes propriétés, & pour donner à ces actes une authenticité plus grande ; de forte que ces droits uniffent à une impofition, une fonction de magiftrature, que l'on paie feulement plus qu'elle ne vaudroit par elle-même, afin d'établir, fur l'excédant du falaire de fes agens, une recette nationale qui atteigne les capitaliftes, qui ne porte prefque pas fur les citoyens les plus indigens, & qui diminue d'autant les autres contributions publiques.

Mais en adoptant cette efpece d'impofition fur les actes, vos repréfentans fe font appliqués à en fimplifier le plan & la légiflation.

Seize droits différens, établis par feize loix différentes fous autant de dénominations, étoient aggravés par une foule de lettres patentes, d'arrêts du conseil, d'ordonnances & de décisions contradictoires qui s'obscurcissoient, se compliquoient mutuellement, & formoient un grand nombre de gros volumes dont l'étude surpassoit les forces de l'entendement même des hommes habiles : leur interprétation étoit livrée à tous juges d'attribution devant lesquels le redevable n'avoit point d'accès, & qui écrivoient leurs jugemens sous la dictée du percepteur même.

Tout ce qu'il y avoit de clair dans ces loix étoit au désavantage du pauvre ; les cent premieres livres d'un acte payoient double droit ; on payoit le droit simple depuis cent francs jusqu'à dix mille francs, & ce droit acquitté, toutes les sommes qui excédoient les premiers dix mille francs, n'étoient assujetties qu'à un droit léger. Ainsi les riches qui contractoient pour de grosses sommes, payoient dans une proportion foible, & les pauvres qui ne faisoient que de petites affaires, dans une forte proportion avec leur capital.

Ces abus sont cessés ; les seize droits anciens ont été réunis en un seul, sous le titre de droit d'enregistrement réglé par une seule loi, claire & de peu d'étendue, & par un seul tarif dont l'application est soumise au jugement des magistrats qui, choisis par le peuple, exercent la justice nationale sur tous les intérêts & sur toutes les têtes. La taxe étant à raison des sommes qui font l'objet des actes, on a pu baisser le tarif pour les actes de peu de valeur & pour ceux qui sont les plus ordinaires, comme les baux & les contrats de mariage, ce qui rejette avec équité sur les actes plus rares & plus particuliers aux riches, le fardeau de l'impôt que les riches peuvent mieux supporter.

Le droit de timbre a été joint à celui de l'enregistrement dans l'unique vue de profiter de ses formes, de ses administrateurs, de ses employés, des dépenses de sa régie, pour procurer sans perquisition contre les citoyens, & presque sans frais de perception, un revenu public sur des richesses fugitives qui échappoient aux autres contributions ; & de mettre ainsi en deux manieres, par le produit de celle-ci & par le peu que coûtera sa levée, à portée de rendre les autres contributions moins pesantes.

Le droit d'hypotheque est relatif comme celui d'en-

regiſtrement , à un ſervice public d'une grande importance ; il a pour objet d'empêcher les créanciers d'être
fruſtrés par leurs débiteurs , & d'aſſurer ſans conteſtation
l'ordre dans lequel ils doivent être payés. Ce droit avoit
lieu ſur les biens-fonds ſeulement , & s'exerçoit lors de
leur vente , par les oppoſitions que les créanciers pouvoient mettre à l'expédition des lettres de ratification
données au nom de l'état , pour conſolider les ventes
& préſerver les acquéreurs de toute répétition. Mais il
falloit , pour prendre rang parmi les créanciers , avoir
ſtipulation d'hypotheque : cette ſtipulation ſe faiſoit par
des actes ignorés de chacun de ceux qui en avoient de
pareils ; elle étoit toujours générale , & les créanciers
ne ſachant pas toujours en quelle province leurs débiteurs poſſédoient des biens , ces biens pouvoient être
vendus & les lettres de ratification accordées ſans qu'ils
en euſſent connoiſſance. Il arrivoit ſouvent encore que ,
lorſqu'ils ſe préſentoient , ils ſe trouvoient primés par
d'autres créanciers dont le titre étoit antérieur au leur , ou
dans une forme plus favorable ; il en réſultoit des procès très-diſpendieux pour le réglement d'ordre entre les
créanciers dont les actes étoient paſſés en différentes provinces , ou à différentes conditions.

L'Aſſemblée nationale voulant que toute créance légitime puiſſe prétendre à l'hypotheque, & que l'ordre entre
les hypotheques ſoit invariablement réglé , s'occupe de
la légiſlation propre à remplir une vue ſi utile , & la
publiera inceſſamment.

Dans des temps plus heureux on pourra , ſi on le croit
avantageux , réduire ſucceſſivement & par gradation , le
ſalaire du ſervice public des hypotheques & de celui de
l'enregiſtrement au ſimple rembourſement de leurs frais ;
mais lorſque les beſoins de la nation ſont très-conſidéra-
bles , & que l'opinion la plus générale demande qu'on
ait des impôts de diverſe nature , afin que leur poids
paroiſſe moins ſenſible , on eſt obligé de joindre quelques-uns d'entr'eux à des ſervices publics que les citoyens
vont réclamer d'eux-mêmes , ce qui donne l'avantage
ſi précieux d'intéreſſer les contribuables à venir ſans contrainte payer l'impôt.

C'eſt pour la même raiſon qu'on a conſervé le revenu
de la poſte aux lettres , ſeule partie de l'ancienne finance

qui ait paru ne devoir souffrir aucune altération. Certainement les lettres coûtent bien plus cher à ceux qui
les reçoivent, qu'il n'est nécessaire pour payer l courr-
riers, les voitures & les chevaux qui les porten , puisque, ces frais acquittés, l'état en retire u r vé   le
douze millions. Cependant le voyage e fa u pour
une multitude de lettres, il n'y a pas un ci oye q i
ne profite extrêmement de cette institution q i ne
doive être surpris & reconnoissant, lorsqu'i co noa le
peu que lui coûte une lettre avec ce qu'ell lui coûteroit
s'il falloit l'envoyer par un exprès. Telle est en général
& sur tous les points la grande utilité que no   -
rons tous de cette heureuse union de forc d' r &c
qui constitue la société politique ; nous aimons la   ie
comme ses enfans, mais c'est qu'elle est pour nous   e
véritable mere.

Le droit de patentes correspond aux jurandes, aux maî-
trises, aux vingtiemes d'industrie, à la portion de taille
personnelle qu'on faisoit payer aux artisans & aux marchands de plus qu'aux autres citoyens , & aux droits
d'entrée des villes.

Il est bien plus modéré, car les droits d'entrée des villes
seuls rendoient à l'ancien gouvernement quarante - cinq
millions de revenu, & les patentes ne doivent en produire
que vingt ou vingt-quatre. Elles soient jointes à un grand
avantage bien long-temps desiré, celui d'établir pour tout
le monde la liberté de toute espece d'industrie & de commerce, & de proportionner l'impôt qu'on se voit dans la
nécessité d'y attacher, à la durée du temps pendant lequel
on s'y livre, comme à l'importance des capitaux qu'on
y emploie & des profits qu'on en retire, qui se mani-
feste par l'étendue, la beauté & le prix du logement,
de l'entreprise & de l'entrepreneur.

Anciennement, lorsqu'un homme vouloit faire un métier dans une ville, il étoit obligé de débourser pour sa
maîtrise, une somme considérable qui lui auroit été très-utile
pour son commerce. Si faute de cette somme retirée de
son commerce, ou par toute autre cause, il ne réussissoit
pas ; s'il étoit obligé de quitter, ou bien s'il venoit à mourir,
le capital employé à sa maîtrise étoit perdu pour lui &
pour ses enfans.

Si croyant trouver plus de ressources, espérant plus de
succès dans un autre métier ou un autre commerce, il se
détermineroit

déterminoit à les embraffer, fi étendant fes combinaifons, il vouloit en cumuler plufieurs, il falloit pour chacun d'eux payer une nouvelle maîtrife.

Il ne pouvoit exercer cette maîtrife que dans la ville où il avoit été reçu : s'il paffoit dans une autre ville, il lui falloit une maîtrife nouvelle ; & dant chacune de ces villes il étoit foumis pour fa propre confommation, pour celles de fes ouvriers, commis ou compagnons, & pour plufieurs marchandifes de fon commerce, à payer des droits d'entrée.

Aujourd'hui, ni lui, ni fes ouvriers, ni fes marchandifes ne payent de droits d'entrée dans aucune ville ; il peut changer de féjour & de métier comme il lui plaît, il peut réunir autant de profeffions qu'il juge convenable. Au lieu d'une avance en pure perte, il n'acquitte qu'une redevance annuelle, foible fi fon commerce eft de peu d'importance, qui augmente ou qui diminue avec le fuccès de fon établiffement, qui ceffe le jour où il veut fe retirer.

Les droits de traite dans l'intérieur du royaume & les péages font fupprimés purement & fimplement, & les droits d'entrée des villes l'étant de même, au lieu des vifites & des taxes auxquelles on étoit précédemment affujetti, un citoyen, une voiture de marchandifes peuvent traverfer la France dans tous les fens, aller de Bordeaux à Straf-bourg, de Calais à Perpignan, d'Antibes à Breft, fans éprouver la moindre vifite, fans acquitter la moindre taxe.

Le profit de cette franchife n'eft pas feulement pour les commerçans, ils y gagnent, il eft vrai, de faire leurs affaires plus vîte, de n'être pas foumis à des trai-temens arbitraires & défagréables de la part des employés, & d'effuyer moins d'avaries ; mais forcés par la concur-rence les uns des autres que la liberté du commerce rendra chaque jour plus active, de fe contenter d'un bénéfice modéré, ils prennent le parti, afin de mériter la préférence dans chaque marché qu'ils font, d'acheter plus cher & de vendre à plus bas prix ; de forte que le foulagement occafionné par la fuppreffion de l'impôt, fe partage entre le producteur qui fournit la marchandife & le confommateur qui en fait ufage.

Il ne refte plus de droit de douane qu'à l'entrée du royaume, principalement fur quelques marchandifes ma-

nufacturées , & à la sortie, sur quelques matieres premieres. L'opinion la plus générale a demandé que nous
suivissions sur ce point l'exemple des autres peuples.

On ne peut savoir avec une entiere exactitude quel sera
le produit des droits de douane, de patentes, d'hypotheques, de timbre & d'enregistrement. S'ils rendent plus
qu'on ne l'a présumé, on baissera l'année prochaine quelques-uns de leurs tarifs, ou bien l'on diminuera le taux
de la contribution fonciere & de la contribution mobiliaire ; car sous le nouveau gouvernement que vous
avez institué, avec la constitution que vos représentans
ont décrétée en votre nom, aucune augmentation de revenu public ne pourra être ignorée, & toutes celles qui
auront lieu, ameneront le soulagement du peuple.

Vous voyez , citoyens, que toutes les contributions
nouvelles dont l'Assemblée nationale vient de vous exposer les motifs & les principes, comparées aux anciennes
impositions de la même nature, présentent de grands soulagemens pour les contribuables,& un respect attentif pour la
liberté. L'un & l'autre avantage sont plus marqués encore
dans la contribution fonciere & la contribution mobiliaire,
qui ont été substituées aux dîmes, à la taille réelle, à la taille
de propriété , aux fouages & autres impositions analo-
gues , aux vingtiemes, aux décimes, à la taille mixte,
à la taille d'exploitation , à la taille personnnelle , à la
capitation, à la gabelle , au tabac, aux droits d'aides
sur les boissons, sur les bestiaux, sur la marée , au droit
de marque des cuirs , à celui de marque des fers , à
celui de fabrication sur les huiles & les savons , & à
quelques autres semblables.

Vos représentans regardant comme leur premier devoir
d'établir & de consolider votre liberté, sachant par leur
expérience & par les instructions que vous leur aviez données , que les visites domiciliaires & les vexations qu'elles
entraînent sont insupportables à des hommes libres , se
sont crus religieusement obligés de repousser toute idée,
tout projet d'impositions dont la perception auroit exigé
que l'on pût violer l'asyle sacré que chaque citoyen a
droit de trouver dans sa maison, lorsqu'il n'est prévenu
d'aucun crime. Vous leur aviez dit unanimement combien vous étiez indignés de pouvoir être injuriés chez
vous par le soupçon réel ou simulé d'une fraude que
vous n'aviez pas commise; de pouvoir être poursuivis de

(51)

jour & de nuit, troublés dans votre travail, troublés
dans les plus intimes douceurs de votre vie domestique,
forcés d'ouvrir votre porte à des inconnus qui venoient
chez vous, quelquefois sur la dénonciation calomnieuse
d'un ennemi, mais toujours avec intérêt de vous trouver
coupable de quelque usage de votre liberté, transmué
par des loix absurdes en délit fiscal, & qui devenoit
contre vous le sujet d'un procès ruineux ou d'un accom-
modement coûteux & perfide.

Les droits d'aide & tout ceux de marque & de fabrication, ont été proscrits par cette sainte loi de la liberté
domiciliaire.

L'Assemblée nationale ne pouvoit pas laisser subsister
davantage les impôts de monopole ou de privilége exclusif,
tels que la gabelle, le tabac, la vente de l'eau-de-vie,
&c. L'ancien gouvernement regardoit ces impôts comme
d'admirables institutions financieres, parce que la perception s'y confondant avec le prix de la marchandise,
le produit en étant difficile à supputer d'avance, qu'il
excédoit ordinairement la spéculation, & qu'il donnoit
ainsi au fisc & à ses agens un plus gros revenu, moins
connu du peuple, plus applicable à des dépenses de fan-
taisie. Mais indépendamment de ce que ces impôts exigeoient, comme les aides, la violation du domicile, ils
portoient atteinte au droit que vous avez tous d'être fournis au seul cours fixé par la liberté du commerce, &
par conséquent au meilleur marché possible, des denrées
qui vous font utiles; & au droit que vous avez tous encore de vous livrer aux spéculations de commerce pour
lesquelles vous vous sentez des dispositions & des lumieres. Les principes de la nature & de la raison, ceux
qui ont servi de régle à vos représentans, défendent de
laisser subsister aucun autre privilége exclusif que ceux
qui font des dépendances nécessaires de la souveraineté
nationale, parce qu'ils portent sur des objets qui deman-
dent la garantie publique de la société.

L'Assemblée nationale n'en a réservé que deux à la nation, celui de frapper monnoie, parce qu'il faut que
l'autorité publique en constate & en certifie le titre &
le poids; & celui de la fabrication & des magasins de poudre à tirer, parce que l'administration de cette munition
de guerre, qu'on a soumise à l'inspection locale des municipalités & autres corps administratifs, intéresse essen-

tiellement la sûreté sociale & publique. Il est sage de combiner ces deux branches d'administration, de maniere qu'elles donnent plutôt du profit que de la perte aux finances; mais elles doivent être principalement considérées comme des devoirs de politique & de police.

Quant aux anciennes impositions territoriales & personnelles, l'Assemblée nationale n'a pas cru pouvoir en conserver aucune; car aucune d'elles n'étoit générale, & aucune d'elles n'avoit une bonne régle d'assiette & de répartition.

Les dîmes ne portoient pas sur toutes les productions; elles pesoient inégalement sur celles qu'on y avoit assujetties : inégalemeut, à raison de ce que le taux de la dîme varioit dans le royaume, & selon les localités, depuis le septieme jusqu'au trente-deuxieme : inégalement encore, en ce que la dîme étant prélevée sur le produit total, avant qu'on en eût défalqué les frais de culture, sa proportion avec le produit net ou revenu, varioit dans la même paroisse, d'un champ à l'autre, selon que ces divers champs sont plus ou moins fertiles.

Dans une bonne terre, où deux cent quarante livres de récolte ne coûtent que cent vingt livres de frais de culture, la dîme au quinzieme prenant seize livres, ce n'étoit que le huitieme du revenu.

Dans une lettre médiocre, où deux cent quarante livres de récolte coûtent cent soixante livres, la dîme de seize livres étoit au cinquieme du revenu, qui n'étoit alors que de quatre-vingts livres.

Dans les mauvaises terres, ou deux cent quarante livres de récolte coûtent jusqu'à cent quatre-vingt-douze livres à faire naître, la dîme toujours au quinzieme, toujours de seize liv., prenoit le tiers du revenu.

Les représentans du peuple ne pouvoient conserver un impôt qui pesoit sur les uns au huitieme & sur les autres au tiers, lors même qu'il paroissoit égal ; & qui d'ailleurs enlevant à tous les cultivateurs les pailles que les riches seuls pouvoient racheter, tendoit à porter toujours les engrais sur les terres des riches, à en priver toujours celles des pauvres, à augmenter, sans cesse, ainsi l'inégalité de la culture, celle des fortunes, celle de la proportion de la dîme elle-même.

La taille réelle n'avoit lieu que dans quelques provinces. Dans celles où elle étoit connue , elle ne frappoit que fur certains héritages ; d'autres héritages en étoient exempts.

La taille perfonnelle ou mixte étoit divifée en taille de propriété que les privilégiés ne payoient jamais , & en taille d'exploitation qu'ils ne payoient point pour leurs prés , leurs vignes, leurs bois , ni pour quatre charrues de terre labourable lorfqu'ils les faifoient valoir par eux-mêmes ; qu'ils ne payoient qu'indirectement, lorf-qu'ils donnoient leurs terres à loyer.

Les autres citoyens qui fembloient foumis à cette im-pofition avec un principe d'égalité entr'eux, ne l'étoient au contraire qu'avec beaucoup d'inégalité.

Plufieurs villes en étoient exemptes, & leurs habi-tans, en faifant dans ces villes leurs pâques & quel-ques autres actes publics de domicile, étendoient leur exemption à la campagne, au moins pour la taille de propriété, & même ordinairement pour l'exploitation de leurs prés & de leurs bois , quand ils la faifoient par leurs mains.

Les habitans même des autres villes, & en général les riches qui avoient des biens-fonds éloignés du lieu de leur domicile, n'en acquittoient prefque jamais la taille de propriété, parce que l'impofition fuivant les perfonnes, on ne faifoit payer dans le lieu de la fitua-tion des biens, que la taille de leur exploitation ; & quoique les propriétaires duffent être impofés à leur do-micile, pour la taille des facultés que leur procuroient leurs domaines quelque part qu'ils fuffent fitués , comme on ignoroit quelles étoient leurs propriétés lointaines , on ne pouvoit leur en demander la légitime impofition. Ainfi les pauvres qui n'avoient de terre que dans une feule communauté, où toutes leurs facultés étoient con-nues, portoient rigoureufement la taille de propriété & celle d'exploitation ; & les riches ne payoient , le plus fouvent, que cette derniere , pour toute la portion de leurs biens dont on n'avoit pas connoiffance dans la com-munauté qu'ils habitoient.

La taille perfonnelle étoit arbitraire , & les citoyens craignoient de fe livrer à quelques jouiffances, parce que tout figne d'aifance attiroit fur eux une augmen-tation défordonnée d'impofition.

Il en réfultoit , dans la plupart des habitations cham-

pêtres , une négligence , un dénuement , une infalubrité
très-nuifible au bonheur & à la confervation des cultivateurs.

La capitation étoit divifée en trois branches. Celle des
taillables, dans les pay de taille perfonnelle & mixte,
étoit répartie au marc la livre de la taille, & en parta-
geoit toutes les injuftices. Celle des villes franches étoit,
pour les artifans, une addition aux frais de jurandes,
pour les autres citoyens, une taxe purement arbitraire.
Celle des officiers publics & des privilégiés, au lieu de
fuivre l'échelle des fortunes, feule bafe équitable de
toute impofition, étoit réglée par les titres. Enfin les
eccléfiaftiques formant ce qu'on appeloit le clergé de
France, en étoient entiérement exempts, quoiqu'ils y
euffent été foumis dans fon origine, & qu'aucune loi
n'eût formellement prononcé leur exemption.

Les vingtiemes même , qui étoient la moins imparfaite
& la moins vexatoire des anciennes impofitions, puif-
qu'elle préfentoit une borne qui ne pouvoit pas être excé-
dée, étoient encore très-inégalement répartis. Les eccléfiaftiques du clergé de France ne les payoient pas ;
quelques pays, quelques villes, quelques corporations,
& même quelques particuliers puiffans avoient obtenu
des abonnemens tout-à-fait difproportionnés avec leurs
revenus, & avec la charge que fupportoient les autres
citoyens. Enfin cette impofition étant individuelle, fans
aucun rapport avec la totalité des contribuables de chaque
province ni de chaque communauté, perfonne n'avoit
intérêt de vérifier fi fon voifin étoit, ou non, taxé comme
il auroit dû l'être, perfonne ne fe trouvoit offenfé de ce
qu'un autre échappât en tout ou en partie à l'impofition ;
chacun avoit la tentation & la facilité de cacher fa fortune
& de tromper le percepteur.

Les riches fur-tout y parvenoient : plufieurs parlemens
n'avoient pas eu honte de prétendre que c'étoit un délit
que de perfectionner la répartition ; qu'un vingtième ne
devoit pas être un vingtième pour tout le monde ; que ce
ne devoit être qu'un moyen de lever une certaine fomme,
dans lequel les erreurs de la premiere affiette devoient être
éternelles. Ils avoient effrayé les directeurs & les contrôleurs & il en réfultoit que les pauvres fans protection
acquittoient les vingtiemes avec exactitude , mais qu'aucun
noble, qu'aucun magiftrat, qu'aucun officier public,

même qu'aucun riche que l'on pût fuppofer en liaifon avec quelques magiftrats, ne payoit plus de moitié ou des deux tiers de ce qu'il auroit dû.

Tels étoient les inconvéniens de nos moins mauvai-fes impofitions. L'Affemblée nationale a dû les bannir de celles qu'elle y fubftitue.

Elle a cru que le fyftême des finances d'une nation telle que la nôtre devoit avoir trois grands caracteres ; l'équité, l'égalité, l'uniformité.

La contribution fonciere embraffera tous les biens-fonds toujours cotifés dans la communauté où ils font fitués ; aucune propriété ne pourra échapper à fa jufte taxe. On impofera fur l'héritage les champarts ou rentes foncieres dont il pourroit être grevé, fauf au propriétaire le droit de faire à fon créancier la retenue de la contribution qu'il aura été obligé d'avancer ; de forte que les rembourfemens ne dérangeront point les rôles, que le titre de perception fera toujours clair & localement connu, & que la nation ne pourra être fruftrée de fes droits : fes agens ne pourront non plus les appefantir fur perfonne, ni accorder à per-fonne une faveur illicite. La contribution étant une fomme fixe & déterminée d'avance pour chaque département, chaque diftrict, chaque communauté, il eft fenfible que tous les contribuables auront intérêt à ce qu'aucun d'eux ne fe procure une diminution qui augmenteroit la charge de tous les autres. Néanmoins cette contribution ne por-tera fur aucun bien qu'en proportion de fon revenu, puif-que chaque propriétaire pourra réclamer lorfque fa cote montera en principal au-deffus du fixieme du produit net ou de la valeur locative de fes biens, & obtenir en confé-quence une modération dont les autres feront les frais, jufqu'à ce qu'ils foient tous taxés pareillement au fixieme.

Ainfi l'on réunira & l'on perfectionnera l'un par l'autre les avantages des impofitions en fommes fixes & ceux des impofitions proportionelles; & la contribution foncière ar-rivera en peu de temps à un degré de fageffe & d'équité qui n'a jufqu'à préfent été atteint dans aucune impofition, à celui que vous avez droit de prétendre.

L'Affemblée nationale a voulu, elle a dû appliquer, au-tant qu'il étoit poffible, les mêmes principes aux revenus que tirent de leurs fonds mobiliers les capitaliftes qui, au lieu d'acheter des terres prêtent leur argent, ou font des entreprifes de commerce & d'induftrie.

D iv

En effet tout homme qui par son économie, celle de ses ancêtres, ou de toute autre maniere, est devenu propriétaire d'un capital, peut en le louant ou en l'aliénant pour favoriser un travail utile, se procurer un partage dans le profit de ce travail. Il n'en est aucun qui n'exige des avances & une manipulation ; il n'en est aucun pour lequel il ne se fasse une société entre les capitalistes & les travailleurs ; ou si le capitaliste travaille lui-même, une sorte de décompte entre ce qui est dû au salaire du travail, & ce qui doit être donné à l'intérêt des avances.

C'est cette seconde portion qu'on appelle les revenus capitaux mobiliers, & que l'opinion publique a demandé qu'on soumît à une contribution. L'Assemblée nationale a voulu que ce fût avec plus d'équité que ne le faisoit la taille personnelle arbitraire, & d'une maniere plus spéciale, comme aussi dans une plus juste proportion que ne le faisoient les droits de consommation qui, pour tâcher d'obtenir quelque contribution des possesseurs des capitaux mobiliers, arrachoient une contribution toute pareille aux propriétaires des terres qui avoient déja payé l'impôt foncier, & les surchageoient ainsi doublement.

Les profits des capitaux mobiliers ne sont point faciles à connoître, sur-tout dans un pays où la constitution, les principes, les droits, les loix, les mœurs proscrivent toute espece d'inquisition.

Cependant ils ont une indication, sinon parfaitement exacte, du moins assez régulièrement approximative ; cette indication est le logement destiné à l'habitation personnelle. Il est si naturel à l'homme de chercher à embellir le séjour où il passe la plus grande partie de sa vie, que presque personne n'est arrêté dans ce penchant que par l'impuissance de le satisfaire & qu'à très-peu d'exceptions près, le prix des logemens d'habitation indique la graduation des richesses.

On observe néanmoins que plus les hommes sont pauvres & plus leur logement absorbe une portion considérable de leur petite fortune ; car le besoin de se loger étant indispensable, & le prix du loyer ne pouvant être restreint au-dessous de ce qui est moyennement nécessaire pour rembourser aux propriétaires l'intérêt du capital de leurs maisons, les citoyens très-pauvres sont obligés de partager leur dépense entre leur subsistance & leur logement.

On a examiné quelle étoit la proportion la plus ordinaire du loyer avec les différens degrés de richesses, &
l'Assemblée nationale a fait dresser une table qui, à partir
des citoyens qui n'ont que cent francs de loyer & au-dessous, & qui sont supposés n'avoir un revenu que le double
du prix annuel de leur logement, s'éleve par dix-huit gra-
dations jusqu'à ceux qui ont plus de douze mille francs de
loyer ou de valeur locative d'habitation, & dont on estime
que le revenu est de douze fois & demie cette valeur. ,

L'Assemblée nationale, en adoptant cette table qui a
paru l'expression des faits les plus communs, & qu'elle a
placée comme régle à l'article XVIII de son décret sur la
contribution mobiliaire, n'a cru devoir l'appliquer qu'au
prix des logemens d'habitation, qu'elle a entendu qui
fussent distingués de ceux qui servent au travail ou au
commerce. Ceux-ci sont soumis au droit de patentes, plus
particuliérement relatif *au travail :* l'Assemblée nationale
a jugé convenable de les exempter de la contribution qui
a pour objet le revenu des *capitaux mobiliers,* à quelque
usage qu'on les emploie.

C'est ce revenu, jusqu'à présent fugitif & qui n'avoit
encore pu être spécialement imposé, que l'Assemblée
nationale a voulu atteindre par la cote de contribution
relative aux facultés mobiliaires ; elle a voulu que cette
cote ne portât précisément que sur cette espece de revenu, comme la contribution fonciere ne porte que sur
les revenus territoriaux : c'est la loi qu'avoit clairement
dictée le vœu public. On y a satisfait avec une entiere
exactitude, en autorisant les propriétaires fonciers dont
les facultés mobiliaires auroient été présumées par le
prix de leur logement, à prouver par la quittance de leur contribution fonciere, que ces facultés leur viennent en tout
ou en partie de leurs biens-fonds, & à obtenir en conséquence déduction proportionnelle. Il en résulte que
*les facultés mobiliaires qui proviennent de capitaux fon-
ciers,* ne sont assujetties qu'à la contribution fonciere,
& que celles qui viennent de *capitaux mobiliers* ne pouvant prouver leur origine, restent exclusivement soumises à la cote de contribution pour facultés mobiliaires.

S'il paroissoit juste de porter sur les revenus de capitaux mobiliers une contribution qui leur fût spéciale,
il ne l'auroit pas été d'élever cette contribution au même
taux, sur la simple apparence de ces revenus, que la

contribution foncière a pu l'être fur les revenus très-
clairs & très-connus des biens fonds.

Les lettres fe louent en raifon de leur produit net.
On ne compte pour leur revenu que leur valeur locative, & cette valeur n'exifte qu'après qu'on a prélevé
fur les récoltes le paiement de tous les frais & l'intérêt de toutes les avances de la culture.

Le propriétaire foncier touche, ou eft le maître de
toucher fon revenu chez lui fans peine. S'il loue fa terre,
ce qu'il y a de cafuel dans les récoltes eft eftimé, abonné
& payé dans les conventions de fon bail ; & lorfqu'il cultive lui-même, il cumule deux proteffions dans
lefquelles on peut encore diftinguer ce qui lui appartient à raifon du capital de la terre, comme propriétaire,
de ce qui lui eft dû pour fes avances rurales & pour
fon travail, comme cultivateur. Le profit au contraire
de la plupart des capitaux mobiliers eft néceffairement
lié à un exercice de facultés induftrielles qui ne préfentent point de valeur locative. Le poffeffeur de ces capitaux les fait valoir par fon efprit, fon labeur, fes dépenfes, fes foins ; toutes chofes variables qui exigent
une rétribution & qui rendent cafuel le produit du capital. Cette cafualité eft encore augmentée, parce que le
poffeffeur de capitaux mobiliers n'a pas de la confervation de fon capital une caution auffi folide que la terre.
Il ne travaille qu'avec des hommes qui peuvent éprouver des accidens & qui de plus peuvent fe tromper ou
le tromper. Il eft donc indifpenfable de retrancher du
produit apparent d'un capital mobilier la rétribution due
à fon poffeffeur pour les peines qu'il fe donne, & une
prime d'affurance pour le rifque qu'il court ; prime qui
paroît hauffer le revenu des capitaux mobiliers, mais
qui n'en eft que la garantie, & qu'un calcul équitable
doit à ce titre comprendre dans les frais d'exploitation.

Il réfulte de ces obfervations, que l'Affemblée nationale n'a pu confidérer le revenu des capitaux mobiliers
foumis à des hafards inévitables & liés à un emploi néceffaire de peine & d'induftrie, que comme on feroit
une récolte avant que les frais de culture euffent été
payés : or, à prendre les récoltes en maffe, elles ne donnent gueres qu'un tiers de leur produit brut en produit net.

Il a paru à l'Assemblée nationale que cette proportion devoit avoir lieu entre la contribution sur le revenu apparent des capitaux mobiliers chargés de les frais & de son assurance, & celle qui porte sur le revenu net & liquide des biens fonds.

Elle a jugé qu'il y auroit d'autant plus de danger d'excéder cette proportion, que le revenu des capitaux mobiliers n'est indiqué que d'une maniere approximative par le seul signe qu'il ait été possible de saisir, celui de la valeur des logemens ; & que si l'on abusoit de ce signe fugitif & conjectural pour élever trop haut la cote des facultés mobiliaires, on risqueroit d'exciter à la fraude, de faire disparoître une partie du signe, & d'enlever à la nation le produit le plus important de la principale branche de la contribution mobiliaire, ce qui seroit encore plus onéreux aux propriétaires des terres, qui se trouveroient à la fin obligés de couvrir le déficit, puisque leurs biens, toujours ostensibles, sont les seuls qui ne puissent jamais éviter les contributions nécessaires aux besoins publics.

La contribution fonciere a été fixée au sixieme du revenu.

Toutes les raisons qui viennent de vous être exposées & qui ont déterminé l'Assemblée nationale, ne permettroient donc pas d'élever celle sur les facultés mobiliaires au-dessus du dix-huitieme ; mais comme, par les mêmes raisons & dans le doute, il vaut mieux imposer moins que d'imposer trop, l'Assemblée nationale a décrété que l'on commenceroit par n'imposer que le vingtieme des facultés mobiliaires indiquées par le prix des logemens, & qu'on n'iroit au dix huitieme que dans le cas où il se trouveroit un déficit dans la somme à fournir pour la contribution mobiliaire.

L'Assemblée nationale auroit voulu pouvoir excepter de cette cote de facultés mobiliaires, les capitaux prêtés sur des biens-fonds & dont le revenu est soumis à la retenue de la contribution fonciere à laquelle les débiteurs sont autorisés, comme en ayant fait l'avance à la nation ; mais elle a craint de porter atteinte aux mœurs, en faisant naître la tentation de mentir à la patrie & de se procurer des prétendues quittances de *rente fonciere*, pour échapper à la contribution des capitaux mobiliers ; & considérant de plus que les capitaux prêtés fur les terres qui participent à la nature des capitaux fonciers ayant été follicités par les emprunteurs qui ont acheté, outre l'ufage de ces capitaux, la complaifance du prêteur, produifent toujours à celui-ci un intérêt fupérieur de plus d'un vingtieme, même de plus d'un dix-huitieme, à celui procuré par les terres à leurs propriétaires véritables; elle a cru ne devoir pas héfiter à foumettre le revenu de ces capitaux, comme celui des autres capitaux mobiliers, à la contribution du vingtieme ou du dix-huitieme, felon la néceffité.

On ne peut pas favoir d'avance laquelle des deux proportions fera définitive, car on n'a pas de notions affez précifes fur la valeur totale des logemens d'habitation & fur la fomme à laquelle pourront monter les défalcations que les revenus fonciers occafionneront dans le produit apparent des capitaux de toute efpece indiqués par la valeur locative de ces logemens. Il a donc fallu réferver quelque latitude; il a fallu même préparer encore au-dela une reffource, afin d'affurer dans tous les cas le complément de la contribution néceffaire aux befoins publics. Trois branches de contribution mobiliaire, dont deux certaines & une éventuelle, y ont été confacrées.

Les deux branches certaines ont quelque rapport avec la capitation; mais elles ont fur elle l'avantage de n'être aucunement arbitraires.

La premiere eft la taxe équivalente à trois journées de travail, qui doit porter uniformément fur tous les citoyens actifs, quelle que foit leur fortune, indépendamment des autres contributions relatives à leurs richeffes, & qui doivent s'étendre auffi fur les femmes jouiffant de leurs droits & fur les mineurs contribuables, quoiqu'ils ne foient pas citoyens actifs.

La feconde eft la taxe progreffive fur les domeftiques, & fur les chevaux qui ne font pas employés aux exploitations rurales. On a regardé cette taxe comme un furcroît de contribution qui ne feroit pas regretté par la richeffe; & qui tendroit d'autant au foulagement de la pauvreté.

Ainfi l'on impofera comme contribution mobiliaire,

I°. La valeur de trois journées de travail fur tous ceux qui font dans le cas de fupporter cette taxe.

2°. Les sommes prescrites à raison du nombre de domestiques & de chevaux sur ceux qui en ont.

3°. Le vingtieme du revenu des capitaux présumés
par la valeur des logemens.

Si, après qu'on aura retranché sur la troisieme cote
ce qui devra l'être à raison des revenus fonciers qui auront
acquitté la contribution fonciere, les trois cotes de contributions mobiliaires réunies produisent la somme principale demandée par les besoins généraux de la société,
on n'imposera rien de plus. Si le total est au-dessus de
ce principal, on poussera la cote, à raison des facultés
mobiliaires, au dix-neuvieme, & même, s'il est nécessaire, jusqu'au dix-huitieme. Si par cette opération, le
principal de la contribution n'étoit point encore com-
pletté, on auroit recours, pour opérer ce complément,
à la ressource éventuelle, qui est la cote d'habitation
également imposée dans ce cas sur les propriétaires des
biens-fonds & sur ceux de capitaux mobiliers.

En effet, la principale charge sociale ayant été égali-
sée autant qu'elle pouvoit l'être entre ces deux especes
de propriétaires, par la contribution fonciere sur ceux
qui ont des terres ou des maisons, & par la cote à raison des facultés mobiliaires, sur ceux qui n'ont que des
capitaux mobiliers, il est juste que tout surcroît de taxe
nécessaire pour assurer le service public, porte également
& dans les mêmes proportions, sur les uns & les autres.

Il a paru certain à l'Assemblée nationale que ce complément, s'il faut y recourir, n'obligera pas à porter la
cote générale d'habitation au-dessus du quarantieme de
la valeur des revenus qu'indiquent les logemens. Elle a
mis à l'impôt cette borne rassurante contre les inquiétu-
des que les ennemis du bien public pourroient chercher
à répandre parmi vous ; elle lui a prescrit cette régle
pour arriver à une répartition parfaite, à laquelle on
ne peut manquer d'atteindre par degrés lorsqu'il y a une
limite inflexible qui renvoie sur les contribuables dont
la cote ne s'y feroit point élevée, tous l'excès des cotes
pour lesquelles on l'auroit outre-passée.

Vous voyez, citoyens, que vous ne pourrez pas être
imposés en principal pour vos biens-fonds au-dessus du
sixieme de leur valeur locative.

Pour votre contribution personnelle, au-dessus de votre

cote de citoyen actif, & de ce que vous devrez à raison de vos domestiques, de vos chevaux ou de vos autres animaux de trait ou de selle ;

Pour vos facultés mobiliaires, au-dessus du dix-huitieme de leur revenu, calculé d'après votre logement d'habitation ;

Pour le complément des besoins du trésor public, au-dessus du quarantieme de tous vos revenus évalués par le même élément.

Comparez cet état régulier, clair, sans arbitraire & sans vexations, avec les anciennes impositions de toute espece qui vous accabloient.

Ces anciennes impositions, dont la plupart violoient outrageusement votre liberté, coûtoient cent treize millions de frais de perception ou de régie, & une somme incalculable de frais litigieux ; tandis que celle qui auront lieu à l'avenir, n'occasionneront que trente-trois millions de frais : encore sera-ce à cause, des douanes nationales & des loteries, qui seules obligent à plus d'un tiers de cette dépense, dont les secondes ne sont qu'une imposition supplémentaire, & dont les premieres existent moins comme impositions levées pour le trésor public, que comme primes qu'on a cru nécessaires à vos manufactures.

Vos représentans ne se sont permis aucun arbitraire dans la distribution des deux contributions fonciere & mobiliaire entre les départemens. Ils les ont soulagés tous dans la même proportion, par un même marc la livre des impositions de toute espece que l'ancien gouvernement avoit mises sur chacun d'eux, dans le temps où il avoit quelques lumieres, & lorsqu'à loisir, après une longue paix, il s'étoit appliqué à égaliser, autant qu'il l'avoit pu, leurs charges, pour leur faire supporter toute la somme d'impôt qu'il leur étoit possible d'acquitter.

C'est le taux indiqué par cette somme, & par celles qu'auroient produit les mêmes impositions étendues aux privilégiés, que l'Assemblée nationale a modéré proportionnellement pour vous tous, avec l'impartialité que vous aviez droit d'attendre d'hommes qui, chargés par vous des fonctions législatives, n'ont vu dans leurs concitoyens que des freres égaux, qui avec une égale confiance leur ont remis le soin de leurs intérêts.

S'il y a des erreurs, comme ont peut le croire, du moins aucune d'elles ne sauroit être imputée à vos repré-sentans : ils n'auroient pu vouloir faire mieux sans tomber dans l'arbitraire, & sans s'exposer à commettre d'autres erreurs qui vous auroient été plus préjudiciables.

Celles qu'il ne leur a pas été possible d'éviter, ne sau-roient être très-grandes ; elles sont bornées par la régle du sixieme du revenu, pour la contribution fonciere, & du quarantieme, pour la cote d'habitation ; elles seront réparées par un fonds de dix-huit millions applicables aux décharges & aux modérations dont la justice sera recon-nue.

Jamais l'ancien gouvernement n'a consacré plus de onze à douze millions à cet acte de raison & de bienfaisance

Il n'y a donc pas un seul point sur lequel la position dans laquelle vous laissera l'Assemblée nationale, ne soit préférable à celle dans laquelle elle vous a trouvés.

Vous êtes soulagés de la dîme en entier, de la milice en entier ; de quatre-vingts millions, sur les cent treize qu'il falloit acquitter pour les frais de perception & de régie des anciennes impositions, de tous les procès dis-pendieux qu'occasionnoit leur perception compliquée, de tout le temps perdu, de toutes les vexations qu'en-traînoient leurs formes inquisitoriales ;

De toute la portion des droits féodaux supprimés sans indemnité, & de tous les procès qui en étoient la suite ; de la charge qu'imposoit à votre commisération la men-dicité des moines aujourd'hui pensionnés, jusqu'à leur décès, sur les fonds publics.

Ces soulagemens se montent en impositions dont le calcul est certain, à cent cinq millions ; en autres per-ceptions dont la pesanteur ne peut être qu'estimée, à soixante-dix-huit millions.

Le trésor national vous demande donc cent quatre-vingt-trois millions de moins que vous ne payiez, il y a trois ans, au trésor royal, ou aux particuliers qui partageoient avec lui les contributions du peuple. Mais outre la parti-cipation à ce soulagement général, les contribuables les plus indigens, & la majeure partie de la nation, celle qui a fait la constitution, celle qui a conquis la liber-té, celle qui n'avoit point de priviléges, éprouveront deux autres soulagemens particuliers.

D'une part, les fonds pour les décharges & modérations
dues aux contribuables qui ont essuyé quelque calamité,
ou qui auroient été lésés dans la répartition, font augmentés de six millions & demi, c'est un secours assuré
par l'aisance des bons patriotes, à leurs concitoyens accablés par des malheurs imprévus, ou opprimés par une
erreur involontaire. D'un autre côté, la perfection de la
répartition rejette sur les citoyens ci-devant privilégiés,
trente six millions qu'ils n'acquittoient point autrefois,
& qui tournent au soulagement de ceux des anciens contribuables qui n'étoient pas privilégiés.

Il n'y avoit pas plus de deux cents mille privilégiés
de tout âge, de tout sexe & de toute fonction. C'est
donc véritablement la nation, presque en sa totalité,
qui est soulagée de deux cents vingt-cinq millions.

Le tableau détaillé en est joint à cette adresse. Les ci-
devant privilégiés ne font cependant pas surchargés ; car
s'ils paient trente - six millions dont ils étoient précédemment exempts, ils en retrouvent l'indemnité, & au-
delà, dans la suppression de la dîme, & dans celle des
procès auxquels l'ancienne nature de leurs biens les exposoit plus que personne.

Ainsi le nouvel ordre de choses sera bon pour tout le
monde, aussi-tôt que l'union des esprits & des cœurs,
& la paix sociale feront rétablies.

Vous desirez tous d'y concourir : l'Assemblée nationale est donc certaine que les contributions feront payées,
& que le service public sera fait. Vous êtes également
certains que, par les mesures qu'elle a prises, ces contributions, ce service, sans lesquels il n'y auroit point
de société, ne feront pas plus onéreux pour aucun de
vous, que pour les autres. Cette sûreté réciproque est
le gage de la prospérité publique.

C'est une grande consolation pour l'Assemblée nationale ; c'étoit le but de ses travaux que l'état où elle
va vous laisser, semblable à celui d'une famille, unie par
la raison & par un intérêt visiblement commun, tandis
qu'elle a trouvé la plupart d'entre vous opprimés, comme
par une conquête, & dans une sorte de guerre avec votre propre patrie.

Les impôts étoient arbitraires, excessifs & insuffisans ;
leurs formes tyranniques révoltoient les ames libres ; leurs

frais

frais étoient énormes, & leurs vexations également odieuses & ruineuses.

Les nouvelles contributions, modérées au-delà de vos espérances, suffiront : leurs régies sont simples ; vous voyez à chaque article un profond sentiment d'équité, d'égalité, d'amour pour la liberté de tous & de chacun. Aux exactions du despotisme succedent les conventions amiables d'une société véritablement fraternelle.

Vos représentans qui vont rentrer dans votre sein, acquitteront comme vous, comme de bons & fideles François, les contributions qu'ils ont proposées & décrétées en votre nom.

Ils se sont interdit tout objet d'ambition, ils se sont interdit même l'honneur de votre choix pour continuer de vous représenter dans la prochaine legislature.

Ils ne se sont réservé que le spectacle & le partage de votre liberté, de votre bonheur & de votre gloire.

Les événemens récens dont vous êtes témoins, & pendant lesquels vous avez montré une si profonde & si honorable sagesse ; le nouvel ébranlement qu'a éprouvé le corps politique par la suite des conseils pernicieux qui ont entraîné le Roi jusqu'à lui faire abandonner le soin de la chose publique, & le séjour où l'appeloit la constitution ; les mesures qu'une résolution si extraordinaire, même avortée, peuvent forcer de prendre, les dangers que vous pouvez avoir à repousser, vous montrent la nécessité d'être inviolablement unis, afin que peu d'efforts de chacun de vous, mais bien d'accord, produisent la plus imposante puissance publique.

La conservation de la liberté & celle de la patrie sont dans vos mains : leur salut est donc assuré, car les François ont toujours fait ce qu'ils ont dû ; ils on toujours été l'admiration du monde, lorsqu'un intérêt manifestement général & une circonstance périlleuse ont exigé de leur honneur le déploiement d'une grande vertu, d'un grand courage, d'un éminent patriotisme.

L'Assemblée nationale n'est donc point inquiete du zele avec lequel vous soutiendrez par vos contributions, comme par votre valeur, l'existence de l'état & la dignité du nom françois.

Elle compte que ceux d'entre vous qui pourroient avoir laissé en arriere le paiement de leurs impositions, feront les plus grands efforts pour s'acquitter ; & quand vous

Partie XIII.   E voyez que le retard des rôles de la présente année n'a eu d'autres causes que le desir de vous rendre justice à tous en perfectionnant la répartition, elle espère que vous vous porterez à l'envi à offrir sur la contribution fonciere & sur la contribution mobiliaire, tous les à-comptes qui feront en votre pouvoir. Elle donnera pour les à-comptes que réclame le service publique, une régle générale, & ne fera point surprise que la plupart d'entre vous fasse pour la patrie encore plus qu'il ne vous fera prescrit.

L'Assemblée nationale connoît vos sentimens, parce qu'ils font les siens, parce que vos représentans font vos freres, une partie de vous-mêmes, parce que le noble amour du bien public qui éleve vos ames, brûle également dans leurs cœurs.

L'Assemblée nationale, ouï le rapport de son comité des contributions publiques, décrete l'adresse aux François ci-dessus transcrite, elle en ordonne l'impression & l'envoi dans les quatre-vingt-trois départemens.

Mandons, &c. *En vertu des décrets des 21 & 25 juin 1791* : Pour le Roi. *Signé M. L. F. Duport.*

Loi relative à l'avancement des lieutenans-colonels des troupes provinciales.

Donnée à Paris, le 28 juillet 1791.

Louis, par la grace de Dieu, & par la loi constitutionnelle de l'Etat, Roi des Français : à tous présens & à venir ; salut. L'Assemblée nationale a décrété, & nous voulons & ordonnons ce qui suit :

Décret de l'Assemblée nationale, du 2 juillet 1791.

L'Assemblée nationale décrete ce qui suit:

Les lieutenans-colonels qui commandoient depuis dix ans des bataillons de garnison de troupes provinciales, réformés par les précédens décrets, feront susceptibles d'être faits maréchaux-de-camp, & d'obtenir ce garde

conformément aux décrets des 15 février & 3 mars derniers.

Mandons, &c. *En vertu des décrets des* 21 & 25 *juin*
1791. Pour le Roi. Signé *M. L. F. Duport.*

Loi relative à la menue monnoie d'argent, décrétée le 11
janvier dernier.

Donnée à Paris, le 28 juillet 1791.

Louis, par la grace de Dieu, & par la loi conſtitutionnelle de l'Etat, Roi des Français : à tous préſens
& à venir; ſalut. L'Aſſemblée nationale a décrété, &
nous voulons & ordonnons ce qui ſuit :

Décret de l'Aſſemblée nationale, du 11 *juillet* 1791.

L'Aſſemblée nationale conſidérant que l'exécution de
ſon décret du 11 janvier, relativement à l'émiſſion d'une
menue monnoie d'argent, ſeroit dans les circonſtances
actuelles ſuſceptible d'inconvéniens, s'il n'y étoit apporté
quelque modification ; après avoir entendu ſon comité
des monnoies, décrete ce qui ſuit :

ARTICLE PREMIER.

Conformément au décret du 11 janvier, les pieces de
trente ſous contiendront en grains de fin la moitié de
l'écu, & celles de quinze ſous le quart de l'écu.

II. Néanmoins chacune deſdites pieces ſera alliée dans
la proportion de huit deniers d'argent fin, avec quatre
deniers de cuivre.

III. Le graveur général préparera ſans délai les poinçons néceſſaires à cette fabrication, aux types décrétés
le 11 avril dernier : de ſorte que dans trois ſemaines au
plus tard de la publication du préſent décret, la fabrication ſoit en activité.

IV. L'argenterie des églises supprimées & déposée dans les hôtels des monnoies, sera d'abord employée à cette fabrication ; elle sera continuée ensuite avec les matiere que se procure le trésor public pour la fabrication de écus, dont il ne sera fabriqué que pour les besoins indispensables, jusqu'à ce que l'émission de la menue monoie soit déclarée suffisante par un décret du corps législatif.

V. Toute personne qui apportera à la monoie des matieres d'argent, recevra sans aucune retenue la même quantité de grains de fin en monnoie fabriquée.

Mandons, &c. *En vertu des décrets des 21 & 25 juin dernier :* Pour le Roi. Signé *M. L. F. Duport.*

Loi relative au sieur Dupré, nommé graveur général des monnoies de France.

Donnée à Paris, le 28 juillet 1791.

Louis, par la grace de Dieu, & par la loi constitutionnelle de l'Etat, Roi des Français à tous présens & à venir ; salut. L'Assemblée nationale a décrété, & nous voulons & ordonnons ce qui suit :

Décret de l'Assemblée nationale, du 11 juillet 1791.

L'Assemblée nationale, sur le rapport de son comité des monnoies, & après avoir entendu la lecture du procèsverbal de l'académie de peinture & de sculpture, en date du 9 de ce mois, duquel il résulte qu'à la majorité absolue des voies, le sieur Dupré a été jugé par cette compagnie le plus digne de la place de graveur général des monnoies, ordonne que ledit sieur Dupré se retirera auprès du pouvoir exécutif pour se faire expédier une commission de graveur général des monnoies de France.

Mandons, &c. *En vertu des décrets des 21 & 25 juin dernier.* Pour le Roi. Signé *M. L. F. Duport.*

Loi relative aux mines.

Donnée à Paris, le 28 juillet 1791.

Louis, par la grace de Dieu , & par la loi conſtitutionnelle de l'Etat , Roi des Français : à tous préſens &
à venir ; ſalut. L'Aſſemblée nationale a décrété, & nous
voulons & ordonnons ce qui ſuit :

*Décret de l'Aſſemblée nationale , des 27 mars , 15 juin & 12
juillet 1791.*

L'Aſſemblée nationale , après avoir entendu le rapport
qui lui a été fait au nom de ſes comités réunis , des
finances , d'agriculture & de commerce , des domaines
& des impoſitions , décrete comme article conſtitution-
nel ce qui ſuit :

TITRE PREMIER.

Des mines en général.

ARTICLE PREMIER.

Les mines & minieres , tant métalliques que non métalliques , ainſi que les bitumes , charbons de terre ou de
pierre & pyrites , ſont à la diſpoſition de la nation ; en
ce ſens ſeulement , que ces ſubſtances ne pourront être
exploitées que de ſon conſentement & ſous ſa ſurveillance , à la charge d'indemniſer , d'après les régles qui
ſeront preſcrites , les propriétaires de la ſurface , qui
jouiront en outre de celles de ces mines qui pourront
être exploitées , ou à tranchée ouverte , ou avec foſſe
& lumiere , juſqu'à cent pieds de profondeur ſeulement.

II. Il n'eſt rien innové à l'extraction des ſables , craies ,
argiles , marnes , pierres à bâtir , marbres , ardoiſes , pierres à chaux & à plâtre , tourbes , terres vitrioliques ,
ni de celles contenues ſous le nom de cendres , & géné-

ralement de toutes fubftances, autres que celles exprimées dans l'article précédent, qui continueront d'être
exploitées par les propriétaires, fans qu'il foit néceffaire
d'obtenir aucune permiffion.

Mais à défaut d'exploitation, de la part des propriétaires, des objets énoncés ci-deffus, & dans le cas feulement de néceffité pour les grandes routes, ou pour des
travaux d'une utilité publique, tels que ponts, chauffées,
canaux de navigation, monumens publics, ou tous autres
établiffemens & manufactures d'utilité générale, lefdites
fubftances pourront être exploitées, d'après la permiffion
du directoire du département, donnée fur l'avis du
directoire du diftrict, par tous entrepreneurs ou propriétaires defdits manufactures, en indemnifant le propriétaire, tant du dommage fait à la furface, que de
la valeur des matieres extraites, le tout de gré à gré,
ou à dire d'experts.

III. Les propriétaires de la furface auront toujours la
préférence & la liberté d'exploiter les mines qui pourroient fe trouver dans leurs fonds, & la permiffion ne
pourra leur en être refufée, lorfqu'ils la demanderont.

IV. Les conceffionnaires actuels, ou leurs ceffionnaires
qui ont découvert les mines qu'ils exploitent, feront
maintenus jufqu'au terme de leur conceffion, qui ne
pourra excéder cinquante années, à compter du jour
de la publication du préfent décret.

En conféquence, les propriétaires de la furface, fous
prétexte d'aucune des difpofitions contenues aux articles
premier & fecond, ne pourront troubler les conceffionnaires actuels dans la jouiffance des conceffions, lefquelles fubfifteront dans toute leur étendue fi elles n'excédent pas celle qui fera fixée par l'article fuivant ; & dans
le cas où elles excéderoient cette étendue, elles y feront
réduites par les directoires des départemens, en retran-
chant fur la défignation des conceffionnaires, les parties
les moins effentielles aux exploitations.

V. L'étendue de chaque conceffion fera réglée, fuivant les localités & la nature des mines, par les départemens, fur l'avis des directoires de diftrict ; mais elle
ne pourra excéder fix lieues quarrées. La lieue qui fervira

de mesure, sera celle de vingt-cinq au degré de deux mille deux cent quatre-vingt-deux toises.

VI. Les concessionnaires dont la concession a eu pour objet des mines découvertes & exploitées par des propriétaires, seront déchus de leurs concessions, à moins qu'il n'y ait eu de la part desdits propriétaires, consentement libre, légal, & par écrit formellement confirmatif de la concession; sans quoi lesdites mines retourneront aux propriétaires qui les exploitoient avant lesdites concessions, à la charge par ces derniers de rembourser, de gré à gré ou à dire d'experts, aux concessionnaires actuels, la valeur des ouvrages & travaux dont ils profiteront. Quand le concessionnaire aura rétrocédé au propriétaire, le propriétaire ne sera tenu envers le concessionnaire, qu'au remboursement des travaux faits par le cessionnaire, desquels le propriétaire pourra profiter.

VII. Les prorogations de concessions seront maintenues pour le terme fixé par l'art. IV, ou annullées, selon que les mines qui en font l'objet, se trouveront de la nature de celles mentionnées aux articles IV & VI du présent décret.

VIII. Toute concession ou permission d'exploiter une mine, sera accordée par le département, sur l'avis du directoire du district dans l'étendue duquel elle se trouvera située, & ladite permission ou concession ne sera exécutée qu'après avoir été approuvée par le Roi, conformément à l'art. V de la section troisieme du décret du 22 décembre 1789, sur les assemblées administratives.

IX. Tous demandeurs en concessions ou en permissions feront tenus de justifier de leurs facultés, des moyens qu'ils emploieront pour assurer l'exploitation, & de quels combustibles ils prétendront se servir, lorsqu'il s'agira de l'exploitation d'une mine métallique.

X. Nulle concession ne pourra être accordée qu'auparavant le propriétaire de la surface n'ait été requis de s'expliquer, dans le délai de six mois, s'il entend ou non procéder à l'exploitation, aux mêmes clauses & conditions impofées aux conceffionnaires. Cette requifition fera faite à la diligence du procureur-fyndic du département, où fe trouvera la mine à exploiter.

Dans le cas d'acceptation par le propriétaire de la furface, il aura la préférence, pourvu toutefois que fa propriété feule, ou réunie à celle de fes affociés, foit d'une étendue propre à former une exploitation. Auront également la préférence fur tous autres, excepté les propriétaires, les entrepreneurs qui auront découvert des mines, en vertu de permiffion à eux accordée par l'ancienne adminiftration, en fe conformant aux difpofitions contenues au préfent décret.

XI. Toutes demandes en conceffions ou permiffions, qui feront faites par la fuite, feront affichées dans le chef-lieu du département, proclamées & affichées dans le lieu du domicile du demandeur, ainfi que dans les municipalités que cette demande pourra intéreffer ; & lefdites affiches & proclamations tiendront lieu d'interpellation à tous les propriétaires.

XII. Lorfque les conceffions ou permiffions auront été accordées, elles feront de même rendues publiques par affiches & proclamations, à la diligence du procureur-fyndic du département.

XIII. Les limites de chaque conceffion accordée feront tracées fur une carte ou plan levé aux frais du conceffionnaire, & il en fera dépofé deux exemplaires aux archives du département.

XIV. Tout conceffionnaire fera tenu de commencer fon exploitation au plus tard fix mois après qu'il aura obtenu la conceffion, paffé lequel temps elle fera regardée comme non avenue, & pourra être faite à un autre, à moins que ce retard n'ait une caufe légitime, vérifiée par le directoire du diftrict, & approuvée par celui du département.

XV. Une conceffion fera annullée par une ceffation de travaux pendant un an, à moins que cette ceffation n'ait eu des caufes légitimes, & ne foit approuvée par le directoire du département, fur l'avis du directoire du diſtrict auquel le conceſſionnaire ſera tenu d'en juſtifier. Il en ſera de même des anciennes conceſſions maintenues, dont l'exploitation n'aura pas été ſuivie pendant un an ſans cauſe légitime, également conſtatée.

XVI. Pourront les conceſſionnaires renoncer à la conceſſion qui leur aura été faite, en donnant, trois mois d'avance, avis de cette renonciation au directoire du département.

XVII. A la fin de chaque conceſſion, ou dans le cas d'abandon, le conceſſionnaire ne pourra détériorer ſes travaux; en conſéquence, il ne pourra vendre que les minéraux extraits, les machines, bâtimens & matériaux exiſtant ſur l'exploitation, mais jamais enlever les échelles, étais, charpentes ou matériaux néceſſaires à la viſite & à l'exiſtence des travaux intérieurs de la mine, dont alors il ſera fait un état double, qui ſera dépoſé aux archives du département.

XVIII. S'il ſe préſente de nouveaux demandeurs en conceſſions ou permiſſions, pour continuer d'exploitation d'une mine abandonnée, ils feront tenus de rembourſer aux anciens conceſſionnaires la valeur des échelles, étais, charpentes, matériaux, & de toutes machines qui auront été reconnues néceſſaires pour l'exploitation de la mine, ſuivant l'eſtimation qui en ſera faite de gré à gré, ſinon par experts, gens de l'art, qui auront été choiſis par les parties ou nommés d'office.

XIX. Le droit d'exploiter une mine, accordé pour cinquante ans ou moins, expirant, les mêmes entrepreneurs qui auront fait exploiter par eux-mêmes ou par ouvriers à forfaits, feront, ſur leurs demandes, admis de préférence à tous autres, excepté cependant les propriétaires qui feront dans le cas prévu par l'article X, au renouvellement de la conceſſion, pourvu toutefois qu'il ſoit reconnu que leſdits conceſſionnaires ont bien fait valoir l'intérêt public qui leur étoit confié; ce qui aura lieu tant pour les anciennes conceſſions maintenues que pour les nouvelles.

XX. Les conceſſionnaires actuels, ou leurs ceſſion-

naires qui ont découvert les mines qu'ils exploitent &
qui sont maintenus, aux termes de l'article IV, ainsi
que ceux qui le feront conformément à l'article six, seront
obligés d'indemniser les propriétaires de la surface, si
fait n'a été, & ce, dans le délai de six mois, à compter
du jour de la publication du présent décret.

XXI. L'indemnité dont il vient d'être parlé, ainsi
que celle mentionnée dans l'article premier du présent
décret, s'entend seulement des non-jouissances & dégâts
occasionnés dans les propriétés par l'exploitation des
mines, tant à raison des chemins que des lavoirs, suite
des eaux & tout autre établissement, de quelque nature
qu'il soit, dépendant de l'exploitation, sans cependant
que ladite indemnité puisse avoir lieu lorsque les eaux
seront parvenues aux ruisseaux, fleuves & rivieres.

XXII. Cette indemnité aura pour base le double de
la valeur intrinsèque de la surface du sol qui sera l'objet desdits dégâts & non jouissances. L'estimation en sera
faite de gré à gré, ou à dire d'experts, si mieux n'aiment les propriétaires recevoir en entier le prix de leur
propriété, dans le cas où elle n'excéderoit pas dix ar-
pens, mesure de Paris, & ce sur l'estimation qui en sera
faite à l'amiable, ou à dire d'experts.

XXIII. Les concessionnaires ne pourront ouvrir leurs
fouilles dans les enclos murés, ni dans les cours, jardins, prés, vergers & vignes attenant aux habitations
dans la distance de deux cents toises, que du consentement des propriétaires de ces fonds, qui ne pourront
dans aucun cas être forcés à le donner.

XXIV. Les concessionnaires demeureront civilement
responsables des dégâts, dommages & désordres occasionnés par leurs ouvriers, conducteurs & employés.

XXV. Lorsqu'il sera nécessaire à une exploitation d'ouvrir des travaux de secours dans un canton ou exploitation du voisinage, l'entrepreneur en demandera la permission au directoire du département, pourvu que ce
ne soit pas pour extraire des minéraux provenant de ce
nouveau canton ; mais pour y étendre des travaux néces-

faires, tels que galerie d'écoulement, chemins, prife
d'eau, ou paſſage des eaux & autres de ce genre, à
la charge de ne point gêner les exploitations y exiſtant,
& d'indemnifer les propriétaires de la furface.

XXVI. Seront tenus les anciens conceſſionnaires maintenus & ceux qui obtiendront à l'avenir des conceſſions
ou permiſſions, favoir : les premiers dans fix mois pour
tout délai, à compter du jour de la publication du préfent décret ; & les derniers dans les trois premiers mois
de l'année, qui fuivront celle où leur exploitation aura
commencé, de remettre aux archives de leur département
refpectif, un état double détaillé & certifié véritable,
contenant la défignation des lieux où font fituées les
mines qu'ils font exploiter, la nature de la mine, le
nombre d'ouvriers qu'ils emploient à l'exploitation ; les
quantités de matieres extraites, & fi ce font des charbons de terre, ce qu'ils en font tirer par mois, enfemble les lieux où s'en fait la principale confommation &
le prix defdits charbons ; & de continuer à faire ladite
remife avant le premier décembre de chaque année, &
de joindre audit état un plan des ouvrages exiſtans &
des travaux faits dans l'année.

XXVII. Toutes conteſtations relatives aux mines,
demandes en réglement d'indemnité, & toutes autres
fur l'exécution du préfent décret, feront portées par-
devant les juges de paix ou les tribunaux de diſtrict,
fuivant l'ordre de compétence, & d'après les formalités
prefcrites par les décrets fur l'ordre judiciaire, fans que
cependant il puiſſe être donné aucune fuite aux procédures criminelles, commencées depuis le 14 juillet 1789,
contre les auteurs des dégâts commis dans des conceſ-
fions de mines, lefquelles procédures feront civilifées & les
informations converties en enquête, à l'effet par les entrepreneurs de pourfuivre, par la vbie civile, la réparation des dommages faits à leurs conceſſions & à la réin-
tégration en icelle, s'il y a lieu, aux termes des articles
IV & VI du préfent décret.

TITRE II.

Des mines de fer.

ARTICLE PREMIER.

Le droit accordé aux propriétaires par l'article premier du titre premier du préfent décret, d'exploiter à tranchée ouverte, ou avec foffe & lumiere jufqu'à cent pieds de profondeur, les mines qui fe trouveront dans l'étendue de leurs propriétés, devant être fubordonnée à l'utilité générale, ne pourra s'exercer pour les mines de fer que fous les modifications fuivantes.

II. Il ne pourra à l'avenir être établi aucune ufine pour la fonte des minérais, qu'enfuite d'une permiffion qui fera accordée par le corps légiflatif, fur l'avis du département dans l'étendue duquel cet établiffement fera projeté.

III. Toutes les formalités prefcrites par les articles XII & XIII du titre premier, pour la conceffion des mines à exploiter, feront exécutées pour la permiffion d'établir de nouvelles ufines.

IV. Tout demandeur en permiffion d'établir un ou plufieurs fournaux ou ufines, fera tenu de défigner le lieu où il prétend former fon établiffement, les moyens qu'il a de fe procurer les minérais, & l'efpece de combuftibles dont il prétend fe fervir pour alimenter fes fourneaux.

V. S'il y a concurrence entre les demandeurs, la préférence fera accordée aux propriétaires ayant dans leurs poffeffions des minérais & des combuftibles; au défaut de ces propriétaires, & à moyens égaux d'ailleurs, la permiffion d'établir l'ufine fera accordée au premier demandeur en date.

VI. La permiffion d'établir une ufine pour la fonte des minérais, emportera avec elle le droit d'en faire des recherches, foit avec des fondes à ce deftinées, foit par tout autre moyen praticable , sauf dans les lieux exceptés par l'article XXII du titre premier , ainsi que dans les champs & héritages ensemencés ou couverts de fruits.

VII. Les maîtres de forges ou usines avertiront, un mois d'avance , les propriétaires des terrains qu'ils voudront sonder , & leur paieront de gré à gré , ou à dire d'experts les dommages que cette opération pourroit causer.

VIII. D'après la connoissance acquise du minérai , les maîtres d'usine en donneront légalement avis aux propriétaires.

IX. Lorsque le maître de forge aura besoin, pour le service de ses usines , des minérais qu'il aura reconnus précédemment , il en préviendra les propriétaires , qui, dans le délai d'un mois à compter du jour de la notification pour les terres incultes ou en jachere , & dans le même délai à compter du jour de la récolte , pour celles qui seront ensemencées ou disposées à l'être dans l'année , seront tenus de faire eux-mêmes l'extraction desdits minérais.

X. Si après l'expiration de ce délai , les propriétaires ne font pas l'extraction dudit minérai , ou s'ils l'interrompent ou ne la suivent pas avec l'activité qu'elle exige , les maîtres d'usine se feront autoriser à y faire procéder eux-mêmes; & à cet effet , ils se pourvoiront pardevant les tribunaux , ainsi qu'il est prescrit par l'article XXVI du titre premier.

XI. Lorsque les propriétaires feront l'extraction du minérai pour le vendre aux maîtres d'usine , le prix en sera réglé entr'eux de gré à gré , ou par experts choisis ou nommés d'office , lesquels auront égard aux localités & aux frais d'extraction , ainsi qu'aux dégâts qu'elle a occasionnés.

XII. Lorsque, sur le refus des propriétaires , les maîtres d'usine auront fait extraire le minérai, le prix en sera déterminé ainsi qu'il est annoncé en l'article précédent.

XIII. Indépendamment du prix du minérai lavé, qui sera payé aux propriétaires par le maître de forge, celui-ci sera tenu d'indemnifer lefdits propriétaires, soit à raifon de la non jouiffance des terrains, soit pour les dégâts qui feront faits à la fuperficie, de gré à gré ou à dire d'ex perts.

XIV. Le maître d'ufine ceffant de jouir de la faculté qui lui aura été accordée d'extraire du minérai, fera tenu de remettre les terrains en état de culture, avec la charrue deftinée au labourage; & dans le cas où l'extraction fe feroit faite dans des vignes ou prés, il fera également tenu de les remettre en état de culture & de production, & l'indemnité fera réglée en conféquence par les experts, fi les parties ne l'ont déterminée entr'elles.

XV. Ne pourront les maîtres de forges faire aucune exploitation ou fouilles dans les bois & forêts, fans avoir, indépendamment des formalités preferites par les articles VII, VIII & IX du préfent titre, indemnifé préalab'ement les propriétaires, de gré à gré, ou à dire d'experts choifis ou nommés d'office, lefquels experts feront obligés, dans leur eftimation, d'avoir égard à la valeur fuperficielle defdits bois & forêts, & au retard qu'éprouvera le recru; & lefdits maîtres de forges feront tenus de laiffer au moins vingt arbres ou baliveaux de la meilleure venue, par arpent, & de ne leur caufer aucun dommage ni dégradation, fous les peines portées par les ordonnances. Ne pourront au furplus lefdits maîtres de forges faire des fouilles dans l'étendue de plus d'un arpent, par chaque année; & l'exploitation finie, ils nivelleront le terrain, le plus que faire fe pourra, & repiqueront de glands ou femis les places endommagées par l'extraction de la mine.

XVI. S'il étoit reconnu par experts qu'il fût impoffible de remettre en culture certaines places de terrain où les fouilles & extractions des minérais auroient été faites, l'entrepreneur dédommagera le propriétaire, à proportion de la moins value de fon terrain, occafionnée par l'extraction, foit de gré à gré, foit à dire d'experts.

XVII. La mine extraite de la terre pourra être lavée &
transportée en toute saison, a charge, par les maîtres de
forge, de dédommager ceux sur la propriété desquels ils
établiront des patouillets ou lavoirs, des chemins pour
le transport ou charrois, ainsi qu'il est prescrit par l'article XX du titre premier, sans cependant que le transport puisse s'en faire à travers les héritages ensemencés.

XVIII. Les maîtres de forges se concerteront avec
les propriétaires, le plus que faire se pourra, pour établir leurs patouillets & lavoirs de maniere à ne causer aucun préjudice aux proprités voisines ou inférieures, &
s'il résultoit quelques dommages de ces établissemens,
les maîtres d'usine seront tenus d'indemnifer les propriétaires, soit de gré à gré, soit à dire d'experts ; mais
lesdits lavoirs ne pourront être établis dans des champs
& héritages couverts de fruits.

XIX. Les maîtres de forges actuellement existans, seront tenus de se conformer, à compter du jour de la publication du présent décret, à toutes ses dispositions en
ce qui les concerne.

XX. Dans le cas où les propriétaires voudroient continuer les fouilles ou extractions des mines de fer, qui
s'exploitent avec fosse & lumiere jusqu'à cent pieds de
profondeur, déja commencées par les maîtres de forges,
ils seront tenus de rembourser à ces derniers les dépenses
qu'ils justifieront légalement avoir faites pour parvenir
auxdites extractions.

XXI. Sera le présent décret adressé incessamment aux
départemens, pour être exécuté comme loi du royaume.

Mandons, &c. *En vertu des décrets des* 21 & 25 *juin*
1791 : Pour le Roi. Signé *M. L. F. Duport.*

Loi relative aux frais des estimations des domaines nationaux.

Donnée à Paris, le 28 juillet 1791.

LOUIS, par la grace de Dieu, & par la loi constitutionnelle de l'Etat, Roi des Français : à tous présens & à venir ; salut. L'Assemblée nationale a décrété, & nous voulons & ordonnons ce qui suit :

Décret de l'Assemblée nationale, du 18 juillet 1791.

L'Assemblée nationale, ouï le rapport de ses comités d'aliénation & des finances réunis, décrete :

ARTICLE PREMIER.

Les administrateurs des districts feront dresser des états des frais causés par les estimations & ventes des domaines nationaux, autres que ceux dont l'Assemblée nationale a décrété l'aliénation en faveur des municipalités. Lesdits états porteront distinction des frais des ventes déja consommées, & de celles qui ne le font pas encore, la date & le prix des adjudications des ventes consommées.

Les états ainsi dressés feront envoyés aux directoires de départemens, qui feront tenus d'y mettre leur vu, & d'y joindre les observations détaillées dont ils feront susceptibles ; de les adresser ensuite au comité d'aliénation, sur le rapport duquel l'Assemblée nationale décrétera le paiement des sommes qui feront légitimement dues.

En conséquence, & en conformité du décret de l'Assemblée, les commissaires de la trésorerie feront passer aux receveurs de district les sommes nécessaires pour le paiement des frais, & le remboursement desdites sommes fera fait à la trésorerie nationale, par la caisse de l'extraordinaire, sur une ordonnance du commissaire-administrateur de ladite caisse.

A l'avenir, les administrateurs de district enverront aux directoires de département, & ceux-ci, au comité
d'aliénation

d'aliénation, avec les procès-verbaux d'adjudication qu'ils lui feront paſſer, aux termes du décret du 3 novembre 1790, les états des frais deſdites ventes; à la fin de chaque mois, il ſera fait un relevé deſdits frais, & ils ſeront payés de la même maniere qu'il vient d'être dit, pour les frais faits juſqu'à ce jour.

II. Les directoires de diſtricts dreſſeront pareillement des états de tous les frais & avances qu'ils ont été néceſſités de faire pour l'adminiſtration des domaines nationaux, frais de culture, & autres de tout genre; ils enverront leſdits états aux directoires de leurs départemens qui y mettront leur vu, & y joindront les obſervations détaillées dont ils leur paroîtront ſuſceptibles; les directoires des départemens adreſſeront les états qu'ils auront reçus des diſtricts & les obſervations qu'ils y auront faites au comité d'aliénation, qui en rendra compte à l'Aſſemblée nationale; & ſur le décret qu'elle prononcera, les commiſſaires de la tréſorerie nationale feront paſſer aux receveurs des diſtricts les ſommes néceſſaires pour le rembourſement des frais & dépenſes légitimement dues. La caiſſe de l'extraordinaire fera le remplacement des ſommes fournies par la tréſorerie nationale, de la maniere qu'il a été ordonné par l'article précédent.

III. En attendant l'exécution des diſpoſitions portées par les articles précédens, les commiſſaires de la tréſorerie feront, par la proviſion, verſer entre les mains des receveurs des diſtricts, un à-compte d'un pour cent des eſtimations faites dans les différens diſtricts, & compriſes dans l'état imprimé par l'ordre de l'Aſſemblée, d'après les bordereaux envoyés au comité d'aliénation, juſqu'au 15 mai dernier, & ce, dans la même proportion pour laquelle chaque diſtrict eſt employé dans ledit état. Les fonds envoyés par la tréſorerie nationale, en exécution du préſent article, ſeront remplacés par la caiſſe de l'extraordinaire, ainſi qu'il a été dit dans l'article premier.

IV. L'Aſſemblée nationale renouvelant les défenſes portées par le décret du 3 décembre 1790, contre tout emploi des aſſignats & autres fonds qui rentrent dans les caiſſes de diſtricts, autre que celui qui eſt réglé par décrets de l'Assemblée, décrete que lesdits assignats seront envoyés, soit au trésorier de l'extraordinaire, soit à la trésorerie nationale, selon la destination qui en est faite par les différens décrets de l'Assemblée, à peine, contre les administrateurs, ou tous autres qui intervertiroient la destination & l'envoi des assignats & fonds publics, d'en répondre en leur propre nom.

Mandons, &c. *En vertu des décrets des* 21 *&* 25 *juin* 1791. Pour le Roi. Signé *M. L. F. Duport.*

Loi relative aux évènemens de la journée du 17 *juillet.*

Donnée à Paris, le 28 juillet 1791.

LOUIS, par la grace de Dieu, & par la loi constitutionnelle de l'Etat, Roi des Français : à tous présens & à venir ; salut. L'Assemblée nationale a décrété, & nous voulons & ordonnons ce qui suit :

Décret de l'Assemblée nationale, du 18 *juillet* 1791.

L'Assemblée nationale ordonne l'impression du procès-verbal de la municipalité de Paris, qui a été lu à la barre par le maire ; décrete que le discours adressé par son président à la municipalité, & qui renferme l'expression de ses sentimens, sera pareillement imprimé & affiché dans toutes les rues de la capitale ; ordonne aux accusateurs publics auprès des tribunaux de Paris de poursuivre avec la plus grande promptitude la punition des auteurs des délits & des chefs des émeutes, qui ont eu lieu dans la journée d'hier.

Mandons, &c. *En vertu des décrets des* 21 *&* 25 *juin* 1791 : pour le Roi. *Signé M. L. F. Duport.*

Loi relative à la fabrication de la nouvelle monnoie de cuivre.

Donnée à Paris, le 28 juillet 1791.

Louis, par la grace de Dieu, & par la loi conſtitu-tionnelle de l'Etat, Roi des Français : à tous préſens & à venir ; ſalut. L'Aſſemblée nationale a décrété, & nous voulons & ordonnons ce qui ſuit :

Décret de l'Aſſemblée nationale, du 18 juillet 1791.

L'Aſſemblée nationale décrete ce qui ſuit :

ARTICLE PREMIER.

Le cuivre réſultant des expériences faites ſur le métal des cloches en préſence des commiſſaires des comités des monnoies & des finances, ſera inceſſamment porté à l'hôtel des monnoies pour y être fabriqué & réduit en monnoie.

II. Il ſera procédé à de nouveaux travaux de dépuration du métal des cloches, ſous la ſurveillance des mêmes comités, leſquels tiendront note exacte des dépenſes & réſultats.

III. Le département de Paris délivrera les cloches néceſſaires à ces opérations.

Mandons, &c. *En vertu des décrets des 21 & 25 juin dernier :* Pour le Roi : *Signé, M. L. F. Duport.*

Loi qui autorise les directoires du district de Mortain , & des départemens de l'Ardèche & du Morbihan , à acquérir les bâtimens nécessaires à leur établissement.

Donnée à Paris, le 28 juillet 1791.

LOUIS, par la grace de Dieu, & par la loi constitutionnelle de l'Etat, Roi des Français : à tous présens & à venir; salut. L'Assemblée nationale a décrété, & nous voulons & ordonnons ce qui suit :

Décret de l'Assemblée nationale, du 22 juillet 1791.

L'Assemblée nationale, ouï le rapport de son comité d'emplacement, considérant qu'il n'existe point d'édifices nationaux dans la ville de Mortain, propres à y établir le corps administratif du district & le tribunal, autorise le directoire du district à acquérir aux frais des administrés du sieur de Vaufleury, moyennant la somme de vingt-un mille quatre cent-quarante livres, prix convenu avec lui, la maison qui lui appartient, sise audit Mortain, avec les terrains en dépendant, pour y placer le corps administratif dudit district & le tribunal.

L'autorise également à faire procéder à l'adjudication au rabais des ouvrages & arrangemens intérieurs nécessaires, sur le devis estimatif qui en a été dressé par le sieur Dissauzais, ingénieur des ponts & chaussées, le 22 avril dernier, pour le montant de ladite adjudication être supporté par lesdits administrés.

L'Assemblée nationale réserve de prononcer sur la revente de tout ou partie des trente-six perches de jardin, dépendant de la maison dont il s'agit, jusqu'à ce que le directoire du département de la Manche se soit fait rendre un nouveau compte de l'état des lieux, & en ait donné son avis.

Autorise le directoire du département du Morbihan à acquérir aux frais des administrés, & dans les formes prescrites par les décrets de l'Assemblée nationale pour la vente des biens nationaux, 1°. la partie du couvent ci-devant aux cordeliers de la ville de Vannes, où le directoire tient actuellement ses séances, contenant cette partie deux cent quatre-vingts toiſes, & telle qu'elle eſt déſignée en la délibération du 29 novembre 1790, & au procès-verbal du ſieur Ulliac, architecte, du 13 décembre ſuivant; 2°. le long du bâtiment, du côté du jardin, cent-vingt toiſes quarrées environ de terrain, pour y former une terraſſe de trente-ſix pieds de large, avec un droit de paſſage à travers le ſurplus du jardin, pour arriver à l'hôtel du département par l'eſcalier placé vers la rue de Saint-François.

Excepté de la préſente permiſſion d'acquérir, le ſurplus du terrain de la ci-devant maiſon des cordeliers, ſu lequel l'égliſe & le cloître ſont édifiés, ainſi que la partie qui eſt en jardin ou clos.

L'Aſſemblée nationale autoriſe pareillement le directoire du département à faire procéder à l'adjudication au rabais des réparations dont il s'agit au procès-verbal de devis du ſieur Ulliac, architecte, du 14 décembre 1790 & jours ſuivans, montant à la ſomme de treize mille neuf cent quarante-quatre livres dix-ſept ſous cinq deniers rabais, par adjudication publique en la forme, pour le montant en être également ſupporté par les adminiſtrés.

Autoriſe le directoire du département de l'Ardêche à acquérir aux frais des adminiſtrés, la maiſon du ſieur Marie-Céſar de Fay de la Tour-Maubourg, occupée préſentement par le directoire, & dont le ſieur Guérin, ſon procureur fondé, lui a paſſé promeſſe de vente, ſous le bon plaiſir de l'Aſſemblée, le 17 juin dernier, moyennant la ſomme de vingt-deux mille livres, & ſous les autres charges & conditions requiſes en ladite promeſſe de vente que l'Aſſemblée approuve.

Elle autoriſe pareillement le directoire à faire procéder à l'adjudication au rabais des réparations relatives à l'adminiſtration ſeulement, montant, ſuivant le devis du ſieur Périolas fils, ingénieur des ponts & chauſſées, des 20 au 24 juin dernier, à ſix mille cent quatre-vingt-ſeize livres, pour le montant en être également ſupporté par les adminiſtrés.

L'Aſſemblée réſerve de prononcer ſur les réparations à faire pour la perfection des caſernes, juſqu'à ce que la prochaine aſſemblée du conſeil d'adminiſtration du département de l'Ardêche en ait ultérieurement délibéré, & lui ait préſenté de nouveau ſa demande à cet égard.

F iij

Mandons, &c. *En vertu des décrets des* 21 & 25 *juin*
1791 : pour le Roi. *Signé* M. L. F. *Duport.*

Loi relative à M. l'abbé de l'Epée, & à son établisse-
ment en faveur des sourds & muets.

Donnée à Paris, le 29 juillet 1791.

LOUIS, par la grace de Dieu, & par la loi conflitu-
tionnelle de l'Etat, Roi des Français : à tous préfens &
à venir ; falut. L'Affemblée nationale a décrété, & nous
voulons & ordonnons ce qui fuit :

Décret de l'Affemblée nationale, du 21 *juillet* 1791.

L'Affemblée nationale, après avoir entendu le rapport
fait au nom de fes comités de l'extinction de mendicité,
d'aliénation des biens nationaux, des finances & de
conftitution, croyant devoir accorder une protection
fpéciale à l'établiffement fait en faveur des fourds &
muets, décrete ce qui fuit :

ARTICLE PREMIER.

Le nom de l'abbé de l'Epée, premier fondateur de
cet établiffement, fera placé au rang de tous les citoyens
qui ont le mieux mérité de l'humanité & de la patrie.

II. Le local & les bâtimens du couvent des ci-devant
Céleftins, fitué à Paris près l'arfenal, feront, fans dif-
traction, employés à l'établiffement des écoles deftinées
à l'inftruction des fourds, muets, & des aveugles nés.

III. L'établiffement de l'école des fourds, muets, occupera néanmoins provifoirement la partie des bâtimens
indiquée par l'arrêté du directoire du département de
Paris, du 20 avril dernier.

IV. Il fera pris fur les fonds de la tréforerie nationale,

1°. Annuellement & à compter du premier janvier dernier, la somme de douze mille sept cents livres pour les honoraires du premier inſtituteur, du ſecond, des deux adjoints, d'un écoome, d'un maître d'écriture, de deux répétiteurs & de deux maîtreſſes.

2°. Pour cette année ſeulement, pour vingt-quatre penſions gratuites à raiſon de trois cent cinquante livres chacune, qui ſeront accordées à vingt quatre éleves ſans fortune, ſuivant actuellement les écoles, celle de huit mille quatre cents livres.

V. Les douze mille ſept cents livres d'honoraires accordées par l'article précédent, ſeront réparties ainſi qu'il ſuit :

Au premier inſtituteur, quatre mille livres, ci . . . . 4,000 l.

Au ſecond inſtituteur, deux mil'e quatre cents livres, ci 2,400

A deux adjoints, à raiſon de douze cents livres chacun, ci 2,400

A l'économe, quinze cents livres, ci 1,500

Au maître d'écriture externe, cinq cents livres, ci 500

Aux deux répétiteurs, à raiſon de trois cent cinquante livres chacun, ci 700

Aux deux maîtreſſes gouvernantes, à raiſon de ſix cents livres chacune, ci 1,200

Total, douze mille ſept cents livres, ci 12,700

Tous auront le logement, excepté le maître d'écriture.

Nul n'aura la table que l'économe, les deux répétiteurs & les deux maîtreſſes gouvernantes.

VI. Le choix des deux inſtituteurs actuellement occupés à l'inſtruction des ſourds & muets, eſt confirmé.

VII. Il leur ſera adjoint deux éleves inſtituteurs qui feront nommés par le département de Paris, ſur la préſentation du premier inſtituteur.

VIII. La furveillance de l'établiffement eft fpécialement confiée au département de Paris.

Mandons , &c. *En vertu des décrets des* 21 & 25 juin 1791. Pour le Roi. Signé *M. L. F. Duport.*

Loi qui régle la couleur des affiches.

Donnée à Paris , le 28 juillet 1791.

LOUIS, par la grace de Dieu , & par la loi conftitution-nelle de l'Etat, Roi des Français : à tous préfens & à venir ; falut. L'Affemblée nationale a décrété , & nous voulons & ordonnons ce qui fuit.

Décret de l'Affemblée nationale , du 22 *juillet* 1791.

L'Affemblée nationale décrete que les affiches des actes émanés de l'autorité publique, feront feules imprimées fur papier ordinaire ; & celles faites par des particuliers, ne pourront l'être que fur papier de couleur , fous peine de l'amende ordinaire de police municipale.

Mandons , &c. *En vertu des décrets des* 21 & 25 jui 1791. Pour le Roi. Signé *M. L. F. Duport.*

L o i relative aux fers & autres objets venant du village des Hayons , principauté de Sédan.

Donnée à Paris , le 28 juillet 1791.

LOUIS, par la grace de Dieu , & par la loi conftitu-tionnelle de l'état, Roi des Français : à tous préfens & à venir ; falut. L'Affemblée nationale a décrété , & nous voulons & ordonnons ce qui fuit :

Décret de l'Assemblée nationale, du 23 juillet 1791.

L'Assemblée nationale, après avoir entendu le rapport de son comité d'agriculture & de commerce, décrete que les fers & autres objets qui passeront du village des Hayons, situé à trois lieues des frontieres de la ci-devant principauté de Sédan, dans l'enceinte des barrieres, & tout ce qui sortira du royaume par ledit village, seront soumis aux droits & aux prohibitions réglés par la loi du quinze mars dernier, sans rien préjuger relativement à la souveraineté sur ledit village.

Permet cependant de faire sortir en exemption de droits, jusqu'au premier janvier mil sept cent quatre-vingt-treize, pour les fabriques dudit village, une quantité de vieux fers proportionnée à celle des fers platinés qui seront apportés desdites fabriques dans le royaume.

Mandons, &c. *En vertu des décrets des* 21 *&* 25 *juin dernier :* Pour le Roi. Signé *M. L. F. Duport.*

Loi relative à la gendarmerie nationale.

Donnée à Paris, le 28 juillet 1791.

LOUIS, par la grace de Dieu, & par la loi constitutionnelle de l'Etat, Roi des Français : à tous présens & à venir; salut. L'Assemblée nationale a décrété, & nous voulons & ordonnons ce qui suit :

Décret de l'Assemblée nationale, du 22 juillet 1791.

Articles additionnels sur la gendarmerie nationale.

L'Assemblée nationale décrete ce qui suit :

ARTICLE PREMIER.

Il sera fourni par le ci-devant commandant de la compagnie de robe-courte, un état des surnuméraires employés dans ladite compagnie à la date du premier janvier 1791, & cet état fera certifié par le commiſſaire des guerres, inſpecteur de ladite compagnie. Le directoire du département de Paris inſcrira leſdits ſurnuméraires ſur le regiſtre ordonné par l'article II du titre II, afin qu'ils ſoient remplacés, de préférence à tous autres ſujets, dans les deux compagnies de la gendarmerie nationale attachées au ſervice des tribunaux, ſans qu'aucun deſdits ſurnuméraires puiſſe être recherché ſur le temps de ſervice qui lui manqueroit pour y être admis.

II. Les gendarmes de la ci-devant robe-courte ne recevant plus d'extraordinaire, ſont rappelés de leur traitement, à compter du premier janvier 1791, ſur le pied fixé par l'article IV du titre VI de la loi ſur la gendarmerie nationale. L'Aſſemblée nationale amendant à ce point l'article VII de ſon décret du 22 juin 1791, le miniſtre de l'intérieur eſt autoriſé à donner pour leur paiement des mandats ſur le tréſor public.

III Il ſera attaché un commis du ſecrétaire-greffier au ſervice des deux compagnies de gendarmerie nationale ſervant auprès des tribunaux de Paris ; ſon traitement ſera de 600 livres, conformément à l'article II du titre V.

IV. Les commis au ſecrétariat ſeront choiſis par le ſecrétaire-greffier, qui en répondra Le ſecrétaire-greffier & les commis ſeront pourvus de commiſſions par le miniſtre de l'intérieur, ſur la préſentation du colonel qui recevra leur ſerment.

V. Dans la formation actuelle, la diſtribution des brigades, & les réſidences des officiers, ſous-officiers & gendarmes nationaux, ſeront faites ainſi qu'il eſt preſcrit par les articles VIII & XVI du titre premier ; mais le placement des officiers, ſous-officiers & gendarmes ſera fait par le miniſtre de la guerre.

VI. Les officiers, ſous officiers & gendarmes de la gendarmerie nationale, faiſant leur ſervice à cheval, ne pourront reſter plus de quinze jours ſans être montés ;

& cependant le colonel, fur les raifons qui lui feront alléguées, pourra étendre ce terme jufqu'à un mois, & non au-delà.

Dans le cas où aucun officier, fous-officier ou gendarme ne fe conformeroit pas à cette loi, il fera défalqué ; favoir, aux officiers de tout grade, quarante fous par jour, & aux fous-officiers & gendarmes, trente-cinq fous, à compter du jour où il aura ceffé d'être monté.

Enfin, s'il négligeoit de fe monter dans le cours du fecond mois, il fera cenfé avoir renoncé à fon état, & le colonel fera tenu d'en rendre compte au miniftre de la guerre, lequel deftituera le délinquant fans préjudice de la retenue : lefdites retenues tourneront au profit de la maffe.

VII. Les lettres de paffe dans le corps de la gendarmerie nationale, auront lieu comme par le paffé, d'une réfidence à une autre, toutes les fois que les circonftances l'exigeront ; les fous-officiers & gendarmes feront tenus de s'y conformer fous peine de deftitution.

Mandons, &c. *En vertu des décrets des* 21 *&* 25 *juin* 1791. Pour le Roi. Signé *M. L. F. Duport.*

Loi relative aux dépenfes municipales de la ville de Paris.

Donnée à Paris, le 28 juillet 1791.

LOUIS, par la grace de Dieu, & par la loi conftitutionnelle de l'Etat, Roi des Français : à tous préfens & à venir ; falut. L'Affemblée nationale a décrété, & nous voulons & ordonnons ce qui fuit :

Décret de l'Affemblée nationale, du 23 *juin* 1791.

L'Affemblée nationale, fur le rapport du comité des contributions publiques, décrete,

Qu'à compter du premier juillet préfent mois, les dépenfes municipales de la ville de Paris cefferont d'être à la charge du tréfor public.

Se réserve de statuer inceffamment fur la dépenfe de la garde nationale foldée de la ville de Paris, & fur le mode de paiement des rentes & dettes arriérées de la même ville.

Mandons, &c. *En vertu des décrets des 21 & 25 juin 1791. Pour le Roi. Signé M. L. F. Duport.*

Loi relative au commerce du Levant & de Barbarie.

Donnée à Paris, le 29 juillet 1791.

LOUIS, par la grace de Dieu, & par la loi conftitutionnelle de l'Etat, Roi des Français : à tous préfens & à venir ; falut. L'Affemblée nationale a décrété, & nous voulons & ordonnons ce qui fuit.

Décret de l'Affemblée nationale, du 21 juillet 1791.

L'Affemblée nationale, après avoir entendu le rapport de fon comité d'agriculture & de commerce, décrete ce qui fuit :

ARTICLE PREMIER.

Le commerce des échelles du Levant & de Barbarie eft libre à tous les François.

. II. Il eft libre d'envoyer de tous les ports du royaume, des vaiffeaux & des marchandifes dans toutes les échelles.

III. Tout négociant françois peut faire des établiffemens, dans toutes les parties du Levant & de la Barbarie, en fourniffant dans la forme ufitée, & jufqu'au réglement qui fera inceffamment préfenté à l'Affemblée nationale, fur le mode d'organifation de l'adminiftration du Levant, un cautionnement qui garantiffe les autres établiffemens françois, des actions qui pourroient être exercées contr'eux par fon fait, ou celui de fes agens.

IV. Les cautionnemens qui seront fournis par les habitans des départemens , autres que celui des bouches-du-Rhône , pourront être reçus par les directoires de leurs départemens, qui en feront remettre un extrait à la chambre de commerce de Marseille.

V. Les retours du commerce du Levant & de Barbárie pourront se faire dans tous les ports du royaume, après avoir fait quarantaine à Marseille , en avoir acquitté les frais & les droits imposés pour l'administration du Levant, à la charge de rapporter un certificat de santé.

VI. Les marchandises provenant desdits retours , à l'exception des tabacs qui y seront traités comme dans les autres ports du royaume, pourront entrer à Marseille , s'y consommer , & en être réexportées par mer en franchise de tout autre droit que celui imposé pour l'administration des échelles.

VII. Lesdites marchandises paieront , à leur introduction dans le royaume, les droits auxquels sont assujetties par le tarif général , celles de même espece qui viennent de l'étranger , à l'exception cependant des toiles de coton blanches & des cotons filés', qui ne seront soumis qu'à un droit de 20 livres du cent pesant, & du café moka dont le droit sera réduit à 12 livres aussi par quintal.

VIII. Le transit par terre desdites marchandises de Marseille pour Geneve, la Suisse, le Piémont, la Savoie , l'Allemagne , & les Pays-Bas de la domination étrangere , sera affranchi de tous droits , à la charge que lesdites marchandises seront expédiées sous plomb, & par acquit à caution portant soumission de les faire sortir , dans le délai de trois mois , par l'un des bureaux de Chaparillan , Pont de Beauvoisin , Seyssel , Meyrin, Verreries-de-Joux , Jougnes , Héricourt , Strasbourg , Saint-Louis, Saarlouis, Thionville , Givet , Valenciennes & Lille.

IX. Dans le cas où les retours du Levant s'effectueroient dans d'autres ports que celui de Marseille, après y avoir fait quarantaine, les marchandises importées seront , à

leur arrivée, entreposées sous la clef de la régie. Celles
desdites marchandises qui seront tirées de l'entrepôt pour
être réexportées par mer, ou pour passer à l'étranger
en transit, ne seront sujettes à aucun droit. Celles qui
entreront dans la consommation du royaume, paieront
les droits mentionnés en l'article VII.

X. Pour favoriser le commerce direct des Français au
Levant, les marchandises du Levant & de Barbarie, com-
prises dans l'état annexé au présent décret, importées
de l'étranger, même sur bâtimens françois, ou directement du Levant sur navires étrangers, ou sur navires
françois ayant relâché à l'étranger & y ayant fait quelque chargement, seront assujetties, tant à Marseille que
dans les autres ports du royaume, au droit de vingt
pour cent de la valeur portée par ledit état. Ce droit
sera indépendant de celui du tarif général, & sera perçu
par les préposés de la régie nationale des douanes, &
au profit de la nation.

XI. Les marchandises importées directement du Levant
par navires françois, quoique pour le compte des étrangers, jouiront de la même franchise que celles importées
pour le compte des François.

XII. Le droit de vingt pour cent sera perçu également
par addition à celui d'entrée, sur les marchandises dénommées dans l'état n°. 11, annexé au présent décret,
importées de l'étranger dans le royaume, tant par terre
que par mer, sans être accompagnées de certificats jus-
tificatifs d'une origine autre que celle du Levant, délivrés par les consuls ou agens de la nation françoise où
il y en aura d'établis, & à leur défaut, par les magistrats des lieux d'envoi. Dans le cas où les certificats
n'accompagneroient pas les marchandises, le droit sera
consigné, & la restitution n'en sera faite qu'autant que
le certificat sera rapporté dans le délai de trois mois.

NUMÉRO PREMIER.

ETAT *des marchandises du Levant qui devront le droit de vingt pour cent de la valeur à l'entrée de Marseille, lorsqu'elles y seront apportées par vaisseaux étrangers, ou par vaisseaux françois qui auront relâché en pays étranger, & qui y auront fait quelque chargement, & de la quotité de ce droit d'après les valeurs déterminées.*

A

Aloës, le cent pesant estimé quatre-vingt-cinq livres, paiera dix-sept livres.

Alun, le cent pesant estimé quatorze livres, paiera deux livres seize sous.

Aglu, le cent pesant estimé cent dix livres, paiera vingt-deux livres.

Assa fœtida, le cent pesant estimé cent dix livres, paiera vingt-deux livres.

B

Bois de cerf ou de buis, le cent pesant estimé vingt-deux livres, paiera quatre livres huit sous.

Bourdes de Barbarie, le cent pesant estimé huit livres, paiera une livre douze sous.

Bdelium, le cent pesant estimé quatre-vingt-dix livres, paiera dix-huit livres.

C

Café, le cent pesant estimé cent soixante-dix livres, paiera trente-quatre livres.

Cendres de Tripoli ou de Rome, le cent pesant estimé neuf livres, paiera une livre seize sous.

Cire jaune de toute espece, le cent pesant estimé cent quatre-vingt livres, paiera trente-six livres.

Coque du levant, le cent pesant estimé quatre-vingt-dix livres, paiera dix-huit livres.

Corcomme, le cent pesant estimé quarante-cinq livres, paiera neuf livres.

Cordouans, la douzaine estimée vingt-quatre livres, paiera quatre livres seize sous.

Coton filé blanc, le cent pesant estimé deux cents livres, paiera quarante livres.

Coton filé rouge, le cent pesant estimé quatre cents cinquante livres, paiera quatre-vingt-dix livres.

Coton en laine, le cent pesant estimé cent vingt livres, paiera vingt-quatre livres.

Couvertures, la piece estimée neuf livres, paiera une livre seize sous.

Crin, le cent pesant estimé cent livres, paiera vingt livres

Cuirs, *buffles & chimbalis*, le cent pesant estimé vingt livres, paiera quatre livres.

Cuirs escarts, le cent pesant estimé douze livres, paiera deux livres huit sous.

Cuirs d'Alger & de Tunis, le cent pesant estimé cinquante-cinq livres, paiera onze livres

Cuivre en pain, le cent pesant estimé quatre-vingt livres, paiera seize livres.

Cuivre vieux, le cent pesant estimé quatre-vingt-cinq livres, paiera dix-sept livres.

D

Dattes, le cent pesant estimé vingt-sept livres, paiera cinq livres huit sous.

Dents d'éléphans, le cent pesant estimé deux cents vingt livres, paiera quarante-quatre livres.

E

Encens en larmes, le cent pesant estimé cinquante livres, paiera dix livres.

Encens en sorte, le cent pesant estimé quarante-deux livres, paiera huit livres huit sous.

Encens en poussiere, le cent pesant estimé dix livres, paiera deux livres.

Eponges fines, le cent pesant estimé deux cents quatre-vingt livres, paiera cinquante-six livres.

Eponges communes, le cent pesant estimé cinquante-cinq livres, paiera onze livres.

Escayoles.

Escayoles, le cent pesant estimé dix livres, paiera deux livres.

Etoupes de soie, le cent pesant estimé trente-trois livres, paiera six livres douze sous

F

Follicules de séné, le cent pesant estimé cent soixante livres, paiera trente-deux livres.

Fourrures de soie, le cent pesant estimé vingt-sept livres, paiera cinq livres huit sous.

Figues sèches, le cent pesant estimé quinze livres, paiera trois livres.

Fil de chèvre, le cent pesant estimé quatre cents cinquante livres, paiera quatre-vingt-dix livres.

G

Galbanum, le cent pesant estimé cent dix livres, paiera vingt-deux livres.

Galle de toutes sortes, le cent pesant estimé cent livres, paiera vingt livres.

Gomme de toutes sortes, le cent pesant estimé cent livres, paiera vingt livres.

Grainette, le cent pesant estimé vingt-cinq livres, paiera cinq livres.

H

Huile d'olive, la millerolle estimée soixante livres, paiera douze livres.

Hermodates, le cent pesant estimé soixante-huit livres, paiera treize livres douze sous.

L

Laine de chevron noire, le cent pesant estimé trois cents livres, paiera soixante livres.

Laine de chevron grise, rousse ou blanche, le cent pesant estimé deux cents cinquante livres, paiera cinquante livres.

Les autres espèces sans distinctions, le cent pesant estimé quarante livres, paiera huit livres.

Partie XIII. 
G

M

Mastic en larme ou en sorte, le cent pesant estimé deux cents vingt livres, paiera quarante-quatre livres.

Mirabolans, le cent pesant estimé vingt-huit livres, paiera cinq livres douze sous.

Mirrhe, le cent pesant estimé cent quarante livres, paiera vingt-huit livres.

Maroquins, la douzaine estimée trente livres, paiera six livres.

N

Nacre de perles, le cent pesant estimé cent livres, paiera vingt livres.

Noix vomiques, le cent pesant estimé vingt-cinq livres, paiera cinq livres.

O

Opium, la livre estimée six livres, paiera une livre quatre sous.

Oppopanax, la livre estimée quatre livres dix sous, paiera dix-huit sous.

Orpiment, le cent pesant estimé quarante livres, paiera huit livres.

P

Peaux de chevres d'Angora, la piece estimée vingt-sept livres, paiera cinq livres huit sous.

Pignons-Inde, la livre estimée dix sous, paiera deux sous.

Piretre, la livre estimée cinq sous, paiera un sou.

Pistaches d'Alep, la livre estimée une livre, paiera quatre sous.

Poil de chevre, le cent pesant estimé deux cents trente livres, paiera quarante-six livres.

Q

Queues de zerdara , la piece estimée dix-huit livres ; paiera trois livres douze sous.

R

Racine de lizari , le cent pesant estimé soixante-dix liv. paiera quatorze livres.

Raisins de Corinthe ou *autres* , le cent pesant estimé quinze livres, paiera trois livres.

Rhubarbe , le cent pesant estimé six cents livres , paiera cent vingt livres.

S

Safranum , le cent pesant estimé cent dix livres, paiera vingt-deux livres.

Sandarac , le cent pesant estimé deux livres dix sous ; paiera dix sous.

Scamonée d'Alep , la livre estimée vingt-cinq livres, paiera cinq livres.

Scamonée de Smirne ; la livre estimée onze livres, paiera deux livres quatre sous.

Sebestes , le cent pesant estimé vingt-cinq livres, paiera cinq livres.

Sel ammoniac , le cent pesant estimé cent soixante-dix livres , paiera trente-quatre livres.

Sel natron , le cent pesant estimé neuf livres, paiera une livre seize sous.

Semen-cartami , la livre estimée trente sous , paiera six sous.

Semencine , le cent pesant estimé une livre trois sous , paiera quatre sous sept deniers.

Semen-contra , le cent pesant estimé dix-sept sous , paiera trois sous cinq deniers.

Semence de ben , la livre estimée cinq sous , paiera un sou.

Séné de la plate , la livre estimée deux livres cinq sous , paiera neuf sous.

Séné en grabeau , la livre estimée dix sous , paiera deux sous.

Séné d'Alep, la livre estimée vingt-deux sous, paiera quatre sous cinq deniers.

Séné de Tripoli & de Barbarie, la livre estimée douze sous, paiera deux sous cinq deniers.

Soie non filée, la livre estimée neuf livres, paiera trente-six sous.

Spicanardi, la livre estimée trois livres cinq sous, paiera treize sous.

Storax en larme, la livre estimée quatre livres, paiera seize sous.

Storax en pain, la livre estimée vingt-deux sous, paiera quatre sous cinq deniers.

Storax liquide, la livre estimée treize sous, paiera deux sous sept deniers.

T

Tamarin, le cent pesant estimé cinquante livres, paiera dix livres.

Terre d'ambre, le cent pesant estimé trente-cinq sous; paiera sept sous.

Térébenthine de Chio, la livre estimée dix-sept sous, paiera trois sous cinq deniers

Turbit, la livre estimée neuf sous, paiera un sou dix deniers.

V

Vermillon, la livre estimée six livres, paiera ving-quatre sous.

Vin de Chipre, la millerolle estimée soixante livres paiera douze livres.

Vitriol de Chypre, le cent pesant estimé cinquante-cinq livres, paiera onze livres.

Z

Zedoria, la livre estimée onze sous, paiera deux sous deux deniers.

Etoffes & toileries de soie , fil , coton ou laine.

A

Allayas , la piece eſtimée ſix livres , paiera vingt-quatre ſous.

Abats de Salonique , la piece eſtimée quatre livres dix ſous , paiera dix-huit ſous.

B

Bourres de ſoie , la piece eſtimée trente livres , paiera ſix livres.

Bourres de ſoie & coton , la piece eſtimée douze livres , paiera deux livres huit ſous.

Bourres de ſoie du petit tirage , la piece eſtimée douze livres , paiera deux livres huit ſous.

Bourres de Manaſie , la piece eſtimée ſix livres , paiera vingt-quatre ſous.

Bourres d'Alexandrie , la piece eſtimée deux livres dix ſous , paiera dix ſous.

Bonnets d'Aunis , la douzaine eſtimée trente livres , paiera ſix livres.

C

Canevas , la piece eſtimée douze livres , paiera deux livres huit ſous.

Capots de Salonique , la piece eſtimée huit livres , paiera trente-deux ſous.

Capotins , la piece eſtimée ſix livres , paiera vingt-quatre ſous.

Capicouly , la piece eſtimée ſeize livres , paiera trois liv. quatre ſous.

Carmaſſon , la piece eſtimée douze livres , paiera deux livres huit ſous

Ceintures de laine , la douzaine eſtimée trente-ſix livres , paiera ſept livres quatre ſous.

Cotoni , la piece eſtimée ſept livres , paiera vingt-huit ſous.

D

Demittes en soie, la piece estimée douze livres, paiera deux livres huit sous.

H

Herbage, la piece estimée vingt - cinq livres, paiera cinq livres.

Herbages (petits), la piece estimée seize livres, paiera trois livres quatre sous.

M

Mouchoirs de soie, la piece estimée quatre livres, paiera seize sous.

Mouchoirs d'Alep, la piece estimée quatre livres, paiera seize sous.

S

Satin fleury, la piece estimée trente livres, paiera six livres.

Satin de Chypre, la piece estimée neuf livres, paiera trente-six sous.

Sirsaka, la piece estimée douze livres, paiera deux livres huit sous.

T

Toile ajamis, auquilly, boutanonis, escamise, madrapar, fadales, manotif, moussob, & autres especes blanches, la piece estimée sept livres, paiera vingt-huit sous.

Les bleues, la piece estimée neuf livres, paiera trente-six sous.

Toires, garas & guinées, la piece estimée dix-huit liv. paiera trois livres douze sous.

Numero II.

Etat des marchandises venant de l'étranger, qui devront, à toutes les entrées du royaume, indépendamment des droits du tarif général, un droit additionnel de vingt pour cent de la valeur, d'après l'évaluation portée par l'état n°. premier, lorsqu'elles seront du Levant, ou si elles sont de même espece que celles du Levant, sans être accompagnées du certificat justificatif d'une autre origine.

S a v o i r :

Alun de Smirnes , café du Levant , cendres du Levant , cires jaunes, cordouans ou maroquins , coton du Levant en laine, cuirs , bufles ou buflins , encens, éponges , folium du Levant , follicule de séné, galle , gomme adragant , arabique , ammoniaque , sérapine & turique , huile du Levant & de Barbarie , laine du Levant & de Barbarie , narton ou soude, opium , plumes d'autruche blanches ou noires , poil de chameau en laine , poil de chevreau ou laine de chevron , poil de chevre filé , rhubarbe , safranum , séné, soies du Levant , vitriol de Chypre.

Mandons , &c. *En vertu des décrets des* 21 & 25 *juin* 1791 : Pour le Roi. Signé *M. L. F. Duport.*

Loi relative aux régimens d'infanterie allemande , irlandoise & liégeoise.

Donnée à Paris , le 29 juillet 1791.

Louis , par la grace de Dieu , & par la loi constitutionnelle de l'Etat , Roi des Français : à tous présens & à venir, salut. L'Assemblée nationale a décrété , & nous voulons & ordonnons ce qui suit :

Décret de l'Assemblée nationale , du 21 *juillet* 1791.

L'Assemblée nationale décrete que le quatre-vingt-seizieme régiment d'infanterie , ci-devant Nassau , & tous

ceux ci-devant défignés fous le nom de régimens d'infanterie *allemande*, *irlandoife* & *liégeoife*, font partie de
l'infanterie françoife ; qu'en conféquence ils ne font avec
elle qu'une feule & même arme ; qu'ils prendront
uniforme françois, fuivront la même difcipline que les
autres troupes françoifes ; & qu'à compter du premier de
ce mois, ils feront traités de la même maniere relativement à la folde, aux appointemens & à la fixation des
différentes maffes.

Mandons, &c. *En vertu des décrets de 21 & 25 juin 1791.*
pour le Roi. *Signé* M. L. F. *Duport.*

LOI relative à la défenfe des frontieres.

Donnée à Paris, le 29 juillet 1791.

LOUIS, par la grace de Dieu, & par la loi conftitutionnelle de l'Etat, Roi des Français : à tous préfens
& à venir ; falut. L'Affemblée nationale a décrété, &
nous voulons & ordonnons ce qui fuit :

Décret de l'Affemblée nationale, du 22 juillet 1791.

L'Affemblée nationale, ouï le rapport des comités militaire & diplomatique, fur les moyens de pourvoir à la
défenfe extérieure de l'état, décrete ce qui fuit :

1°. Il fera mis fur le champ en activité quatre-vingt-
dix-fept mille hommes de gardes nationales, y compris
les vingt-fix mille qui, par le décret précédent, ont été
deftinés à la défenfe des frontieres du Nord. Ces gardes
nationales feront foldées & organifées conformément aux
précédens décrets, feront diftribuées ainfi qu'il fuit :

1e. DIVISION.

De Dunkerque à Givet.

Huit mille hommes fournis par les départemens de la
Somme, de l'Oife, de l'Aifne, du Pas-de-Calais & du
Nord.

2e. DIVISION.

De Givet à Bitche.

Dix mille hommes fournis par les départemens de la Marne, les Ardennes, la Meufe, la Meurthe & la Mofelle.

3e. DIVISION.

De Bitche à Huningue & Betfort.

Huit mille hommes fournis par les départemens du haut & bas-Rhin.

4e. DIVISION.

De Betfort à Belley.

Dix mille hommes fournis par les départemens des Vofges & de la haute-Saône, du Doubs, du Jura & de l'Ain.

5e. DIVISION.

De Belley à Entrevaux-fur-le-Var.

Huit mille hommes fournis par les départemens de l'Izère, les hautes-Alpes, les baffes-Alpes & la Drôme.

6e. DIVISION.

De la Méditerranée, depuis l'embouchure du Var jufqu'à celle du Rhône.

Quatre mille hommes fournis par les départemens du Var & des bouches-du-Rhône.

7e. DIVISION.

De l'embouchure du Rhône jusqu'à l'étang de Leucate.

Trois mille hommes fournis par les départemens du Gard, de l'Hérault & de l'Aude.

8e. DIVISION.

De Perpignan à Bayonne.

Dix mille hommes fournis par les départemens des Pyrénées orientales, de l'Ariége, de la haute-Garonne, des hautes-Pyrénées & des basses-Pyrénées.

9e. DIVISION.

De l'Océan, depuis Bayonne jusqu'à l'embouchure de la Gironde.

Quatre mille hommes fournis par les département des Landes & de la Gironde.

10e. DIVISION.

De l'embouchure de la Gironde à celle de la Loire.

Trois mille hommes fournis par les départemens de la Charente inférieure, de la Vendée, de la Loire inférieure, des deux Sèvres, & Maine & Loire.

11e. DIVISION.

De l'embouchre de la Loire à Saint-Malo.

Cinq mille hommes fournis par les départemens du Morbihan, du Finistère & des côtes du Nord.

12e. DIVISION.

De Saint-Malo au grand-Vay.

Trois mille hommes fournis par les départemens de l'Ifle & Vilaine, la Manche & la Mayenne.

13e. DIVISION.

Du grand Vay à l'embouchure de la Somme.

Quatre mille hommes fournis par les départemens du Calvados, de la Seine inférieure & de l'Eure.

14e. DIVISION.

L'Ifle de Corfe.

Deux mille hommes fournis par le département de l'Ifle de Corfe.

15e. DIVISION.

Il fera formé une réferve de quinze mille hommes pla-cés fur Senlis, Compiègne, Soiffons & lieux circonvoi-fins. Elle fera fournie par les départemens ci-après dénom-més ; favoir.

Paris.	La Sarthe.
Seine & Oife.	Loir & Cher.
Seine & Marne.	La Nièvre.
L'Aube.	Cher.
L'Yonne.	La Côte-d'Or.
Loiret.	La haute-Marne.
L'Eure & Loire.	L'indre & Loire.
L'Orne.	L'Indre.

2°. Le miniftre de la guerre nommera fur le champ une commiffion compofée d'officiers d'artillerie & de génie, lefquels feront chargés de parcourir enfemble ou féparé-ment les principales frontieres du royaume, de prendre connoiffance de l'état des places , des travaux qui y ont été commencés , & de ceux qui font néceffaires pour compléter leur défenfe ; de donner provifoirement des ordres pour les travaux qu'ils jugeront les plus preffans , d'en rendre compte aux commandans en chef des divifions & au miniftre de la guerre , qui communiquera à l'Affemblée les informations qu'ils lui auront fait parvenir.

Il fera fait un fonds de quatre millions pour pourvoir aux dépenfes les plus inftantes qu'exige la continuation des travaux commencés & la réparation des places. Le miniftre rendra compte de leur emploi , & préfentera l'état des dépenfes ultérieures qui pourroient être néceffaires.

3°. Le nombre des chevaux d'équipage d'artillerie fera porté à trois mille.

4°. Il fera nommé par l'Affemblée nationale , des commiffaires pris dans fon fein , pour aller dans les départemens qui leur feront défignés, furveiller & preffer l'exécution tant du préfent décret que de ceux qui ont été précédemment rendus pour le paiement des contributions publiques, pour la défenfe de l'état, pour le rétabliffement de l'ordre & de la difcipline dans l'armée , & rendre compte fur tous ces objets à l'Affemblée nationale.

Il leur fera remis une inftruction relative à ces objets.

Décrete en outre que le miniftre de la guerre eft autorifé à porter la furveillance & l'autorité de M. de Rochambeau jufqu'à Bitche.

Mandons, &c. *En vertu des décrets des* 21 & 25 *juin* 1791: pour le Roi. *Signé M. L. F. Duport.*

Loi relative aux affignats , & à la furveillance de leur fabrication.

Donnée à Paris, le 29 juillet 1791.

Louis, par la grace de Dieu, & par la loi conftitutionnelle de l'Etat, Roi des Français: à tous préfens & à venir ; falut. L'Affemblée nationale a décrété, & nous voulons & ordonnons ce qui fuit :

Décret de l'Assemblée nationale , du 24 juillet 1791.

L'Assemblée nationale décrete ce qui suit.

ARTICLE PREMIER.

Le tréfor public acquittera ce qui fe trouvera refter dû pour le papier & l'impreffion des huit cents millions d'affignats décrétés les 29 feptembre & 10 octobre 1790 , d'après la repréfentation des marchés & des quittances de paiemens faits à compte jufqu'au premier juillet préfent mois.

II. Il fera nommé par le pouvoir exécutif, fous la refponfabilité du miniftre des contributions publiques , un commiffaire adjoint aux deux commiffaires du Roi déja en activité , pour remplir avec eux feulement pendant trois mois , les mêmes fonctions dans tout ce qui a rapport à la confection des affignats de cinq livres , & de ceux de la création de fix cents millions portée dans le décret du 19 juin dernier.

III. Le miniftre des contributions publiques vifera toutes conventions arrêtées & fignées par les commiffaires du Roi , avec les fabricans & artiftes occupés pour les affignats de la création de fix cents millions, de la même maniere qu'il en a été ufé pour ceux de cinq livres , & copie defdites conventions vifées fera dépofée aux archives nationales.

Mandons , &c. *En vertu des décrets des* 21 & 25 juin 1791. Pour le Roi. Signé *M. L. F. Duport.*

Loi relative à l'indemnité réglée par la loi du 14 mars 1791, en faveur des juges, commissaires du Roi, accusateurs publics, greffiers & commis-greffiers attachés aux tribunaux criminels provisoires établis à Paris; & à la haute cour nationale provisoire établie à Orléans.

Donnée à Paris, le 29 juillet 1791.

LOUIS, par la grace de Dieu, & par la loi constitutionnelle de l'Etat, Roi des Français: à tous présens & à venir; salut. L'Assemblée nationale a décrété, & nous voulons & ordonnons ce qui suit.

Décret de l'Assemblée nationale, du 24 juillet 1791.

L'Assemblée nationale décrete ce qui suit :

ARTICLE PREMIER.

La dépense de l'indemnité réglée par la loi du 14 mars 1791, à chacun des juges, commissaires du Roi, & greffiers des six tribunaux criminels provisoires établis à Paris par la même loi, sera acquitté par mois sur le trésor public, à compter du 26 mars dernier, ainsi que le traitement de l'accusateur public & des deux commis-greffiers, à compter du jour de leur nomination, d'après l'état de cette dépense qui sera arrêté par le ministre de l'intérieur, sans préjudice du traitement ordinaire des membres composant lesdits tribunaux, qui continuera d'être acquitté complétement & en totalité sur les caisses de leurs districts respectifs.

II. La dépense de l'indemnité réglée par l'article VI de la loi du 13 mars 1791, à chacun des juges du tribunal criminel provisoire établi à Orléans pour le jugement des crimes de lèze-nation, ainsi que le traitement de l'accusateur public & celui du greffier, seront aussi acquittés par mois sur le trésor public, à compter du jour de leur installation, d'après l'état de cette dépense qui sera arrêté par le ministre de l'intérieur, sans préjudice du traitement ordinaire des juges & accusateur public composant ledit tribunal, qui continuera d'être acquitté complétement & en totalité sur les caisses de leurs districts respectifs.

III. Le montant des sommes qui auront été acquittées par le trésor public pour la dépense mentionnée en l'article précédent, sera imputé par les commissaires de la trésorerie nationale sur le fonds qui a été décrété par la loi du 25 février 1791, pour les dépenses de la haute cour nationale. La dépense des six tribunaux criminels provisoires établis à Paris, sera remboursée particuliérement à la trésorerie nationale par la caisse de l'extraordinaire.

Mandons, &c. *En vertu des décrets des* 21 *&* 25 *juin* 1791. Pour le Roi. Signé *M. L. F. Duport.*

Loi relative au rétablissement de la discipline militaire.

Donnée à Paris, le 29 juillet 1791.

Louis, par la grace de Dieu, & par la loi constitutionnelle de l'Etat, Roi des Français : à tous présens & à venir ; salut. L'Assemblée nationale a décrété, & nous voulons & ordonnons ce qui suit :

Décret de l'Assemblée nationale, des 24 *&* 25 *juillet* 1791.

L'Assemblée nationale, instruite que plusieurs régimens de l'armée sont dépourvus d'un grand nombre de leurs officiers, dont les uns ont été destitués illégalement par les soldats, tandis que d'autres ont abandonné d'eux-mêmes le poste où l'honneur leur faisoit un devoir de mourir pour le maintien de la discipline ; fortement décidée à la rétablir dans toute sa vigueur ; considérant que, par la nature de l'engagement que les militaires contractent envers la nation, le sacrifice de leur vie n'est ni le seul, ni même le plus grand qu'elle soit en droit d'exiger d'eux, mais qu'ils lui doivent celui d'une portion confidérable de leur indépendance , à laquelle ils renoncent momentanément pour mieux affurer la liberté de leurs concitoyens ; qu'ainfi l'honneur d'un brave & loyal foldat ne peut pas être plus gravement compromis par une lâcheté , qu'il ne le feroit par un acte d'infubordination ou de licence ; voulant que déformais de femblables actes foient punis irrémiffiblement dans toutes les claffes du militaire , & que pour ôter tout prétexte d'excufe , les fautes & délits de ce genre qui feroient commis à l'avenir , ne puiffent être confondus avec ceux dont il eft poffible de rejeter le blâme fur les circomftances dont nous fortons ; après avoir entendu le rapport de fon comité militaire , décrete ce qui fuit :

ARTICLE PREMIER.

Les officiers qui depuis l'époque du premier mai dernier , ont abandonné volontairement leur corps ou leurs drapeaux , fans avoir donné leur démiffion , & qui font enfuite paffés à l'étranger , feront inceffamment pour fuivis comme transfuges par les commiffaires-auditeurs des guerres , & jugés par les cours martiales. Il en fera de même à l'égard des officiers qui ayant donné leur démiffion , font enfuite paffés à l'étranger , fi dans le délai de fix femaines , à compter du jour de la publication du préfent décret , ils ne font pas rentrés dans le royaume , où les corps adminiftratifs & les municipalités veilleront à ce que les loix protectrices de la fûreté des perfonnes & des biens foient fpecialement obfervées à leur égard.

II. Les officiers qui fans être paffés à l'étranger , ont abandonné volontairement leur corps ou leurs drapeaux fans permiffion ni congé , feront cenfé avoir renonce pour toujours au fervice , & ne pourront prétendre à aucun remplacement ni avancement.

III. A l'égard des officiers qui ont été forcés de quitter leur corps en conféquence de foupçons élevés contre eux , mais non légalement vérifiés , ils reprendront leurs places dans leurs régimens , ou s'ils l'aiment mieux , ils feront pourvus de places équivalentes dans d'autres corps , pourvu que ces officiers n'aient pas refufé le ferment prefcrit par le décret du 22 juin dernier ; & dans le cas

où

où ils n'auroient pas été à portée de le prêter à leur régiment, qu'ils l'y faffent fous quinzaine.

IV. La difpofition de l'article V du décret du 24 juin dernier, par laquelle la moitié des emplois vacans dans les différens corps a été réfervée aux fous-officiers des corps dans lefquels ils vaqueroient, n'aura pas lieu à l'égard des régimens qui fe font permis des deftitutions ; & dans ces mêmes régimens la nomination aux places d'officiers, fpécialement affectée aux fous-officiers par la loi du 23 feptembre 1790, demeurera fufpendue jufqu'à ce qu'il en ait été autrement ordonné, d'après le compte qui pourra être rendu par les officiers généraux & fupérieurs, de la bonne conduite de ces mêmes corps.

V. Toute faute ou délit militaire commis avant ce jour (autres néanmoins que les délits fpécifiés dans les deux premiers articles du préfent décret, & les crimes de défertion, d'embauchage ou de trahifon) toutes plaintes portées en conféquence, mais non encore jugées, toutes condamnations intervenues à l'occafion de ces fautes & délits, mais non encore exécutées, feront cenfées & réputées non avenues. En conféquence la liberté fera rendue aux accufés ou condamnés qui fe trouvent prifonniers, & il fera expédié à tous ceux qui font dans les cas du préfent article, des cartouches pures & fimples.

VI. A l'avenir, & à compter de ce jour, tout acte d'infubordination & de défobéiffance, toute contravention aux loix de la difcipline militaire, feront punis fuivant l'exigence des cas & la rigueur des ordonnances ; les commiffaires-auditeurs des guerres feront tenus de pourfuivre les délinquans lorfqu'ils leur feront particuliérement dénoncés ou indiqués par la notoriété publique, & demeureront perfonnellement refponfables de leur négligence à cet égard.

VII. Du jour de la publication du préfent décret, les fous-officiers feront perfonnellement refponfables des mouvemens combinés qui fe ferontdans les régimens contre la perfonne des officiers, lorfque les coupables apparens de femblables défordres ne feront pas d'abord défignés ou connus ; dans ce cas , les commiſſaires-auditeurs des guerres ſeront tenus de pourſuivre & faire juger par les cours martiales , leſdits ſous-officiers , qui ne pourront encourir de moindre peine que celle d'ètre caſſés & déclarés indignes de porter les armes pour le ſervice de la patrie , à moins qu'ils ne prouvent qu'ils n'ont point eu de part aux mouvemens , qu ils ont pris toutes les précautions qui dépendoient d'eux pour les arrêter , & qu'ils en ont averti les chefs dès qu'ils en ont eu connoiſſance.

VIII. En cas de mouvemens combinés dans les régimens contre l'ordre & la diſcipline militaire en général , les ſous-officiers & ſoldats en ſeront graduellement reſponſables , ſuivant l'ordre de leur grade ou de leur ancienneté , lorſque les coupables apparens de ſemblables déſordres ne ſeront pas d'abord déſignés ou connus ; dans ce cas , les commiſſaires-auditeurs ſeront tenus de rendre plainte contre les ſergens-majors ou maréchaux-des-logis en chef, premiers ſergens ou maréchaux-des-logis , premiers caporaux ou brigadiers , appointés & plus anciens ſoldats , cavaliers , dragons , huſſards , chaſſeurs , ou canonniers , par rapport auxquels il en ſera uſé ainſi qu'il eſt dit en l'article précédent.

IX. En cas de mouvemens combinés dans les régimens par les officiers , contre l'ordre & la diſcipline militaire en général , les officiers en ſeront graduellement reſponſables ſuivant l'odre de leur grade ou de leur ancienneté , lorſque les coupables apparens de ſemblables déſordres ne ſeront pas d'abord déſignés ou connus ; dans ce cas les commiſſaires-auditeurs ſeront tenus de rendre plainte contre les premiers capitaines , premiers lieutenans & premiers ſous-lieutenans , par rapport auxquels il en ſera uſé ainſi qu'il eſt dit dans l'article VII.

X. Seront conſidérés & punis comme mouvemens combinés contre l'ordre & la diſcipline en général , toute réunion , ſoit de militaires de différens grades , ſoit d'officiers , ſoit de ſous-officiers ou ſoldats , pour délibérer entre eux dans d'autres circonſtances que celles permiſes ou preſcrites par la loi , à plus forte raiſon ,

(115)

toute délibération formée & toute émission de vœu collectif.

XI. Aussi long-temps que subsistera l'autorité provisoire accordée aux généraux d'armée par le décret du 24 juin dernier ; de suspendre les officiers dont la conduite leur paroîtra suspecte, les commandans en chef des divisions jouiront du même droit, chacun dans sa division, & les conseils de discipline de chaque régiment auront aussi provisoirement le pouvoir d'ordonner, à la pluralité des cinq septiemes des voix, le renvoi avec une cartouche pure & simple des sous-officiers & soldats dont la conduite sera répréhensible ; néanmoins le conseil de discipline ne pourra jamais user de ce pouvoir que sur une demande expresse & par écrit, qui devra être signée, s'il est question d'un sous-officier, par neuf de ses camarades du même grade & par un officier de sa compagnie ; & s'il est question d'un soldat, par tous les sous-officiers de sa compagnie, ou par un sergent ou maréchal-des-logis, un caporal ou brigadier, & par neuf soldats de sa compagnie.

Mandons, &c. *En vertu des décrets des 21 & 25 juin dernier.* Pour le Roi. Signé *M. L. F. Duport.*

Loi additionnelle au décret du 2 mars, portant suppression de divers droits qui se percevoient dans les ci-devant pays d'état.

Donnée à Paris, le 29 juillet 1791.

LOUIS, par la grace de Dieu, & par la loi constitutionnelle de l'Etat, Roi des Français : à tous présens & à venir ; salut. L'Assemblée nationale a décrété, & nous voulons & ordonnons ce qui suit :

Décret de l'Assemblée nationale, du 25 juillet 1791.

L'Assemblée nationale voulant assurer l'exécution pleine & entiere de son décret du 2 mars, portant suppression à l'avenir des droits établis tant à l'exercice qu'à la fabrication, & qui étoient perçus soit par la régie générale ; soit par des fermiers particuliers, dans les ci-devant pays d'états, & en même temps assurer le recouvrement des droits qui étoient dus & exigibles à l'époque de cette suppression, décrete ce qui suit :

ARTICLE PREMIER.

Le bail passé par les ci-devant états de Languedoc, le 15 janvier 1788, à Pierre Bellocq, de la ferme du droit connu sous le nom d'*équivalent*, & perceptible à la vente en détail sur les vins, viande & poissons de mer, frais & salés pour en jouir par ledit Bellocq pendant le terme de six années consécutives, à compter du premier avril 1788, jusqu'au 31 mars 1794, moyennant le prix-d'un million trois cent soixante-seize mille livres par chaque année, est & demeure résilié à compter du premier avril 1790 ; en conséquence & à dater de cette époque, ledit Bellocq rendra d'ici au premier janvier 1792, son compte de clerc à maître du produit dudit bail, au directoire du département de la haute Garonne.

II. Tous les sous-baux passés par ledit Bellocq, & les arriere-sous-baux passés par les cessionnaires, sont également résiliés, à compter dudit jour premier avril 1790, à la charge par les sous-fermiers qui se sont plaints légalement de leur non-jouissance, de rendre audit Bellocq leur compte de clerc à maître, pour la troisieme année de leur bail échue le 31 mars 1791, dans le délai de trois mois ; lesquels comptes de clerc à maître ne seront reçus qu'après avoir été vérifiés & visés par les municipalités & directoires de district, pour faire partie du compte général de clerc à maître à rendre par ledit Bellocq devant le directoire du département de la haute Garonne ; & les sommes à recouvrer aujourd'hui pour le compte de la nation, seront imputées sur les indemnités qui pourroient lui être dues après la reddition & apurement de son compte.

III. Sur les observations du directoire du département de la haute Garonne, qui seront transmises au corps législatif, il sera pourvu au traitement dudit Bellocq, depuis le premier avril 1790 jusqu'à la présentation de son compte de clerc à maître, ainsi qu'à l'indemnité, s'il y a lieu, pour la non-jouissance des trois dernieres années de son bail.

IV. L'Assemblée nationale autorise ledit Bellocq, ainsi que ses sous-fermiers, à continuer la perception des restes à recouvrer jusqu'au premier janvier 1792, terme dans lequel ledit Bellocq sera tenu de rendre son compte de clerc à maître.

V. Toutes les procédures commencées pour demandes en indemnités & résiliement de baux sont & demeurent supprimées; mais les poursuites nécessaires à l'acquittement des droits dus, tant par les redevables que par les sous-fermiers & arriere-sous-fermiers, seront faites & continuées jusqu'à parfait paiement.

VI. Tous les baux des bureaux passés par ledit Bellocq & les sous-fermiers pour raison de leur exploitation, seront résiliés à compter du premier octobre prochain, & le prix en sera payé au propriétaire jusqu'à ladite époque pour leur tenir lieu d'indemnité, attendu qu'ils ont cessé d'être occupés depuis la cessation du bail.

VII. Dans le compte de clerc à maître que rendra ledit Bellocq, il portera en recette le prix des meubles & ustensiles de son exploitation, dont la vente sera faite par l'ordre des corps administratifs, sous l'inspection des municipalités; & distraction faite du tiers pour les deux années de la jouissance, il portera en dépense le prix de leur acquisition, comme aussi les frais faits tant pour monter les régies que pour opérer les sous-fermes & autres objets y relatifs. Il lui sera également alloué en dépense, ainsi qu'à ses fermiers & arriere-sous-fermiers comptables, les frais des procédures ci-dessus anéanties par l'article V.

VIII. Ledit Bellocq se pourvoira par-devant le comité de liquidation, pour le remboursement des six cent mille livres, dont il a fait l'avance à la province, en exécution de son bail.

Mandons, &c. *En vertu des décrets des* 21 & 25 *juin* .1791. Pour le Roi. Signé *M. L. F. Duport.*

Loi portant circonscription des paroisses des villes d'Avranches, de la Charité, de la Marche & d'Auray.

Donnée à Paris, le 29 juillet 1791.

LOUIS, par la grace de Dieu, & par la loi constitutionnelle de l'Etat, Roi des Français : à tous préfens & à venir ; falut. L'Assemblée nationale a décrété, & nous voulons & ordonnons ce qui suit.

Décret de l'Assemblée nationale, du 25 juillet 1791.

L'assemblée nationale, ouï le rapport qui lui a été fait par son comité ecclésiastique,

1°. De l'arrêté du directoire du département de la Manche, du 11 de ce mois, fur la délibération du directoire du district d'Avranches, du 4 précédent, concernant la circonscription des paroisses de la ville d'Avranches, & de l'avis de l'évêque de ce département ;

2°. De l'arrêté du directoire du département de la Nièvre, du 7 de ce mois, fur la délibération du directoire du district de la Charité, du 15 juin dernier, concernant la réduction des paroisses de la Charité, & la réunion de la paroisse de Munot à celle de la Marche, & de l'avis de Guillaume Tollet, évêque de ce département ;

3°. De l'arrêté du directoire du département du Morbihan, du 30 juin dernier, fur la délibération du directoire du district & de la municipalité d'Auray, du 9 du même mois, concernant la circonscription des paroisses de cette ville, & de l'avis de Charles Lemefle, évêque de ce département, décrete ce qui fuit :

ARTICLE PREMIER.

Département de la Manche.

Ville d'Avranches. Les paroisses de Notre-Dame-des-Champs, de Saint-Gervais, de Saint-Saturnin, de Saint-Martin-des-Champs, de Saint-Senier, & de Ponts de la ville d'Avranches , font réunies en une feule qui fera dans l'ancienne églife cathédrale fous le nom de Saint-André. La paroiffe de Ponts eft confervée comme fuccurfale , avec fon ancien territoire. L'églife ci-devant paroiffiale de Saint-Gervais eft confervée comme oratoire. Ladite paroiffe fera circonfcrite ainfi qu'il eft expliqué dans la délibération fusdatée du directoire du diftrict d'Avranches.

II. *Département de la Nièvre.*

Diftrict de la charité. Ville de la charité. Les paroiffes de Sainte-Croix, de Saint-jacques & de Saint-Pierre de la ville de la Charité font réunies en une feule , qui fera deffervie , fous l'invocation de Notre-Dame dans l'églie du ci-devant monaftère des Bénédictins de cette ville.

III. *La Marche.* La paroiffe de Munot eft réunie à celle de la Marche.

IV. Les paroiffes de la Charité & de la Marche feront circonfcrites, ainfi qu'il eft expliqué dans l'arrêté fufdaté du directoire du département de la Nièvre.

V. *Département du Morbihan.*

Ville d'Auray, Les deux paroiffes de Saint-Gildas & de Saint-Gouftant de la ville d'Auray font réunies en une feule qui fera deffervie dans l'églife de Saint-Gildas ; celle de Saint-Gouftant fera confervée comme oratoire.

VI. Il fera envoyé les dimanches & fêtes dans chacun des oratoires mentionnés au préfent décret , par les curés refpectifs, un de leurs vicaires pour y célébrer la meffe & y faire les inftructions fpirituelles , fans pouvoir exercer les fonctions curiales.

Mandons , &c. *En vertu des décrets des* 21 *&* 25 *juin dernier :* pour le Roi. *Signé M. L. F. Duport.*

LOI relative aux dépenses d'impression, confection de cahiers, loyers & frais de bureau des anciens directeurs des vingtiemes.

Donnée à Paris, le 29 juillet 1791.

LOUIS, par la grace de Dieu, & par la loi constitutionnelle de l'Etat, Roi des Français: à tous présens & à venir; salut. L'Assemblée nationale a décrété, & nous voulons & ordonnons ce qui suit:

Décret de l'Assemblée nationale, du 25 juillet 1791.

L'Assemblée nationale décrete ce qui suit:
Le ministre des contributions publiques fera payer sur le trésor public, d'après l'état par lui arrêté, la somme de quarante-neuf mille six cents soixante-six livres treize sous quatre deniers, aux anciens directeurs des vingtiemes, pour remboursement des dépenses d'impression & confection des seconds cahiers des vingtiemes de 1790, & pour les loyers & frais de bureaux relatifs à ladite opération.

Mandons, &c. *En vertu des décrets* 21 & 25 *juin* 1791: Pour le Roi. *Signé* M. L. F. *Duport.*

LOI relative aux troubles de l'Orient.

Donnée à Paris, le 31 juillet 1791.

LOUIS, par la grace de Dieu, & par la loi constitutionnelle de l'Etat, Roi des Français: à tous présens & à venir; salut. L'Assemblée nationale a décrété, & nous voulons & ordonnons ce qui suit:

Décret de l'Assemblée nationale, du 30 juillet 1791.

L'Assemblée nationale, après avoir entendu le rapport de ses comités des colonies, de la marine & militaire, sur les faits arrivés à l'Orient les vingt-quatre & vingt-cinq du présent mois, considérant que les ministres, les corps administratifs & les commissaires civils sont institués pour veiller au maintien de l'ordre public, à la sûreté des personnes & des propriétés; qu'ils sont revêtus par la constitution, de l'autorité nécessaire pour remplir ces divers objets; qu'enfin ils sont chacun respectivement & personnellement responsables de leur inexécution : rendant d'ailleurs justice à la conduite de la garde nationale & de la municipalité de l'Orient, & comptant sur l'activité & la continuité de leur zele, déclare qu'elle renvoie au pouvoir exécutif pour maintenir l'exécution des loix.

Mandons, &c. *En vertu des décrets des* 21 & 25 *juin dernier.* Pour le Roi. Signé *M. L. F. Duport.*

Loi relative aux employés des ci-devant fermes, régies & administrations supprimées.

Donnée à Paris, le 31 juillet 1791.

Louis, par la grace de Dieu, & par la loi constitutionnelle de l'Etat, Roi des Français: à tous présens & à venir ; salut. L'Assemblée nationale a décrété, & nous voulons & ordonnons ce qui suit:

Décret de l'Assemblée nationale, du 31 juillet 1791.

L'Assemblée nationale, après avoir entendu le rapport de ses comités des finances, des pensions, des domaines, des impositions, d'agriculture & de commerce réunis, décrete ce qui suit :

ARTICLE PREMIER.

Tous employés commiſſionnés dans les fermes & régies générales, à la caiſſe des recettes générales des finances, à la recette générale du clergé, dans les devoirs de Bretagne, l'équivalent de Languedoc, les quatre membres Belgiques, les poſtes, la police de Paris, dans les bureaux de l'économat, les adminiſtrations des pays d'état, à la perception des octrois & autres droits qui ſe levoient principalement au profit de l'état; les directeurs, contrôleurs & vérificateurs des vingtiemes, les commis attachés aux intendances, ou qui étoient paſſés deſdites intendances aux adminiſtrations provinciales, tous leſquels ſe trouvent précédemment ſupprimes par les décrets rendus, auront droit aux penſions, ſecours & gratifications qui ſeront déterminés ci-après, ſuivant la durée & l'état de leurs ſervices.

II. Leſdits employés ſeront diviſés en trois claſſes. La premiere comprendra ceux qui ont vingt ans de ſervice révolus & au-deſſus ; la ſeconde, ceux qui ont de dix ans de ſervice révolus juſqu'à vingt ; & la troiſieme, ceux qui ont moins de dix ans de ſervice.

III. Les employés n'auront droit aux penſions, ſecours & gratifications mentionnés en l'article premier du préſent décret, que dans le cas où l'emploi ſupprimé formoit l'état unique de celui qui l'occupoit ; qu'il en étoit pourvu lors de la ſuppreſſion dudit emploi ; & qu'il n'ait pas été replacé depuis, ou n'ait pas refuſé de l'être, ainſi qu'il ſera dit par l'article XI ci-après.

VI. La ſuppreſſion des fermes, régies & autres adminiſtrations dénommées dans l'article premier, n'ayant pas permis à ceux qui y étoient employés, d'atteindre l'époque du ſervice fixée par la loi du 23 août 1790 pour l'obtention des penſions, les diſpoſitions de ladite loi ſeront modifiées quant auxdits employés ſeulement ; en conſéquence ceux compris dans les articles précédens, & qui par leurs diſpoſitions ſe trouvent avoir droit aux penſions, ſecours & gratifications dont il y eſt fait mention, jouiront, après vingt ans de ſervices révolus, du quart de leurs appointemens , & il leur fera en outre accordé un vingtieme des trois quarts reſtans par chaque année de ſervice ; de maniere qu'après quarante ans de ſervice effectif, ils obtiendront la totalité de leurs appointemens , qui ne pourra néanmoins excéder le *maximum* fixé par l'article ſuivant.

V. Les traitemens qui feront accordés aux employés ſupprimés , conformément aux diſpoſitions précédentes , ne pourront excéder la ſomme de deux mille livres, à quelques ſommes qu'aient pu monter les appointemens de leurs grades , & ils ne pourront être moindres de cent cinquante livres.

VI. Après dix ans de ſervice révolus , leſdits employés recevront pour retraite le huitieme de leurs appointemens, & il leur ſera en outre accordé un dixieme d'un ſemblable huitieme pour chaque année de ſervice au-delà de ces dix ans ; le *maximum* de ces penſions ſera de huit cent livres , & le *minimum* de ſoixante livres.

VII. Tout ſervice public que l'employé aura fait avant d'entrer dans les régies, fermes & adminiſtrations ſupprimées , ſera compté pour former ſon traitement , (en juſtifiant de ce ſervice , & qu'il l'a fait & quitté ſans reproche.

VIII. La loi du 23 août ſera au ſurplus applicable à tous ceux des employés ſupprimés qui en réclameront les diſpoſitions.

IX. Tout employé ſupprimé ayant moins de dix ans de ſervice , recevra un ſecours en argent, dans la proportion ci-après.

S A V O I R :

Ceux qui avoient douze cents livres d'appointemens & au-deſſus, cent vingt livres par chaque année de ſervice ; ceux qui avoient de huit à douze cent livres d'appointemens , quatre vingt dix livres par chacun an : il ſera payé ſoixante livres par année de ſervice à ceux qui ont moins de huit cents livres d'appointemens ;

néanmoins le secours ne pourra être pour aucun d'eux, moindre de cent livres.

X. Les employés qui justifieront que les emplois ou les distributions de sel ou de tabac dont ils jouissoient au moment de leur suppression, leur ont été accordés comme retraite à raison d'ancienneté de leurs services ou pour cause d'infirmités constatées résultant du même service, ou de blessures reçues dans l'exercice de leurs fonctions, jouiront du même traitement auquel ils auroient droit s'ils avoient continué d'être en activité de service dans leurs premieres places ; & le temps qu'ils ont occupé ces nouveaux emplois, ou géré lesdites places, leur sera en outre compté pour former le montant de leur retraite.

XI. Les pensions & secours accordés par le présent décret, ne seront pas payés à ceux des employés qui, depuis leur suppression, auroient obtenu une place d'un produit égal aux deux tiers de la premiere, il en sera de même à l'égard de ceux qui en obtiendroient par la suite, ou qui refuseroient de l'accepter ; & dans chacun de ces cas, ils n'auront droit à une pension qu'autant qu'ils pourront présenter un service public d'au moins trente ans , aux termes du titre premier de la loi du 23 août 1790.

XII. Pour établir les bases du traitement auquel chaque employé commissionné supprimé aura droit à raison du produit de sa place, on ne calculera que les appointemens fixes , les gratifications ordinaires & annuelles, & le montant des remises fixes seulement, sans pouvoir y comprendre, sous aucun prétexte, les bénéfices ou gratifications casuelles , le logement , les excédans de remises , les intérêts des cautionnemens , les bénéfices d'usance sur la négociation du papier , ou tous autres émolumens de cette espece.

XIII. Ceux des employés qui prétendront des indemnités pour raison de dégâts faits dans leurs maisons & meubles, par l'effet des mouvemens qui ont eu lieu depuis le 12 juillet 1789, remettront leurs mémoires au commissaire liquidateur, lequel les régiera d'après les certificats des municipalités , visés & approuvés par les directoires des

d'stricts & des départemens, & néanmoins lesdites indemnités ne pourront excéder le montant de trois années de leurs traitemens, calculé conformément aux dif-
positions du précédent article.

XIV. A l'égard des employés qui avoient des commif-
sions directes des compagnies & dont les, émolumens confif-
toient, en tout ou en partie, en remifes fixes fur les débits,
tels que les entrepofeurs, les débitans principaux, les
receveurs des gabelles & fel, & les minotiers, il leur
fera accordé des penfions ou indemnités dans les proportions établies par les articles IV, V, VI & XII du
préfent décret; le montant des remifes qui leur étoient
accordées fur leur débit, fera déterminé d'après la fixation de la vente à laquelle ils étoient affujetis.

XV. Les penfions de retraite qui exiftoient fur les régies, fermes, adminiftrations & compagnies fupprimées,
feront rétablies fi elles font conformes, foit au réglement
defdites régies, fermes, adminiftrations & compagnies,
foit aux difpofitions de la loi du 23 août dernier; &
cependant, par provifion, lefdites penfions feront payées
conformément au décret du 2 juillet préfent mois.

XVI. Les penfions & indemnités qui feront accordées
en exécution du préfent décret, commenceront à avoir
cours à compter du premier juillet 1791. En attendant
que le montant defdites penfions, fecours ou indemnités
foit déterminé, les employés dénommés au préfent décret jouiront pendant trois mois des fecours fixés par le
décret du 8 mars dernier; mais il leur fera fait déduction de ce qu'ils auront reçu à titre de fecours lors
du paiement des penfions & indemnités qui leur feront
accordées.

XVII. Toute perfonne fe prétendant attachée aux régies, fermes, adminiftrations ou compagnies fupprimées,
ne pourra prétendre ni penfion ni indemnité, qu'autant
qu'elle fe trouvera dans le cas prévu par l'art. III du préfent décret. qu'elle aura prêté ferment en juftice, ou
qu'elle juftifiera d'une commiffion ou nomination émanée
directement de la compagie ou adminiftration à laquelle
elle étoit attachée, anterieure d'un an au moins à la

suppreſſion deſdites régies, fermes, adminiſtrations &
compagnies.

XVIII. La préſente loi n'aura pas d'effet à l'égard de
ceux qui depuis cinq ans ont joui de places ou emplois,
dont ces produits calculés d'après les baſes de l'article
XII du préſent décret, s'élevoient au deſſus de quatre
mille livres, & ils ne pourront obtenir de penſions que
dans les cas prévus, & d'après les conditions exigées
par la loi du 23 août dernier.

L'Aſſemblée nationale ordonne au ſurplus que le
préſent décret ſera imprimé & envoyé dans tous les départemens.

Mandons, &c. *En vertu des décrets des 21 & 25 juin*
1791. Pour le Roi. Signé *M. L. F. Duport.*

Loi relative à la liquidation & comptabilité des ci-devant
ferme & régie générale.

Donnée à Paris, le premier août 1791.

LOUIS, par la grace de Dieu, & par la loi conſtitutionnelle de l'Etat, Roi des Français: à tous préſens &
à venir; ſalut. L'Aſſemblée nationale a décrété, &
nous voulons & ordonnons ce qui ſuit.

Décret de l'Aſſemblée nationale, des 21 & 22 juillet 1791.

L'Aſſemblée nationale décrete ce qui ſuit:

TITRE PREMIER.

Liquidation & comptabilité de la ferme générale & de la
régie générale.

ARTICLE PREMIER.

Il ſera adjoint au commiſſaire précédemment nommé
pour continuer l'exploitation de la régie des objets dépendant de la ferme générale, cinq autres commiſſaires, pour

de temps qu'aura duré la fufpenfion, pour être , fur le vu defdits états, ftatué par l'Affemblée ce qu'il appartiendra.

X. Le miniftre des contributions publiques remettra également inceffamment à l'Affemblée nationale, l'état du nombre des bureaux & employés, & de la dépenfe qu'il jugera néceffaire pour opérer la liquidation des deux compagnies.

Il y joindra fes vues fur les moyens d'intéreffer le zèle des commiffaires & employés à l'accélération de cette liquidation & des recouvremens qui doivent en réfulter; & fur le tout, il fera ftatué ce qui fera jugé convenable d'après le rapport du comité des finances.

XI. A la fin de chaque mois, les commiffaires remettront au miniftre, & le miniftre à l'Affemblée nationale, l'état des recouvremens opérés dans le mois, des comptabilités particulieres vérifiées & appurées, des agens qui devront ceffer d'être en activité.

XII. La liquidation de l'une & l'autre compagnie fera terminée, & tous les comptes formés & préfentés avant le 1er. janvier 1793; lefdits comptes feront préfentés dans l'ordre de leur date, & à mefure qu'ils feront en état.

XIII. Après les comptes rendus, il fera ftatué fur la partie de la dépenfe qui devra être à la charge de la ferme générale, à raifon de fon bail & du temps qu'il a fubfifté.

XIV. Il fera alloué à chacun des commiffaires, tant de la régie générale que de la ferme générale, la fomme de mille livres par mois, pour honoraires & frais de bureau particuliers pendant la durée de leur travail, fans néanmoins que lefdits honoraires puiffent être prolongés au-delà du mois de décembre 1792 , quand même la liquidation ne feroit pas confommée.

XV. Les remifes & les indemnités qui pourroient être dues, foit à la ferme générale, foit à la régie générale, ne feront définitivement réglées qu'après les comptes rendus, & il n'en fera rien payé qu'à cette époque.

XVI.

XVI. Il sera procédé incessamment, si fait n'a été, à l'inventaire & à l'estimation de toutes les marchandises , effets & bâtimens appartenant à la ferme générale, ainsi que des effets & bâtimens appartenant à la nation , & qu'elle devoit remettre a la fin de son bail.

Il sera pareillement procédé à l'inventaire & reconnoissance des effets & bâtimens qui étoient entre les mains des régisseurs généraux & des fermiers généraux, pour les parties dont la régie leur étoit confiée.

XVII. Il sera procédé de même à l'évaluation des effets appartenant aux compagnies secondaires qui avoient traité avec la ferme générale , pour le transport des sels dans les pays de grandes & de petites gabelles.

XVIII. Lesdites estimations seront faites par des experts nommés respectivement par les directoires des districts où seront situés les effets & bâtimens , & par les compagnies auxquelles ils appartiendront ou qui devront les remettre.

XIX. Les procès-verbaux desdites estimations rapportés , il sera statué ce qu'il appartiendra sur les réclamations qui pourront être faites , & sur les indemnités qui pourront être dues.

XX. Il sera statué pareillement sur les diminutions du prix du bail, & sur les indemnités que pourroient prétendre les sous-fermiers des objets dépendant , soit de la régie générale , soit de la ferme générale , à titre de régie.

TITRE II.

Liquidation & remboursement des fonds d'avance & cautionnement des régisseurs généraux & administrateurs généraux des domaines.

ARTICLE PREMIER.

Il sera procédé incessamment à la liquidation & au remboursement des fonds d'avance & de cautionnement versés

Partie XIII.   I

(130)

dans le tréfor public par les régiffeurs généraux & les adminiftrateurs généraux du domaine.

II. En conféquence Poinfignon & fes cautions, Kalendrin & fes cautions, remettront, dans le délai d'un mois,
au commiffaire général de la liquidation.

1°. Les quittances du garde du tréfor royal pour le
montant des fonds d'avance & de cautionnement qu'ils
ont verfés.

2°. Un état figné de leurs receveurs généraux refpectifs
& certifié par eux, des fommes que chaque régiffeur &
adminiftrateur a fournies pour fes fonds d'avance & de
cautionnement individuel.

III. Un mois après la vérification des quittances du garde
du tréfor royal & de l'état ci-deffus, notifiée auxdits
Poinfignon & Kalendrin, commencera le rembourfement
dudit fonds d'avance & de cautionnement.

IV. Ledit rembourfement total fera fait par la caiffe de
l'extraordinaire en neuf mois à raifon d'un neuvieme
par mois, & il fera fait individuellement à chaque régiffeur
& adminiftrateur.

V. Pour cet effet, lefdits régiffeurs & adminiftrateurs
feront tenus de fe concerter refpectivement entre eux, &
de former fur cette bafe un état d'ordre & de diftribution
dudit rembourfement, qu'ils remettront dans le délai d'un
mois au directeur général de la liquidation.

VI. Pour recevoir fon rembourfement, chacun defdits
régiffeurs & adminiftrateurs employés dans les états de
diftribution, rapporteront leurs récépiffés de caiffe, & un
certificat de non oppofition ou de main levée des oppofitions, s'il y en a.

VII. Les prêteurs & bailleurs de fonds defdits régiffeurs
& adminiftrateurs feront tenus, nonobftant toute ftipulation particuliere de recevoir leur rembourfement de la
même maniere & aux mêmes époques que les régiffeurs
& adminiftrateurs, à la charge par ceux-ci de les avertir
ou de les fommer de le faire.

En conféquence, lefdits prêteurs & bailleurs de fonds feront tenus de rapporter tout récépiffé d caiffe, obligation, main-levée d'oppoíition & autres pieces néceffaires , enfemble les billets d'intérêts foufcrits à leur profit , quand même lefdits billets échoiroient à une époque poftérieure au rembourfement. Et dans le cas où ils ne pourroient pas repréfenter lefdits billets , ils confentiront à la déduction des intérêts qui excéderont ce qui leur feroit dû à l'époque du rembourfement.

VIII. Faute par lefdits régiffeurs & adminiftrateurs, leurs prêteurs & bailleurs de fonds , de fatisfaire aux conditions refpectives ci-deffus prefcrites , leurs fonds refteront à la caiffe de l'extraordinaire , à titre de dépôt & fans intérêt.

IX. Chacun defdits régiffeurs & adminiftrateurs , avant que de recevoir la derniere portion de fon rembourfement, fera tenu de fournir un cautionnement en immeubles réels ou en immeubles fictifs , confiftant en créances fur l'état.

X. Les quittances de rembourfement de fonds d'avance & de cautionnement , ne feront affujetties qu'au droit fixe d'enregiftrement de vingt fous.

XI. Pourront les régiffeurs & adminiftrateurs généraux & leurs ayant-caufes , employer la totalité ou partie de leurs fonds d'avance & de cautionnement, en acquifition de domaines nationaux.

XII. Sur la déclaration qu'ils en feront , il leur fera délivré des reconnoiffances en juftifiant de leur propriété dans les formes prefcrites. Le montant defdites reconnoif-fances fera déduit par neuvieme , des fonds deftinés au rembourfement de chaque mois.

TITRE III.

Liquidation & remboursement des fonds d'avance & de cautionnement & du fonds d'exploitation des fermiers-généraux.

ARTICLE PREMIER.

Dans le délai d'un mois, Mager & ses cautions remettront au commissaire général de la liquidation :

1°. La quittance du garde du trésor royal, pour le montant des fonds d'avance & de cautionnement qu'ils y ont versés.

2°. Un état signé de leur receveur général & certifié par eux des sommes que chaque fermier général a fournies pour ses fonds d'avance & de cautionnement individuel.

II. Un mois après la vérification des quittances du garde du trésor royal & de l'état ci-dessus notifié audit Mager & ses cautions, commencera le remboursement desdits fonds d'avance & de cautionnement.

III. Ledit remboursement sera effectué en cinq mois, à raison d'un cinquieme par mois, & il sera fait individuellement à chaque fermier général.

IV. Pour cet effet, les fermiers généraux seront tenus de se concerter entre eux, & de former sur cette base un ordre de distribution dudit remboursement, qu'ils remettront dans le même délai d'un mois au directeur général de la liquidation.

V. Tout ce qui est prescrit aux articles VI, VII, VIII, IX, X, XI & XII du titre II, aura lieu pour les fermiers généraux, comme pour les régisseurs généraux & les administrateurs généraux du domaine.

VI. Lesdits fonds d'avance & de cautionnement remboursés, il sera procédé, sous la garantie du même cautionnement en immeubles, preScrits par l'art. IX du tit. II , & à la charge de la Solidarité toujours Subsistante entre les ci-devant fermiers généraux , au rembourSement du fonds d'exploitation de la ferme générale.

VII. Ledit rembourSement Sera fait à raiSon de quatre millions par mois , aux conditions & dans les formes preScrites ci-deSSus , & juSqu'à concurrence de quarante millions.

L'excédant ne Sera rembourSé qu'après les comptes de la ferme préSentés & rendus.

TITRE IV.

Liquidation & rembourSement des fonds d'avance & de cautionnement des employés de la ferme générale & de la régie générale.

ARTICLE PREMIER.

Dans le délai d'un mois , Mager & Ses cautions, Kalendrin & Ses cautions remettront au commiSSaire général de la liquidation , 1°. l'état général & nominatif des employés comptables ou non comptables qui ont fourni des cautionnemens , & du montant de chaque cautionnement individuel.

2°. Les quittances du garde du tréSor royal pour le montant dudit cautionnement.

II. Un mois après que ledit état aura été vérifié , & la Somme total dudit cautionnement arrêtée par un décret de l'ASSemblée nationale , les employés non comptables , ou leurs ayant-cauSes , Seront rembourSés en rapportant leurs récépiSSés de caiSSe & certificat de non oppoSition, ou main-levée d'oppoSition , s'il y en a.

III. Quant aux employés comptables , leur rembourSement Sera effectué à meSure que leur comptabilité Sera apurée.

En conSéquence, les commiSSaires liquidateurs des deux compagnies remettront SucceSSivement au commiSSaire général de la liquidation , 1°. l'état nominatif des employés

comptables dont ils auront vérifié & apuré les comptes ;
2°. le réfultat certifié d'eux defdits comptes.

Ce qui reftera dû des cautionnemens , débats déduits,
s'il y en a , fera rembourfé à ceux qui auront droit , en
rempliffant les formalités preïcrites ci-deffus.

IV. Les articles VII , VIII, IX & X du titre II feront
obfervés relativement aux rembourfemens des employés
comptables & non comptables.

Les cautionnemens en argent des employés de l'adminiftration des domaines, qui feroient morts ou retirés depuis
l'établiffement de la régie du droit d'enregiftrement, feront rembourfés dans les mêmes formes.

TITRE V.

*Régiffeurs des poudres , adminiftrateurs de la loterie
royale.*

ARTICLE PREMIER.

Les régiffeurs des poudres feront tenus de fournir, dans
le délai d'un mois , un cautionnement en immeubles de
cent mille livres, lequel fera reçu & vérifié par le miniftre
des contributions publiques.

II. Ledit cautionnement reçu , le rembourfement de
leurs fonds d'avance & de cautionnement fera effectué en
la forme preïcrite pour les compagnies de finance & aux
mêmes conditions.

III. Il fera fourni pareillement dans le même délai , par
les adminiftrateurs de la loterie royale , un cautionnement
en immeubles de cent mille livres , & le rembourfement
de leurs fonds d'avance fera effectué de la même maniere.

Mandons , &c. *En vertu des décrets des* 21 & 25 *juin*
1791 : pour le Roi. *Signé M. L. F. Duport.*

Loi relative à l'exécution provisoire des délibérations des assemblées coloniales.

Donnée à Paris, le premier août 1791.

LOUIS, par la grace de Dieu, & par la loi constitutionnelle de l'Etat, Roi des Français : à tous présens & à venir ; salut. L'Assemblée nationale a décreté, & nous voulons & ordonnons ce qui suit :

Décret de l'Assemblée nationale, du 26 juillet 1791.

L'Assemblée nationale déclare qu'elle n'a entendu apporter par ses décrets des 21 & 25 juin & 10 de ce mois, aucun changement à la nature des fonctions légalement établies dans les colonies par le pouvoir exécutif, ni suspendre la faculté attribuée aux gouverneurs, d'accorder ou de refuser l'approbation nécessaire aux arrêtés des assemblées coloniales, pour être provisoirement exécutés.

Mandons, &c. *En vertu de décrets des 21 & 25 juin 1791.* Pour le Roi. Signé *M. L. F. Duport.*

Loi portant que tout citoyen habitant de Paris sera tenu de déclarer les noms & qualités des étrangers demeurant chez lui.

Donnée à Paris, le premier août 1791.

LOUIS, par la grace de Dieu, & par la loi constitutionnelle de l'Etat, Roi des Français : à tous présens & à venir ; salut. L'Assemblée nationale a décrété, & nous voulons & ordonnons ce qui suit.

Décret de l'Assemblée nationale, du 27 juillet 1791.

L'Assemblée nationale, sur la demande du directoire & de la municipalité de Paris, contenue dans l'arrêté

I iv

de ladite municipalité, du 22 juillet présent mois , décrete ce qui suit :

ARTICLE PREMIER.

Tous les citoyens habitans de Paris seront tenus de déclarer au comité de leur section, les noms & qualités des François non domiciliés à Paris , & des étrangers qui seront logés dans les maisons desdits citoyens, à peine d'une amende égale au quart de la valeur de leur loyer d'habitation , pour chaque individu qu'ils n'auront pas déclaré.

II. Tout portier , concierge ou dépositaire des clés des maisons dont les propriétaires ou principaux locataires seront absens, seront tenus de faire la même déclaration, à peine d'être condamnés , par voie de police correctionnelle , à une amende qui ne pourra excéder la somme de cinquante livres , & à une détention qui ne pourra excéder deux mois.

Mandons , &c. *En vertu des décrets des* 21 & 25 juin 1791 : Pour le Roi. Signé *M. F. L. Duport.*

Loi concernant les relations de commerce de Marseille dans l'intérieur du royaume , dans les colonies & avec l'étranger.

Donnée à Paris, le premier août 1791.

Louis, par la grace de Dieu , & par la loi constitutionnelle de l'Etat, Roi des Français : à tous présens & à venir ; salut. L'Assemblée nationale a décrété, & nous voulons & ordonnons ce qui suit :

Décret de l'Assemblée nationale, des 26 & 28 *juillet* 1791.

L'Assemblée nationale, après avoir entendu le rapport de son comité d'agriculture & de commerce , décrete ce qui suit.

TITRE PREMIER.

Des relations de Marseille avec l'étranger.

ARTICLE PREMIER.

Les maîtres, capitaines & patrons de bâtimens entrant dans le port de Marseille, ou en fortant, continueront de faire à la douane nationale de ladite ville, dans les vingt-quatre heures de leur arrivée pour les navires entrant, & avant le départ pour ceux fortant, la déclaration de leur chargement, en obfervant, pour l'entrée, de diftinguer par ladite déclaration, les marchandifes qui feront deftinées à la confommation de Marfeille, de celles que l'on voudra y mettre en entrepôt.

Si les bâtimens entrant dans le port de Marfeille font chargés de marchandifes dont les unes foient deftinées pour Marfeille, & les autres pour l'étranger, il fera fait des déclarations particulieres relativement à chaque deftination ; & par rapport aux marchandifes deftinées pour l'étranger, il fuffira, fi l'entrée en eft permife, d'indiquer le nombre des caiffes, balles ou ballots, leurs marques & numéros ; mais fi elles font prohibées, les efpeces & quantités feront énoncées dans la déclaration ; le tout à peine de confifcation defdites marchandifes & de cent livres d'amende.

II. La déclaration des bâtimens devra être faite quand même ils feroient fur leur left. Les patrons des barques & autres bateaux pêcheurs en font cependant difpenfés, dans ce cas, & dans celui où ils feroient feulement chargés du produit de leur pêche ; mais à condition qu'après avoir fait leur débarquement de poiffon frais fur les quais ordinaires voifins des marchés publics, ils fe placeront dans le port à l'endroit particulier qui leur eft deftiné.

III. Toutes les prohibitions à l'entrée du royaume, ordonnées par la loi du 15 mars dernier, fur le tarif général, auront lieu à l'entrée du port & territoire de Marfeille, fans cependant que les marchandifes prohibées, chargées fur des bâtimens de cent tonneaux & au-deffus & ayant une deftination ultérieure pour l'étranger, puiſ-fent être faiſies.

IV. Le ſucre, le café, le cacao, l'indigo, le thé, le ſavon, l'amidon, la poudre à poudrer, l'eau-de-vie de vin, la bière, les chairs ſalées, le poiſſon autre que le thon mariné, les huiles de poiſſon & les tabacs dont l'importation eſt permiſe par la loi du 1ſ mars der-nier, les cuirs tannés & corroyés, les ouvrages de cuirs, les chapeaux, les tiſſus de laine, de fil de chevre, de ſoie, de coton, de chanvre, de lin, les cotons filés, autres que du Levant, les laines filées, les bourres de ſoie cardées & filées, les filoſelles, les fleurets, les ſoies ouvrées, les plombs & étains laminés ou autrement ouvrés, le cuivre de toute ſorte, le laiton, le bronze, l'airain & tous autres métaux avec alliage, le ſouffre, les papiers, la verroterie, la cire blanche, la porcelaine, le liége ouvré, la mercerie, la quincaillerie, la bijouterie, tous autres ouvrages en or, en argent & en cuivre, ainſi que ceux de fer & d'acier (à l'exception des canons & des ancres) venant de l'étranger à Marſeille, ſeront ſujets aux droits d'entrée du nouveau tarif; & les marchan-diſes d'Angleterre, nommément compriſes dans le traité conclu avec cette puiſſance, aux droits fixés par ledit traité.

V. Les droits du nouveau tarif ſeront réduits à ſoixante livres le quintal, ſur les toiles de coton blanches & étrangeres, & à vingt livres auſſi du quintal, ſur celles provenant du commerce français dans l'Inde, lorſqu'el-les auront la deſtination de Marſeille.

VI. Seront exemptes de tous droits les marchandiſes & denrées, autres que celles dénommées dans les articles III, IV & V du préſent titre, importées par mer de l'étranger à Marſeille. La déclaration devra néanmoins en être faite dans la forme preſcrite par l'article pre-mier du préſent titre. Le droit de poids & caſſe qui étoit perçu à Marſeille, tant ſur leſdites marchandiſes & denrées que ſur toutes autres, demeure ſupprimé, ainſi que les droits additionnels audit poids & celui de manifeſte.

VII. Seront pareillement exemptes de tous droits, celles des marchandiſes compriſes dans l'article IV du préſent titre & ci-après déſignées, lorſque venant de l'étranger à Marſeille par mer, elles devront être réexportées auſſi par mer ; ſavoir, les tiſſus de laine, de poil de chèvre, de ſoie, de coton, de chanvre ou de lin, les fils retors, la verroterie, la quincaillerie, la mercerie, la bijouterie, & tous autres ouvrages en or, argent, cuivre, fer & acier, & les objets portés au traité de commerce avec l'Angleterre : leſdites marchandiſes ſeront miſes en entrepôt.

VIII. Pourront également être mis en entrepôt, tant pour la réexportation à l'étranger par mer, que pour la conſommation du royaume, les toiles de chanvre ſervant à des emballages, & venant du nord en rouleaux, les ſoies ouvrées, les papiers, l'indigo, le cacao, le thé, les chairs ſalées & les poiſſons ſalés, autres que la morue ſéche, importés de l'étranger à Marſeille.

IX. Les magaſins deſtinés aux entrepôts des marchandiſes qui ne pourront être entrepoſées qu'à la charge de la réexportation, & de celles qui jouiront de la même faveur pour la conſommation du royaume, ſeront diſtinɛts, & cependant dans la même enceinte. Leſdits magaſins ſeront aux frais du commerce, & ſous la clé d'un de ſes prépoſés & de ceux de la régie.

X. La durée de l'entrepôt ſera de dix-huit mois. Les marchandiſes deſtinées à la réexportation & énoncées dans l'article VII du préſent titre, pourront y être diviſées en telle quantité que ce ſoit, pour former des aſſortimens, & pour être embarquées ſur un ou ſur pluſieurs bâtimens.

Celles mentionnées dans l'article VIII ne pourront être retirées de l'entrepôt que par caiſſe, tonneau, balle ou ballot.

XI. Les marchandiſes qui pendant les dix-huit mois

de la durée de l'entrepôt en feront retirées par l'étranger, n'acquitteront aucun droit ; celles qui en fortiront pour la confommation de Marfeille & de tout autre lieu du royaume, ou qui fe trouveront en entrepôt après l'expiration du délai de dix-huit mois, paieront, favoir, les toiles d'emballage, dix livres par quintal, & les autres efpeces de marchandifes, les droits d'entrée du nouveau tarif.

XII. Il ne pourra être retiré de l'entrepôt aucunes marchandifes que fur un permis délivré au bureau de la régie, vifé par les prépofés à la garde des magafins, & après la vifite defdites marchandifes ; celles expédiées pour l'étranger pourront être accompagnées jufqu'à bord des bâtimens par les prépofés de la régie, & les objets deftinés à la confommation du royaume, feront tranfportés au bureau, à l'effet d'y acquitter les droits.

XIII. Les beftiaux, les vins, les bois feuillards, l'amurca, le marc d'olive ou grignon, feront affujettis aux droits du nouveau tarif à la fortie de Marfeille pour l'étranger, à l'exception de ceux deftinés à l'approvifionnement des équipages de navires françois. Toutes autres denrées ou marchandifes feront exportées de Marfeille en franchife.

XIV. Les marchandifes exemptes de droits à l'entrée de Marfeille pourront être vifitées fur les quais au débarquement ou au bureau de la régie, au choix du propriétaire ou confignataire ; il en fera de même de celles qui feront expédiées par mer de ce port, foit pour le royaume, foit pour l'étranger. Les objets foumis aux droits d'entrée feront vifités dans le bureau de la régie, & ceux qui devront être entrepofés, lors de leur mife en entrepôt.

XV. Les prépofés de la régie ne pourront, dans aucun cas, faire à bord des bâtimens l'ouverture d'aucune balle, caiffe ou futaille, pour en vérifier le contenu, ni aucune autre recherche dans l'intérieur defdits bâtimens ; mais fi après la déclaration & pendant le cours du déchargement ils appercevoient parmi les objets déclarés pour une deftination ultérieure & fans entrepôt, quelque balle,

caisse ou futaille à l'égard desquelles ils soupçonneroient
la fausseté de la déclaration, ils auroient la faculté de
les faire transporter, à leurs frais, au bureau de la douane,
pour y être visitées en présence du capitaine de navire
ou de l'un de ses officiers. Dans le cas où après la visite,
la déclaration seroit reconnue sincere & véritable, lesdites marchandises seroient remises en bon état & reportées à bord, également aux frais desdits préposés. Si au
contraire la fausseté est reconnue, les marchandises seront
saisies & soumises aux peines portées par l'article final.

XVI. Les capitaines de navires ne pourront commencer leur embarquement ou débarquement qu'après avoir
pris un permis des préposés de la régie; les marchandises
sujettes à des droits ou destinées à l'entrepôt, ne pourront être embarquées ou débarquées que sur des permis
des mêmes préposés.

Les marchandises étrangeres transportées à Marseille
par mer, & celles expédiées à la destination de l'étranger, pourront être versées de bord à bord en exemption
de tous droits, à la charge de prendre également un
permis; & les préposés pourront surveiller les versemens
de bord à bord.

TITRE II.

Des relations de Marseille avec le royaume.

ARTICLE PREMIER.

Les marchandises qui passeront de la ville & du territoire de Marseille dans le royaume, sans justifier de
l'acquit des droits du nouveau tarif, payés à l'entrée de
cette ville, ou du certificat de leur fabrication dans
ladite ville & territoire, délivré par les officiers municipaux de la ville & visé par les préposés de la douane,
acquitteront ces droits aux bureaux de la régie établis
sur les limites du territoire, ou aux entrées du royaume.

II. Les huiles d'olive expédiées de ladite ville & territoire pour les autres parties du royaume, continueront
d'être accompagnées d'une expédition de la douane de
ladite ville pour constater leur origine, & les droits en

feront payés, fuivant leur efpece, conformément au tarif général.

III. Pour éviter que des huiles de la côte d'Italie foient préfentées aux bureaux d'entrée comme huiles du Levant ou d'autres qualités inférieures, afin d'acquitter un moindre droit, la municipalité de Marfeille arrêtera tous les mois un état du prix des huiles communes & des frais de tranfport aux divers ports du royaume, à raifon du quintal, poids de marc : un double dudit état, figné par les officiers municipaux, fera remis au bureau de la régie à Marfeille, & le prix des huiles, conformément au même état, fera porté fur les expéditions. Lorfque les prépofés de la régie aux lieux de deftination, foupçonneront que les huiles qui leur feront préfentées comme étant de qualité inférieure, font de la côte d'Italie, ils pourront les retenir, en payant leur valeur ainfi qu'elle fera portée aux expéditions, & le dixieme en fus.

IV. Les productions des fabriques de Marfeille & de fon territoire, accompagnées des certificats de la municipalité, vifés par les prépofés de la douane nationale de ladite ville, ne paieront, à leur paffage aux bureaux fitués fur les limites du territoire ou aux autres entrées du royaume, d'autres droits que ceux fixés par le tarif qui fera annexé au préfent décret, lefquels font réglés proportionnellement à la franchife dont lefdites productions jouiffent fur les matieres entrées dans leur fabrication ; lefdits certificats n'auront cependant leur effet pour ce qui fera expédié par mer, qu'autant que l'embarquement aura été certifié par les employés de la régie fur le port.

Celles deftinées pour la Corfe, feront expédiées en franchife de droits.

V. Les objets manufacturés dans le royaume, & qui auront été expédiés pour Marfeille, pourront être reportés par terre dans l'intérieur du royaume pour fa confommation, en acquittant aux bureaux placés fur les limites du territoire les droits énoncés dans l'article IV ci-deffus.

VI. Seront cependant exemptes defdits droits les mêmes

marchandifes venues des fabriques de l'intérieur à Marfeille, que l'on enverra au lieu de la fabrique pour les
y faire réparer, à la charge de prendre l'acquit à caution fur la foumiffion de faire rentrer à Marfeille lefdites marchandifes dans le délai de fix mois.

VII. Les fabricans de la ville & territoire de Marfeille
pourront faire paffer par terre, dans l'intérieur du royaume, les matieres premieres qui ont befoin de recevoir
quelques apprêts avant d'être mifes en œuvre, & les y
faire reporter après qu'elles auront été apprêtées; le tout
en exemption de droits, & en donnant par lefdits fabricans les foumiffions néceffaires aux bureaux de la régie
pour affurer le retour dans le délai de fix mois, defdites
matieres apprêtées, ou le paiement du droit d'entrée
s'il en eft dû.

VIII. Les fabricans de l'intérieur du royaume, qui
ayant blanchi ou fabriqué des cires étrangeres deftinées
à la réexportation, les feront reffortir par Marfeille,
continueront à recevoir le rembourfement des droits
acquittés à l'entrée fur ces cires venues en jaune, à la
charge de juftifier du paffage defdites cires ouvrées à
l'un des bureaux fitués fur les limites du territoire de
leur entrepôt à Marfeille, fi elles y ont féjourné, &
de leur embarquement en ce port; comme encore de
rapporter l'acquit des droits d'entrée délivré dans les deux
années entérieures.

Le même rembourfement continuera à avoir lieu,
& fans aucune déduction, fur toutes les cires blanchies
ou autrement ouvrées qui feront renvoyées du royaume
à l'étranger, quel que foit le bureau d'importation &
d'exportation, en juftifiant de la quittance du droit d'entrée.

IX. Les matieres premieres néceffaires à l'aliment des
manufactures de Marfeille, pourront paffer de l'intérieur
du royaume à Marfeille en exemption de tous droits,
mais feulement jufqu'à la concurrence des quantités qui
feront déterminées chaque année par la légiflature, d'après
les états fournis par la municipalité, vifés par les directoires du diftrict & du département, fur les obfervations
de la régie nationale des douanes; ces objets devront

être accompagnés de paffavants, délivrés pour chaque expédition par les prépofés du bureau de ladite ville.

X. Les beftiaux, les vins, les charbons, les bois de chauffage, de conftruction & feuillards, l'amurca, le marc d'olive ou grignon, pourront paffer du royaume à Marfeille & dans fon territoire, en exemption de droits, en telle quantité que ce foit.

XI. Les marchandifes & denrées non-comprifes dans les articles IX & X ci-deffus, feront fujettes au paffage de tel lieu du royaume que ce foit, dans la ville & territoire de Marfeille, aux droits & prohibitions qui ont lieu à toutes les forties du royaume.

XII. Les marchandifes & denrées qui devront paffer d'un lieu à un autre du royaume, par emprunt de la ville & territoire de Marfeille, feront exemptes de tous droits, à la charge fi elles font tranfportées par mer, de ne pouvoir être chargées que fur bâtimens français, d'être expédiées par acquit à caution pris aux lieux de chargement & d'être mifes en entrepôt, comme il eft réglé par l'article VII du titre premier du préfent décret; & fi c'eft par terre, d'être pareillement expédiées par acquit à caution délivré au plus prochain bureau des lieux d'enlévement avec deftination pour l'entrepôt. Le délai dudit entrepôt fera de fix mois; & ce terme expiré, les droits de fortie, s'il en étoit dû à la deftination de Marfeille, feront acquittés.

XIII. Les marchandifes & denrées qui feront retirées de l'entrepôt pour être tranfportées par mer dans un autre port de France, ne pourront également être chargées que fur bâtimens français; elles feront accompagnées d'un acquit à caution fi elles font fujettes aux droits de fortie du nouveau tarif, ou fi la fortie du royaume en eft prohibée, & d'un fimple paffavant fi elles font exemptes des droits de fortie. Celles qui devront rentrer dans l'intérieur du royaume par le territoire de Marfeille, feront expédiées par acquit à caution pour le premier bureau d'entrée.

TITRE

T I T R E   I I I.

Du commerce de Marseille au-delà du cap de Bonne-Espé-
rance & des colonies françaises d'Amérique.

A R T I C L E   P R E M I E R.

Le port de Marseille continuera d'être ouvert, pour
le départ seulement, aux armemens pour le commerce
français au-delà du cap de Bonne-Espérance, aux termes du décret du 28 août 1790, & au commerce des
colonies françaises d'Amérique, soit pour le départ soit
pour le retour, en observant les formalités qui seront
ci-après prescrites.

II. Les marchandises sujettes à des droits à l'entrée
du royaume, & que l'on voudra charger dans la ville
& territoire de Marseille, à la destination des commer-
ces énoncés en l'article ci-dessus, seront conduites au
bureau des denrées coloniales établi en ladite ville; elles
y acquitteront, après déclaration & visite, les droits
d'entrée du nouveau tarif, & seront ensuite embarquées
sur un permis des préposés de la régie audit bureau.
Les chairs, lards, beurres, saumons salés & chandel-
les seront seuls exempts dudit droit, quoique chargés
à Marseille.

III. Jouiront également de l'exemption de tous droits
pour lesdites destinations, les marchandises des manufactures de Marseille, sur la représentation des certificats
de fabrication délivrés par les officiers municipaux ; mais
lesdites marchandises ne pourront être embarquées qu'avec
le permis du préposé du bureau des denrées coloniales,
qui sera délivré après la déclaration & la visite. Les savons
& les cires blanches desdites fabriques, seront seuls
assujettis, à la destination desdites colonies, au droit de
trois livres par quintal.

IV. Les denrées & marchandises expédiées du royaume
pour Marseille, à la destination de l'Inde & desdites
colonies, seront pareillement exemptes de tous droits,
mais à la charge d'être expédiées par acquit à caution,

Partie XIII.   K

délivré, si c'est par mer, au bureau du port de l'embarquement, & si c'est par terre, à l'un des bureaux
situés sur les limites du territoire de Marseille, à l'effet
d'assurer leur entrepôt réel à leur arrivée à Marseille,
leur embarquement & leur destination.

V. Les capitaines de navires venant des Isles & colonies françaises à Marseille, seront assujettis aux mêmes
déclarations & droits que dans les autres ports ouverts
à ce commerce.

VI. Les cotons en graine & en laine desdites colonies,
seront mis, à leur arrivée à Marseille, en entrepôt, dont
la durée pourra être de dix-huit mois; & s'ils en sont
retirés autrement que pour entrer dans le royaume ou
dans la ville de Marseille pour l'usage de ces fabriques,
dans les proportions qui seront déterminées, comme il
est prescrit par l'article IX du titre II : ils seront en ce
cas sujets aux droits de douze livres par quintal.

VII. Au moyen des dispositions portées par l'article V
du présent titre, & de celles énoncées en l'article IV du
titre premier, les sucres, même rafinés, le cacao, le
café & l'indigo, passeront de Marseille dans les autres
parties du royaume en exemption de droits, pourvu
qu'ils soient accompagnés de passavants. Les autres marchandises des colonies françaises seront, à la même
destination, sujettes aux droits du nouveau tarif, à moins
qu'à leur arrivée elles n'aient été mises en entrepôt; dans
ce dernier cas, elles seront aussi expédiées par passavant
pour le premier bureau d'entrée.

VIII. Pour éviter que l'on applique aux cafés du Levant
l'exemption de droits dont jouiront les cafés des colonies françaises importés de Marseille dans le royaume,
la franchise accordée à ceux-ci ne pourra avoir lieu qu'autant qu'ils passeront par l'un des bureaux de septemes,
la Penne, la Gavotte, ou par les ports de Toulon, la
Ciotat, Arles, Cette, Agde & Portvendre; & les préposés auxdits bureaux, lorsqu'ils soupçonneront que les
cafés qui leur seront présentés comme cafés des isles,
sont du levant, pourront les retenir en payant le prix
desdits cafés, & le dixieme en sus sur l'évaluation des

eafés des Ifles, qui fera arrêtée tous les mois entre la municipalité de Marfeille & les prépofés de la régie. Le prix de cette évaluation fera porté fur les expéditions.

Article général & commun.

L'inexécution des formalités prefcrites par les trois titres ci-deffus, affujettira les contrevenans aux peines portées par les loix générales, dans tous les cas auxquels il n'y aura pas été dérogé par le préfent décret.

Tarif des droits à percevoir fur quelques matieres premieres ouvrées, & fur les marchandifes manufacturées à Marfeille, à leur paffage de cette ville & de fon territoire dans le royaume.

Matieres premieres qui ont reçu quelque main-d'œuvre.

Soies ouvrées de toutes fortes non teintes, la livre paiera douze fous, ci............... 1. 12 f.

Idem. Teintes, la livre paiera quinze fous, ci.................................... 15

Fil fimple ou retors, le cent pefant paiera cinq fous, ci................................ 5.

Objets fabriqués.

Ouvrages en foie fans mélange, la livre paiera quinze fous, ci.................... 15

Ouvrages en foie mêlés de coton, bourre de foie, filofelle, & autres matieres femblables, la livre paiera fept fous, ci.............. 7

Ouvrages de coton, le cent pefant paiera vingt livres, ci......................... 20

Ouvrages mélangés en fil & coton, le cent pefant paiera dix livres, ci.............. 10

Ouvrages de fil de chanvre & de lin, le cent pefant paiera dix fous ci.............. 10

Toiles peintes ou teintes, le [cent pefant l. f.
paiera vingt livres, ci.................... 20
    Ouvrages en bourre de foie, filofelle, fleuret,
laine & poil-de-chevre, ... néant.
    Chapeaux, la douzaine paiera dix fous, ci..   10
    Cires jaunes ouvrées & cires blanches, le
cent pefant paiera trois livres, ci.......... 3
    Plomb ouvré, le quintal paiera trois livres
dix fous, ci................................. 3 10
    Etaim ouvré, le quintal paiera quarante-
cinq fous, ci............................... 2 5
    Ouvrages en cuivre, laiton, bronze & airain, néant.
    Ouvrages en fer ou acier, le quintal paiera
quarante-cinq fous, ci...................... 2 5
    Ouvrages en tôle ou fer noir, le quintal
paiera quatre livres, ci..................... 4
    Ouvrages en fer blanc, le quintal paiera fept
livres, ci.................................. 7
    Ouvrages en fparterie, le quintal paiera dix
fous, ci.................................... 10
    Ouvrages en pelleterie paieront en raifon
de cinq pour cent de la valeur............
    Faïance & poterie de grès, le quintal paiera
quinze fous, ci............................. 15
    Liége ouvré, le quintal paiera trente fous,
ci.. 1 10
    Pommades & parfumeries, le quintal paiera
quarante fous, ci........................... 2
    Savonnettes, le quintal paiera quatre livres
dix fous, ci................................ 4 10
    Poiffons falés & marinés................ néant.
    Fruits en faumure ou confits au vinaigre, le
quintal paiera vingt fous, ci............... 1
    Marbre en cheminée fcié ou travaillé, le pied
cube paiera vingt-cinq fous, ci............. 1 5
    Ouvrages de bois en menuiferie, tabletterie,
marqueterie, &c............................ néant.
    Compofitions & préparations chimiques, autres que
les dicamens compofés, paieront la moitié des droits
mpofés par le tarif général fur les objets de même nature
venant de l'étranger.
    Tous les autres produits des fabriques de Marfeille ;

compofés de matieres premieres dont l'importation de
l'étranger dans le royaume eft exempte de droits, ou
qui font foumifes aux prohibitions ou aux droits du nouveau tarif à leur entrée à Marfeille pafferont de Marfeille & de fon territoire dans le royaume, en franchife
de droits.

Nota. Le droit impofé par le préfent tarif fur les
ouvrages de fer & d'acier, comprend en même temps
le droit de traite & celui de marque de fers.

Mandons, &c. *En vertu des décrets des* 21 & 25 *juin
dernier :* Pour le Roi. Signé *M. L. F. Duport.*

---

*Loi relative à la fabrication du papier deftiné pour les
affignats de cinq cents livres.*

Donnée à Paris, le premier août 1791.

LOUIS, par la grace de Dieu, & par la loi conftitutionnelle de l'Etat, Roi des Français : à tous préfens & à
venir, f. lut. L'Affemblée nationale a décrété, & nous
voulons & ordonnons ce qui fuit.

Décret de l'Affemblée nationale, du 29 *juillet* 1791.

L'Affemblée nationale décrete qu'il fera fabriqué du
papier pour l'impreffion des affignats de cinq cents livres,
pour produire en affignats de ladite qualité la fomme
de trente millions de livres, lefquels feront deftinés &
uniquement employés à retirer, par la voie de l'échange,
à la caiffe d'efcompte, des affignats de deux mille livres.

Mandons, &c. *En vertu des décrets des* 21 & 25 *juin*
1791. Pour le Roi. Signé *M. L. F. Duport.*

Loi relative aux assignats suspectés de faux.

Donnée à Paris, le premier août 1791.

LOUIS, par la grace de Dieu, & par la loi constitutionelle de l'Etat, Roi des Français : à tous présens & à venir ; salut. L'Assemblée nationale a décrété, & nous voulons & ordonnons ce qui suit :

Décret de l'Assemblée nationale, du 29 juillet 1791.

L'Assemblée nationale, ouï le rapport de ses comités des rapports, des finances & de l'extraordinaire, décrete :

ARTICLE PREMIER.

Toute personne à qui l'on présentera en paiement un assignat suspect de faux, notamment un des assignats de deux mille livres, suspect d'après les caracteres qui ont été rendus publics, sera tenue d'aller aussitôt en faire sa déclaration à Paris au comité de police de la section ; hors Paris, à la municipalité du lieu dans lequel on lui aura offert ledit assignat.

II. Le porteur de l'assignat suspect de faux, qui l'aura offert en paiement, sera tenu d'accompagner la personne à qui il aura offert cedit assignat ; de faire sa déclaration de la personne de laquelle il a reçu l'assignat suspect, s'il la connoît ; & de remettre l'assignat suspect, après l'avoir paraphé, pour qu'il soit envoyé à la caisse de l'extraordinaire, où il sera vérifié. Il y restera en dépôt s'il est reconnu faux. Si l'assignat est reconnu bon, il sera remis au propriétaire.

III. Lorsque des assignats suspects seront présentés en paiement dans les caisses publiques, les trésoriers ou caissiers les feront conduire sur le champ, soit au comité de police de la section, soit à la municipalité, ainsi qu'il est dit en l'article précédent, pour que leur déclaration y soit reçue, l'assignat paraphé & déposé.

IV. Dans le cas où celui qui aura préfenté un affignat fufpect de faux, refuferoit de fe rendre au comité de police de la fection, ou à la municipalité, & d'y repréfenter l'affignat qu'il avoit offert en paiement, le commiffaire de police, ou l'un des officiers municipaux chargé de la police, feront autorifés à fe tranfporter au domicile du porteur de l'affignat fufpect, à faire dans fes papiers telle perquifition qu'ils croiront néceffaire, & à faifir, foit les affignats fufpects qu'ils y trouveront, foit tous autres papiers qui pourroient être relatifs à une fabrication d'affignats.

Le préfent décret fera imprimé & envoyé à tous les départemens.

Mandons, &c. *En vertu des décrets des* 21 *&* 25 *juin* 1791. Pour le Roi. Signé *M. L. F. Duport.*

LOI relative aux troupes coloniales actuellement en France.

Donnée à Paris, le premier août 1791.

LOUIS, par la grace de Dieu, & par la loi conftitutionnelle de l'Etat, Roi des Français: à tous préfens & à venir; falut. L'Affemblée nationale a décrété, & nous voulons & ordonnons ce qui fuit:

Décret de l'Affemblée nationale, du 30 *juillet* 1791.

L'Affemblée nationale, ouï le rapport de fes comités militaire, des colonies & de marine, décrete ce qui fuit:

ARTICLE PREMIER.

Il fera furfis à l'organifation des troupes coloniales actuellement en France, & toute promotion fera fufpendue parmi elles, dans quelque grade que ce foit.

II. Les foldats de ces troupes feront tenus en état de

subsistance , & assujettis au service ordinaire des places dans les lieux où ils seront cantonnés.

III. Les officiers de ces corps qui se sont séparés, pourront être autorisés à ne pas les rejoindre , en conservant leurs appointemens.

IV. Le ministre de la guerre pourvoira par les moyens convenables , au maintien de la police & discipline parmi les troupes coloniales actuellement en France.

Mandons , &c. *En vertu des décrets des* 21 & 25 *juin dernier :* pour le Roi. Signé *M. L. F. Duport.*

Loi portant que les ministres se rendront de deux jours l'un aux séances de l'Assemblée nationale.

Donnée à Paris , le premier août 1791.

LOUIS , par la grace de Dieu , & par la loi constitutionnelle de l'Etat, Roi des Français : à tous présens & à venir ; salut. L'Assemblée nationale a décrété , & nous voulons & ordonnons ce qui suit.

Décret de l'Assemblée nationale , du 31 *juillet* 1791.

L'Assemblée nationale décrete que les ministres seront tenus de se rendre dorénavant à ses séances , de deux jours l'un , à deux heures , à l'effet de l'informer des progrès des mesures tendant à assurer la défense du royaume , & de donner les éclaircissemens qui leur seront demandés, ou qu'ils croiroient devoir communiquer sur les obstacles qui peuvent traverser l'execution des décrets , & les moyens les plus convenables pour accélérer le rassemblement de la force nationale, sa meilleure organisation , le rétablissement de la discipline & des exercices militaires , & autres objets d'un intérêt pressant.

Mandons, &c. *En vertu des décrets des* 21 & 25 *juin* 1791. Pour le Roi. Signé *M. L. F. Duport.*

Loi relative à la force publique contre les attroupemens.

Donnée à Paris , le 3 août 1791.

Louis , par la grace de Dieu , & par la loi constitutionnelle de l'Etat , Roi des Français : à tous présens & à venir; salut. L'Assemblée nationale a décrété, & nous voulons & ordonnons ce qui suit :

Décret de l'Assemblée nationale , des 26 & 27 juillet 1791.

L'Assemblée nationale considérant que la liberté consiste uniquement à pouvoir faire ce qui ne nuit pas aux droits d'autrui, & à se soumettre à la loi; que tout citoyen appelé ou saisi en vertu de la loi , doit obéir, à l'instant, & se rend coupable par la résistance : que les propriétés donnent un droit inviolable & sacré; qu'enfin la garantie des droits de l'homme & du citoyen nécessite une force publique, décrete ce qui suit touchant l'emploi & l'action de cette force dans l'intérieur du royaume.

ARTICLE PREMIER.

Toutes personnes surprises en flagrant délit , ou poursuivies par la clameur publique , seront saisies & conduites devant l'officier de police.

Tous les citoyens inscrits ou non sur le rôle de la garde nationale, sont tenus par leur serment civique, de prêter secours à la gendarmerie nationale, à la garde soldée des villes , & à tout fonctionnaire public, aussitôt que les mots, *force à la loi* , auront été prononcés, & sans qu'il soit besoin d'aucune autre requisition.

II. Les fonctions mentionnées en l'article premier de la section deuxieme du décret du 16 janvier dernier, que la gendarmerie nationale doit exercer sans requisition particuliere, seront remplies pareillement par les gardes soldées dans les villes où il y en aura, non seulement en ce qui concerne les flagrans délits & la clameur publique, mais aussi contre les porteurs d'effets volés , ou

d'armes enfanglatées, les brigands, voleurs & affaffins ;
les auteurs de voies de fait & violences contre la sûreté
des perfonnes & des propriétés, les mendians & va-
gabons, les révoltes & attroupemens féditieux.

III. Si des voleurs ou des brigands fe portent en
troupe fur un territoire quelconque, ils feront repouffés,
faifis & livrés aux officiers de police par la gendarmerie
nationale & la garde foldée des villes, fans qu'il foit
befoin de requifition.

Ceux des citoyens qui fe trouveront en activité de
fervice de garde nationale, prêteront main-forte au befoin;
& fi un fupplément de force eft néceffaire, les troupes
de ligne, ainfi que tous les citoyens infcrits, feront tenus
d'agir fur la requifition du procureur de la commune,
ou, à fon défaut, de la municipalité.

IV. Alors la requifition des communes limitrophes continuera d'être autorifée ; celles qui n'auront pas agi d'a-
près la requifition, demeureront refponfables du dommage envers les perfonnes léfées, & feront pourfuivies,
fur la requifition du procureur-général-fyndic du département à la diligence du procureur fyndic du diftrict,
devant le tribunal du diftrict le plus voifin.

V. Les dépofitaires de la force publique, qui, pour
faifir lefdits brigands ou voleurs, fe trouveront réduits
à la néceffité de déployer la force des armes, ne feront point refponfables des événemens.

VI. Si le nombre des brigands ou voleurs rendoit néceffaire une plus grande force, avis en fera donné fur-
le-champ par la municipalité ou le procureur de la commune, au juge de paix du canton & au procureur-fyndic
du diftrict ; ceux-ci, & toujours le procureur-fyndic, à
défaut, ou en cas de négligence du juge de paix, feront
tenus de requérir foit la gendarmerie nationale, foit la
garde foldée des villes qui peuvent fe trouver dans le canton du lieu du délit, ou même dans les autres cantons
du diftrict, fubfidiairement les troupes de ligne qui feront
à douze milles du lieu de l'incurfion, & enfin dans le
cas de néceffité, les citoyens infcrits dans le canton &
dans le diftrict pour le fervice de la garde nationale.

VII. Quiconque s'oppofera par violence ou voie de fait à l'exécution des contraintes légales, des faifies, des jugemens ou mandats de juftice ou de police, des condamnations par corps, des ordonnances de prife de corps, fera contraint à l'obéiffance par les forces attachées au fervice des tribunaux, par la gendarmerie nationale, par la garde foldée des villes, & au befoin par les troupes de ligne.

VIII. Si la réfiftance eft appuyée par plufieurs perfonnes ou par un attroupement, les forces feront augmentées en proportion, & à ce cri, *force à la loi*, tous les citoyens feront tenus de prêter fecours, de maniere que force demeure toujours à juftice. Les rebelles feront faifis, livrés à la police, jugés & punis felon la loi.

IX. Sera réputé attroupement féditieux & puni comme tel tout raffemblement de plus de quinze perfonnes s'oppofant à l'exécution d'une loi, d'une contrainte ou d'un jugement.

X. Les attroupemens féditieux contre la perception des cens, redevances, agriers & champarts, contre celle des contributions publiques, contre la liberté abfolue de la circulation des fubfiftances, des efpeces d'or & d'argent, ou toutes autres efpeces monnoyées, contre celle du travail & de l'induftrie, ainfi que des conventions relatives au prix des falaires, feront diffipés par la gendarmerie nationale, les gardes foldées des villes & les citoyens qui fe trouveront de fervice en qualité de gardes nationales ; les coupables feront faifis pour être jugés & punis felon la loi.

XI. Si ces forces fe trouvent infuffifantes, le procureur de la commune fera tenu d'en donner avis fur-le-champ au juge de paix du canton & au procureur-fyndic du diftrict.

XII. Ceux-ci & toujours le procureur-fyndic, à défaut ou en cas de négligence du juge de paix, feront tenus de requérir à l'inftant le nombre néceffaire de

troupes de ligne qui fe trouveroient à douze milles ; &
fubfidiairement les citoyens infcrits dans la garde nationale , foit du canton où le trouble fe manifeſte , foit des
autres cantons du diſtrict. Les citoyens actifs des communes troublées par ces défordres , feront en même
temps fommés de prêter fecours pour diffiper l'attroupement , faifir les chefs & principaux coupables , &
pour rétablir la tranquillité publique & l'exécution de
la loi.

XIII. La même forme de requifition & d'action énoncée
aux trois articles précédens , aura lieu dans le cas d'attroupement féditieux & d'émeute populaire contre la fûreté des perfonnes , quelles qu'elles puiffent être , contre
les propriétés , contre les autorités , foit municipales ,
foit adminiftratives , foit judiciaires ; contre les tribunaux
civils , criminels & de police ; contre l'exécution des
jugemens , ou pour la délivrance des prifonniers ou
condamnés ; enfin contre la liberté ou la tranquillité des
affemblées conftitutionnelles.

XIV. Tout citoyen eſt tenu de prêter main-forte pour
faifir fur le champ & livrer aux officiers de police quiconque violera le refpect dû aux fonctionnaires publics
en exercice de leurs fonctions , & particüliérement aux
juges ou aux jurés.

XV. Les procureurs-fyndics des diftricts , auffitôt qu'ils
auront été dans le cas de requérir des troupes de ligne ,
feront tenus , fous leur refponfabilité , d'en inftruire les
directoires de diftrict & les procureurs-généraux fyndics
de département ; ceux-ci , fous la même refponfabilité ,
en donneront avis fur le champ au Roi , & lui tranf-
mettront la connoiffance des événemens , à mefure qu'ils
furviendront.

XVI. Si la fédition parvenoit à s'étendre dans une
partie confidérable d'un diftrict , le procureur-général-
fyndic du département fera tenu de faire les requifitions
néceffaires aux gendarmes nationaux & gardes foldées ,
même , en cas de befoin , aux troupes de ligne , &

subsidiairement aux citoyens inscrits comme gardes nationales dans les districts autres que celui où le désordre a éclaté ; d'inviter en même temps tous les citoyens actifs du district troublé par ce désordre, à se réunir pour opérer le rétablissement de la tranquillité, & l'exécution de la loi. Les procureurs généraux-syndics, aussitôt qu'ils prendront cette mesure, seront tenus, sous leur responsabilité, d'en donner avis au Roi & à la législature, si elle est assemblée.

XVII. Les requisitions des juges de paix cesseront à l'instant où les procureurs-syndics en auront fait ; & ceux-ci s'abstiendront pareillement de toute réquisition, aussitôt après l'intervention des procureurs-généraux-syndics.

XVIII. Les citoyens inscrits sur le rôle des gardes nationales, & non en activité de service, ne seront requis qu'à défaut & en cas d'insuffisance de la gendarmerie nationale, des gardes soldées & des troupes de ligne.

XIX. A l'exception de la requisition de la force des communes limitrophes, il ne pourra en aucun cas être fait de requisition aux gardes nationales par un département à l'égard d'un autre département, si ce n'est en vertu d'un décret du corps législatif, sanctionné par le Roi.

XX. Aucun corps ou détachement de troupes de ligne ne pourra agir dans l'intérieur du royaume sans une requisition légale, sous les peines établies par les loix.

XXI. Les requisitions seront faites aux chefs-commandans en chaque lieu, & lues à la troupe assemblée.

XXII. Les requisitions adressées aux commandans, soit des troupes de ligne, soit des gardes nationales, soit de la gendarmerie nationale, seront faites par écrit & dans la forme suivante.

Nous........ requérons *en vertu de la loi*, N...... commandant, &c. de prêter le secours de troupes de ligne ou de la gendarmerie nationale, ou de la garde nationale néceffaire pour repouffer les brigands, &c. prévenir ou diffiper les attroupemens, &c. ou pour affurer le paiement de, &c. ou pour procurer l'exécution de tel jugement ou telle ordonnance de police, &c.

Pour la garantie dudit ou defdits commandans, nous appofons notre fignature.

XXIII. L'exécution des difpofitions militaires appartiendra enfuite aux commandans des troupes de ligne, conformément à ce qui eft réglé par l'article XVII du titre III du décret fur le fervice des troupes dans les places, & fur les rapports des pouvoirs civils, & de l'autorité militaire, & par la loi qui détermine le mode du fervice fimultané des gardes nationales & des troupes de ligne. S'il s'agit de faire fortir les troupes de ligne du lieu où elles fe trouvent, la détermination du nombre eft abandonnée à l'officier commandant, fous fa refponfabilité.

XXIV. En temps de guerre, les troupes de ligne ne pourront être requifes, que dans les lieux où elles fe trouveront, foit en garnifon, foit en quartier, foit en cantonnement ; néanmoins, fur la notification du befoin de fecours, elles prêteront main-forte à l'exécution des loix civiles & politiques, des jugemens & des ordonnances de police & de juftice autant qu'elles le pourront, fans nuire au fervice militaire.

XXV. Les dépofitaires des forces publiques appelés, foit pour affurer l'exécution de la loi, des jugemens & ordonnances ou mandemens de juftice ou de police, foit pour diffiper les émeutes populaires & attroupemens féditieux, & faifir les chefs, auteurs & inftigateurs de l'émeute ou de la fédition, ne pourront déployer la force des armes que dans trois cas :

Le premier, fi des violences ou voies de fait étoient exercées contre eux-mêmes.

Le fecond, s'ils ne pouvoient défendre autrement le terrain qu'ils occuperoient, ou les poftes dont ils feroient chargés.

Le troifieme, s'ils y étoient expreffément autorifés par un officier civil, & dans ce troifieme cas, après les formalités prefcrites par les deux articles fuivans.

XXVI. Si, par les progrès d'un attroupement ou émeute populaire, ou par toute autre cause, l'usage rigoureux de la force devient nécessaire, un officier civil, soit juge de paix, soit officier municipal, procureur de la commune ou commissaire de police, soit administrateur de district ou de département, soit procureur-syndic ou procureur-général-syndic, se présentera sur le lieu de l'attroupement ou du délit, prononcera à haute voix ces mots : *obéissance à la loi : on va faire usage de la force ; que les bons citoyens se retirent.* Le tambour battra un ban avant chaque sommation.

XXVII. Après cette sommation trois fois réitérée, & même dans le cas où après une premiere ou seconde sommation il ne seroit pas possible de faire la seconde ou la troisieme, si les personnes attroupées ne se retirent pas paisiblement, & même s'il en reste plus de quinze rassemblées en état de résistance, la force des armes sera à l'instant déployées contre les séditieux, sans aucune responsabilité des événemens, & ceux qui pourront être saisis ensuite seront livrés aux officiers de police pour être jugés & punis selon la rigueur de la loi.

XXVIII. Pour l'exécution des deux articles précédens, l'obligation de se présenter au lieu de l'attroupement remontera dans l'ordre qui suit : d'abord le procureur de la commune & les commissaires de police, dans les lieux où il y en aura ; à leur défaut, tous les officiers municipaux individuellement, ensuite le juge de paix du canton ; si c'est dans une ville, le juge de paix de la ville ; & si elle en a plusieurs, tous les juges de paix individuellement ; enfin le procureur-syndic du district, & à son défaut tous les membres du directoire du district individuellement ; le procureur-général-syndic, & à son défaut tous les membres du directoire du département individuellement, si l'attroupement ou l'émeute populaire se passe dans le chef-lieu d'une administration de district ou de département.

Les officiers publics dénommés ci-dessus, chacun selon l'ordre de leur élection ; & s'il s'agit des juges de paix, dans l'ordre de l'âge, en commençant par les plus jeunes.

XXIX. Si aucun officier civil ne se présente pour faire les sommations, le commandant, soit des troupes de ligne, soit de la garde nationale, sera tenu d'avertir à son choix l'un ou l'autre des officiers civils désignés aux articles XXVII & XXVIII.

XXX. Si des troubles agitent tout un département, le Roi donnera, sous la responsabilité de ses ministres, les ordres nécessaires pour l'exécution des loix & le rétablissement de l'ordre, mais à la charge d'en instruire au même instant le corps législatif, s'il est assemblé.

XXXI. Si des troubles agitent tout un département durant les vacances de la législature, & s'ils ne peuvent être réprimés, tant par la gendarmerie nationale & les troupes de ligne qui pourront s'y trouver, que par les gardes nationales, le Roi donnera les ordres nécessaires, mais à la charge de les consigner dans une proclamation qui convoquera en même temps la législature à jour fixe; il pourra, s'il y a lieu, suspendre les procureurs-généraux syndics & les procureurs-syndics, lesquels seront remplacés de la manière déterminée dans la loi du 27 mars 1791 : le tout sous la responsabilité des ministres.

XXXII. Les officiers municipaux de chaque commune, aussitôt qu'ils remarqueront des mouvemens séditieux prêts à éclater, seront tenus, sous leur responsabilité, d'en donner avis tant au procureur de la commune qu'au juge de paix du canton & au procureur-syndic du district, lesquels requerront un service de vigilance de la part, soit des troupes de ligne, soit de la gendarmerie nationale, soit des citoyens inscrits dans le canton ou le district, selon l'importance des faits. Dans ce cas & toutes les fois que le procureur syndic fera une réquisition, il sera tenu d'en avertir le procureur-général-syndic.

XXXIII. Les conseils ou directoires de département seront chargés sous leur responsabilité, d'examiner les circonstances où une augmentation de force est nécessaire.

faire à la confervation ou au rétabliffement de l'ordre public; ils feront tenus alors d'en avertir le pouvoir exécutif, & de lui demander un renfort de troupes de ligne.

Ce renfort pourra leur être refufé, fi la fûreté & le maintien de l'ordre dans le refte du royaume ne permettent pas de l'accorder.

XXXIV. Les corps municipaux, les directoires de diftricts & de départemens feront chargés, auffi fous leur refponfabilité, de prendre toutes les mefures de police & de prudence les plus capables de prévenir & calmer les défordres; ils font chargés en outre d'avertir les procureurs des communes, les juges de paix, les procureurs fyndics & les procureurs-généraux-fyndics dans toutes les circonftances où, foit la requifition, foit l'action de la force publique, deviendra néceffaire. Ils feront chargés enfin de tranfmettre à la légiflature & ou Roi leurs obfervations fur la négligence de ces officiers, & fur l'abus de pouvoir qu'ils fe permettroient.

XXXV. Les officiers municipaux auront toujours, fous leur refponfabilité, le droits de fufpendre la requifition, ou d'arrêter l'action de la force publique faite ou provoquée par les procureurs des communes.

Les directoires de diftrict auront le même droit à l'égard des procureurs fyndics, des procureurs des communes, des officiers municipaux & des juges de paix de tout le diftrict.

Les directoires de département auront auffi le même droit à l'égard des procureurs-généraux-fyndics.

XXXVI. En l'abfence ou à défaut du procureur de la commune, du juge de paix, du procureur-fyndic du diftrict ou du procureur-général-fyndic du département, les corps municipaux, les directoires de diftrict ou de département, & fubfidiairement les confeils de diftrict & de département, lorfqu'ils fe trouveront affemblés, feront, fous leur refponfabilité, tenus de faire les requifitions néceffaires, refpectivement & dans l'ordre défigné en l'article précédent.

XXXVII. En cas de négligence très-grave ou d'abus

du pouvoir touchant la réquisition & l'action de la force publique, les procureurs des communes, les commissaires de police, les juges de paix, les procureurs-syndics, & les procureurs-généraux-syndics, seront jugés par les tribunaux criminels, destitués de leurs emplois, & privés pendant deux ans de l'exercice du droit de citoyen actif, sans préjudice des peines plus fortes portées par le code pénal contre les crimes attentatoires à la tranquillité publique.

XXXVIII. Dans le cas où, soit les officiers municipaux, soit les membres des directoires ou des conseils de district ou de département, contreviendroient aux dispositions du présent décret, la législature, sur le compte qui lui en sera rendu, pourra dissoudre le corps municipal ou administratif, & renvoyer la totalité ou quelques-uns de ses membres, soit aux tribunaux criminels du département, soit à la haute-cour nationale.

Sans préjudice de l'annullation des actes irréguliers, & de la suspension des membres des municipalités & des corps administratifs autorisées par la loi.

XXXIX. La responsabilité sera poursuivie à la diligence des directoires de département à l'égard des procureurs de la commune, des commissaires de police, des juges de paix & des procureurs-syndics de district.

XL. En ce qui concerne les procureurs-généraux syndics, le ministre de l'intérieur donnera connoissance de leur conduite à la législature, qui statuera ce qu'elle jugera convenable, &, s'il y a lieu, les renverra pour être jugés au tribunal criminel du département.

XLI. Les chefs des troupes de ligne, de la gendarmerie nationale, de la garde soldée des villes, ou des gardes nationales qui refuseroient d'exécuter les réquisitions qui leur seroient faites, seront poursuivis sur la requête de l'accusateur public, à la diligence du procureur-général-syndic, & punis des peines portées au code pénal, sans préjudice des peines plus graves prononcées par la loi contre les crimes attentatoires à la tranquillité publique.

XLII. Les citoyens en activité de fervice de garde
nationale, ou même fimplement infcrits fur le rôle,
qui, hors le cas de la loi martiale, refuferoient, après
une requifition légale, foit de marcher ou de fe faire
remplacer, foit d'obéir à un ordre conforme aux loix,
feront privés de l'exercice de leurs droits de citoyen
actif durant un intervalle de temps qui n'excédera pas
quatre années. Ils pourront même, felon la gravité des
circonftances, être condamnés à un emprifonnement qui
ne pourra excéder un an.

XLIII. Les délits mentionnés en l'article précédent feront pourfuivis par la voie de police correctionnelle.

XLIV. Indépendamment des requifitions particulieres
qui pourront être adreffées, felon les régles ci-deffus
prefcrites, aux citoyens infcrits pour le fervice des gardes
nationales, lorfque leur fecours momentané deviendra
néceffaire, ils feront mis en état de requifition permanente, foit par les officiers municipaux dans les villes
au-deffus de dix mille ames, foit par tout ailleurs par
le directoire de département, fur l'avis de celui de
diftrict, lorfque la liberté ou la fûreté publique fera
menacée.

XLV. Cette requifition permanente obligera les citoyens
infcrits au fervice habituel de vigilance ; les patrouilles
feront alors établies ou renforcées & multipliées.

XLVI. Tous les citoyens infcrits fur le rôle des gardes
nationales, font mis par le préfent décret en état de
requifition permanente, jufqu'à que l'exécution des loix
conftitutionnelles ne rencontrant point d'obftacles, le
corps légiflatif ait expreffement déterminé la ceffation
de cet état.

ARTICLES ADDITIONNELS

A ajouter à loi martiale du mois de novembre 1789.

La loi martiale continuera à être proclamée, lorfque
la tranquillité publique fera habituellement menacée par
des émeutes populaires ou attroupemens féditieux qui

fe fuccéderoient l'un à l'autre ; pendant le temps que la loi martiale fera en vigueur, toute réunion d'hommes au-deffus du nombre de quinze, dans les rues ou p aces publiques, avec ou fans armes, fera réputée attrou-pement.

Mandons, &c. *En vertu des décrets des* 21 & 25 *juin dernier :* Pour le Roi. Signé *M. L. F. Duport.*

Loi relative à la levée des fcellés appofés après l'abfence de Monfieur, *dans les maifons occupées par lui ou par les perfonnes de fa maifon.*

Donnée à Paris, le 3 août 1791.

LOUIS, par la grace de Dieu, & par la loi conftitutionnelle de l'Etat, Roi des Français : à tous préfens & à venir ; falut. L'Affemblée nationale a décrété, & nous voulons & ordonnons ce qui fuit :

Décret de l'Affemblée nationale, du 29 *juillet* 1791.

L'Affemblée nationale autorife la municipalité de Paris & autres, chacune dans leur territoire, à procéder à la reconnoiffance des fcellées appofés après l'abfence de *Monfieur*, dans les maifons occupées par lui ou par les perfonnes de fa maifon, & à lever lefdits fcellés après defcription fommaire, à l'exception de ceux qui font appofés fur les armoires, coffres & papiers appartenant particuliérement à la perfonne de *Monfieur*.

Mandons, &c. *En vertu des décrets des* 21 & 25 *juin dernier :* Pour le Roi. Signé *M. L. F. Duport.*

Instruction pour le paiement des pensions à la caisse de la liste civile.

Du 4 août 1791.

ARTICLE PREMIER.

Les porteurs de brevets timbrés, *maison du Roi*, recevront, sans distinction d'âge, à la caisse de la liste civile, rue de Louis-le-grand, n°. 4, le même secours provisoire qui a été décrété par l'Assemblée nationale pour les pensionnaires des autres départemens.

II. Le décompte de ce secours se fera sur le montant net du brevet, prélévement fait des retenues ordonnées par l'arrêt du conseil du 13 octobre 1787.

III. Les pensionnaires toucheront en un seul paiement le décompte de ce qui leur revient pour l'année 1790, déduction faite des 600 livres qu'ils ont touchées ou dû toucher à la tresorerie nationale, & les six premiers mois 1791.

Mais ils fourniront deux quitrances ; l'une, de la somme à imputer sur l'année 1790, & l'autre, de la somme à imputer sur les six premiers mois 1791.

IV. Conformément aux dispositions du décret du 20 février 1791, les pensionnaires recevront le montant net de leurs brevets, lorsqu'il n'excédera pas la somme de 1000 livres.

Ceux dont la pension excede 1000 livres, recevront, 1°. ladite somme de 1000 livres ; 2°. le quart du restant de leurs pensions, jusqu'à concurrence de la somme totale de 2400 livres, *maximum* du secours à toucher pour une même année.

V. Il ne sera fait aucun paiement que sur quittances notariées, accompagnées du brevet de la pension, dont

L iij

il faudra faire remife à la caiffe, huit jours. avant de fe préfenter pour le paiement.

Fait & arrêté à Paris, le quatre août mil fept cent quatre-vingt-onze. *Signé* Laporte.

Loi relative aux domaines congéables.

Donnée à Paris, le 6 août 1791.

LOUIS, par la grace de Dieu, & par la loi conftitutionnelle de l'Etat, Roi des Français : à tous préfens & à venir ; falut. L'Affemblée nationale a décrété, & nous voulons & ordonnons ce qui fuit :

*Décret de l'Affemblée nationale, des 30 mai, premier, 6 &
7 juin 1791.*

L'Affemblée nationale, après avoir entendu fes comités de féodalité, de conftitution, des domaines, de commerce & d'agriculture, décrete.ce qui fuit :

A R T I C L E   P R E M I E R.

Les conceffions ci-devant faites dans les départemens du Finiftere, du Morbihan & des côtes du Nord, par les propriétaires fonciers aux domaniers, fous les titres de baux à convenant ou domaine congéable, & de baillées ou renouvellement d'iceux, continueront d'être exécutés entre les parties qui ont contracté fous cette forme, leurs repréfentans ou ayans-caufe, mais feulement fous les modifications & conditions ci-après exprimées, & ce nonobftant les ufemens de Rohan, Cornouailles, Brouerce, Tréguier & Gouello, & tous autres qui feroient contraires aux régles ci-après exprimées, lefquels ufemens font à cet effet & demeurent abolis, à compter du jour de la publication du préfent décret.

II. Aucun propriétaire foncier ne pourra, fous prétexte des ufemens dans l'étendue defquels les fonds font fitués, ni même fous prétexte d'aucune ftipulation inférée au bail à convenant ou dans la baillée, exiger du domanier aucuns

droits ou redevances convenancieres de même nature &
qualité que les droits féodaux fupprimés fans indemnité par
les décret du 4 août 1789 & jours fuivans, par le décret du 15 mars 1790 & autres fubféquens, & notamment l'obéiffance à la ci - devant juftice ou juridiction
du foncier, le droit de fuite à fon moulin, la collecte
du rôle de fes rentes & cens, & le droit de déshérence
ou échûte.

III. Pourront les domaniers, nonobftant tous ufemens
ou ftipulations contraires, aliéner les édifices & fuperfices
de leurs tenues pendant la durée du bail fans le confentement du propriétaire foncier, & fans être fujets aux lods
& ventes, & leurs héritiers pourront divifer entr'eux lefdits édifices & fuperfices fans le confentement du propriétaire foncier, fans préjudice de la folidarité de la
redevance ou des redevances dont lefdites tenues font
chargées.

IV. Le propriétaire foncier ne pourra exiger du domanier aucunes journées d'hommes, voitures, chevaux ou
bêtes de fomme qui n'auront point été ftipulées & détaillées par le bail ou la baillée, & à leur défaut par
actes récognitoires, & qui n'auroient été exigés qu'en
vertu des ufemens ou d'une claufe de foumiffion à iceux ;
lefdites journées qui auront été expreffément ftipulées,
ne s'arrérageront pas, elles ne pourront être exigées qu'en
nature, & néanmoins les abonnemens feront exécutés
fuivant la convention.

V. Pourront néanmoins les propriétaires fonciers, d'a-
près les feuls ufemens, exiger que les grains & autres
denrées provenant des redevances convenancieres, foient
tranfportés & livrés par le domanier, à fes frais, au lieu
indiqué par le propriétaire foncier jufqu'à trois lieues
de diftance de la retenue, & ledit droit de tranfport ne
pourra s'arréracer.

VI. Ne pourront les domaniers exercer contre les propriétaires fonciers aucune action en reftitution à raifon des
droits ci-deffus fupprimés, qui auront été payés ou fervis
avant la publication des lettres patentes du 3 novembre
1789. Mais toute action ou procès actuellement fubfif-

tant & non terminés par un jugement en dernier reſſort avant l'époque ſuſdite, pour raiſon deſdits droits non payés ou ſervis, ſont éteints, & les parties ne pourront les faire juger que pour la queſtion des dépens faits antérieurement à la publication du préſent décret.

VII. Les propriétaires fonciers & les domaniers, en tout ce qui concerne leurs droits reſpectifs ſur la diſtinction du fonds & des édifices & ſuperfices, des arbres dont le domanier doit avoir la propriété ou le ſimple émondage, des objets dont le rembourſement doit être fait au domanier lors de ſa ſortie, comme auſſi en ce qui concerne les termes des paiemens des redevances convenancieres, la faculté de la part du domanier de bâtir de nouveau ou de changer les bâtimens exiſtans, ſe régleront d'après les ſtipulations portées aux baux ou baillées, & à défaut de ſtipulation, d'après les uſemens, tels qu'ils ſont obſervés dans les lieux où les fonds ſont ſitués.

VIII. Dans le cas où le bail ou la baillée & les uſemens ne contiendroient aucun régiement ſur les châtaigniers & noyers, leſdits arbres ſeront réputés frutiers, à l'exception néanmoins de ceux deſdits arbres qui ſeroient plantés en avenues, maſſes ou boſquets, & ce nonobſtant toute juriſprudence à ce contraire.

IX. Dans toutes les ſucceſſions directes ou collatérales qui s'ouvriront à l'avenir, les édifices & ſuperfices des domaniers ſeront partagés comme immeubles, ſelon les régles preſcrites par la coutume générale de Bretagne & par les décrets déja promulgués, ou qui pourront l'être par la ſuite comme loix générales par tout le royaume.

Il en ſera de même pour le douaire des veuves des domaniers, pour les ſociétés conjugales, & pour tous les autres cas, les édifices & ſuperfices n'étant réputés meubles qu'à l'égard des propriétaires fonciers.

X. Pour éviter toute conteſtation entre les fonciers & les domaniers, nonobſtant le décret du premier décembre dernier, auquel il eſt dérogé quant à ce pour ce regard ſeulement & ſans tirer à conſéquence pour l'avenir, les domaniers profiteront pendant la durée des baillées actuelles, de l'exemption de la dîme ; mais ils acquitteront la totalité des impofitions fon. ieres, & ils tiendront au foncier fur la redevance convenanciere, une partie de cet impôt proportionnellement à ladite redevance.

XI. A l'expiration des baux ou des baillées actuellement exiftans, il fera libre aux domaniers (qui exploitent eux-mêmes leurs tenues) de fe retirer & d'exiger le remboursement de leurs édifices & superfices, pourvu néanmoins que les baux ou baillées aient encore deux années complettes, à compter de la Saint-Michel 29 feptembre 1791. Dans le cas où les baux ou baillées feroient d'une moindre durée, le domanier ne pourra fe retirer avant l'expiration defdites deux années, à compter de la Saint-Michel 1791, fans le confentement du propriétaire foncier ; & réciproquement le propriétaire foncier ne pourra congédier le domanier fans le confentement de celui-ci, qu'après l'expiration du délai fixé par le préfent article.

Les domaniers dont les baux font expirés & qui jouiffent fans nouvelle affurance, ne pourront être congédiés ni fe retirer qu'après quatre années complettes échues, à compter de la Saint-Michel 1791.

XII. Les propriétaires fonciers qui juftifieront par actes authentiques antérieurs au premier mars de la préfente année, ou ayant date certaine avant cette époque, avoir concédé à de nouveaux domaniers les tenues pour entrer en jouiffance avant l'expiration des délais accordés par l'article précédent, pourront, nonobftant les difpofitions dudit article, congédier les domaniers dont les baux ou baillées feront finis avant l'expiration defdits délais.

XIII. A l'expiration des baux ou baillées actuellement exiftans aux époques ci-deffus fixées, il fera libre à l'avenir aux parties, & fous les feules reftrictions ci-après exprimées, de faire des conceffions à titre de bail à convenant, fous telles conditions qu'elles jugeront à propos, foit fur la durée defdits baux, foit fur la nature & quotité des redevances & preftations, foit fur la fa-

culté du domanier de conftruire de nouveaux bâtimens
ou de changer les anciens, foit fur les clôtures & dé-
frichemens, foit fur la propriété ou jouiffance des arbres,
foit fur la faculté de prendre par le domanier des arbres,
de la terre ou du fable pour réparer les bâtimens; &
les conventions des parties textuellement exprimées, feront à l'avenir la feule régle qui déterminera leurs droits
refpectifs.

XIV. Tout bail à convenant ou baillée de renouvellement feront déformais rédigés par écrit. Si néanmoins
le propriétaire foncier avoit laiffé continuer au domanier
la jouiffance après le terme du bail ou de la baillée
expirée, ou fi le domanier avoit confervé cette jouiffance
faute de rembourfement, le bail ou la baillée feront
réputés continuer par tacite réconduction pour deux ou
trois années, felon que l'ufage du pays fera de régler
l'exploitation des terres pour deux ou trois années.

XV. Ne pourra pareillement le propriétaire foncier,
fous prétexte de la liberté des conventions portées en
l'article XIII, ftipuler en fa faveur aucuns des droits
fupprimés par les articles II & III.

XVI. Seront au furplus les conventions que les parties
auront faites, fubordonnées aux loix générales du royaume, établies ou à établir pour l'intérêt de l'agriculture, relativement aux baux à ferme, en ce qui fera
applicable au bail à convenant.

XVII. Après l'expiration des baux ou des baillées actuellement exiftans, & lorfqu'il s'agira de procéder au
rembourfement des édifices & fuperfices, il fera procédé
au prifage à l'amiable entre les parties, ou à dire d'experts convenus ou nommés d'office par le juge de paix
du canton dans le reffort duquel les tenues feront fituées,
fauf aux parties, en cas de conteftation fur l'eftimation,
à fe pourvoir devant le tribunal des diftricts.
Il en fera ufé de même pour les baux à convenant
qui pourroient être paffés à l'avenir, lorfque d'après
les conventions des parties il y aura lieu à un rembourfement & à une eftimation.

（ 171 ）

XVIII. Les frais de la nomination d'experts , de leur preftation de ferment , du prifage & de l'affirmation feront fupportés , à l'égard des baux actuellement exiftans , par le propriétaire foncier ; & pour les baux qui feront faits à l'avenir , ils feront payés par ceux que les conventions en chargeront ; les frais de la revue feront fupportés par celui qui la demandera.

XIX. Tous les objets qui doivent entrer en eftimation , feront eftimés fuivant leur vraie valeur à l'époque de l'eftimation qui en fera faite à l'expiration des baux fubfiftans , ou des délais ci-deffus fixés. Les propriétaires fonciers feront tenus de rembourfer aux domaniers tous lefdits objets , même les labours & engrais , fur le pied de l'eftimation. Après ledit rembourfement effectué , les domaniers ne pourront , fous aucun prétexte , s'immifcer dans l'exploitation & jouiffance des tenues dont ils auront été congédiés.

Les eftimations qui pourront avoir lieu en exécution des baux à venir , feront faites conformément aux conventions des parties.

XX. S'il s'élève des queftions fur la nature des objets qui doivent entrer dans l'eftimation des édifices & fuperficies , & des améliorations à rembourfer au domanier , elles fe régleront pour les baux actuellement exiftans , & pour les tenues dont les domaniers jouiffent par nouvelle affurance , d'après les divers ufemens anciens, pour les baux qui feront faits à l'avenir, d'après les conventions des parties.

XXI. Le domanier ne pourra être expulfé que préalablement il n'ait été rembourfé , & à cet effet le prifage fera toujours demandé fix mois avant l'expiration de la jouiffance , & fini dans ce délai.

XXII. A quelque époque qu'ait commencé la jouiffance des domaniers qui exploitent actuellement les tenues , foit en vertu de baux ou baillées , foit par l'effet de la nouvelle affurance , le congément ne pourra être réciproquement exercé à d'autre époque de l'année qu'à celle de la Saint-Michel 29 feptembre. Si l'exploitation du domanier avoit commencé à un autre terme , il sera tenu de payer au propriétaire foncier la redevance convenanciere au prorata du temps dont il aura joui de plus.

XXIII. A défaut de remboursement effectif de la somme portée en l'estimation , le domanier pourra sur un simple commandement fait à la personne ou au domicile du propriétaire foncier , en vertu de son titre , s'il est exécutoire , faire vendre après trois publications , de huitaine en huitaine , & sur encheres en l'auditoire du tribunal du district , les édifices & superfices , & subsidiairement en cas d'insuffisance , le fonds ; pourra néanmoins le foncier se liberer , en abandonnant au colon la propriété du fonds & la rente convenanciere.

XXIV. A défaut de paiement de la part du domanier, des prestations & redevances par lui dues à leurs échéances, le propriétaire foncier pourra en vertu de son titre, s'il est exécutoire , faire saisir les meubles, grains & denrées appartenant au domanier ; il pourra même faire vendre lesdits meubles, & en cas d'insuffisance , lesdits édifices & superfices , après néanmoins avoir obtenu contre le domanier , un jugement de condamnation ou de résiliation du bail

XXV. La vente des meubles du domanier ne pourra être faite qu'en observant les formalités prescrites par l'ordonnance de 1667, & sous les exceptions y portées. A l'égard des édifices & superfices, ils feront vendus sur trois publications en l'auditoire du tribunal du district du ressort.

XXVI. Pourront néanmoins les domaniers éviter la vente de leurs meubles , & la vente subsidiaire de leurs édifices & supe fices , en déclarant au propriétaire foncier qu'ils lui abandonnent leurs édifices & superfices , auquel cas ils feront libérés envers lui: ladite faculté n'aura lieu que pour les arrérages à écheoir à compter de la publication du présent décret.

Mandons , &c. *En vertu des décrets des 21 & 25 juin dernier* : Pour le Roi. Signé *M. L. F. Duport.*

Loi relative aux spectacles.

Donnée à Paris, le 6 août 1791.

Louis, par la grace de Dieu, & par la loi constitutionnelle de l'Etat, Roi des Français : à tous presens & à venir; salut. L'Assemblée nationale a décréte, & nous voulons & ordonnons ce qui suit :

Décret de l'Assemblée nationale, du 19 juillet 1791.

L'Assemblée nationale, après avoir entendu les observations de plusieurs membres & les conclusions du rapporteur, a admis la rédaction suivante :

L'Assemblée nationale considérant que la loi du 16 août 1790 n'étoit que provisoire, & que la loi du 13 janvier dernier contient des dispositions générales qui seules doivent être exécutées dans tout l'empire françois, décrete sur l'article premier du projet du comité, qu'il n'y a pas lieu à délibérer.

ARTICLE PREMIER.

Conformément aux dispositions des articles III & IV du décret du 13 janvier dernier, concernant les spectacles, les ouvrages des auteurs vivans, même ceux qui étoient représentés avant cette époque, soit qu'ils fussent ou non gravés ou imprimés, ne pourront être représentés sur aucun théâtre public, dans toute l'étendue du royaume, sans le consentement formel & par écrit des auteurs, ou sans celui de leurs héritiers ou cessionnaires, pour les ouvrages des auteurs morts depuis moins de cinq ans, sous peine de confiscation du produit total des représentations au profit de l'auteur, ou de ses héritiers ou cessionnaires.

II. La convention entre les auteurs & les entrepreneurs des spectacles sera parfaitement libre, & les officiers municipaux, ni aucuns autres fonctionnaires publics, ne pourront taxer lesdits ouvrages, ni modérer ou augmenter le prix convenu ; & la rétribution des auteurs, convenue entre eux ou leurs ayans-cause & les entrepreneurs des spectacles, ne pourra être ni saisie ni arrêtée par les créanciers des entrepreneurs du spectacle.

Mandons, &c. *En vertu des décrets des* 21 & 25 *juin* 1791 : Pour le Roi. Signé *M. L. F. Duport.*

Loi relative au tabac de cantine pour les troupes.

Donnée à Paris, le 6 août 1791.

LOUIS, par la grace de Dieu & par la loi constitutionnelle de l'Etat, Roi des Français : à tous présens & à venir; salut. L'Assemblée nationale a décrété, & nous voulons & ordonnons ce qui suit.

Décret l'Assemblée nationale, du 29 *juillet* 1791.

L'Assemblée nationale décrete que le tabac ci-devant fabriqué pour être distribué aux troupes, sous le nom de *tabac de cantine*, ne pourra être vendu à un prix moindre que de vingt sous la livre.

Mandons, &c. *En vertu des décrets des* 21 & 25 *juin* 1791 : Pour le Roi. Signé *M. L. F. Duport.*

Loi relative aux créanciers de Monsieur, de M. d'Artois, de Mesdames, & des differentes personnes absentes du royaume.

Donnée à Paris, le 6 août 1791.

LOUIS, par la grace de Dieu, & par la loi constitutionnelle de l'Etat, Roi des Français : à tous présens & à venir; salut. L'Assemblée nationale a décrété, & nous voulons & ordonnons ce qui suit :

Décret de l'Assemblée nationale, du 29 juillet 1791.

L'Assemblée nationale, ouï le rapport du comité central de liquidation, décrete :

ARTICLE PREMIER.

Les créanciers porteurs de titres ayant une date certaine antérieure au 24 juin dernier, & rendu exécutoires suivant les formes légales contre les personnes absentes du royaume, ainsi que les ouvriers fournisseurs qui justifieront de travaux & fournitures faites pour les absens, avant la même époque, & qui auront fait prononcer par jugemens sur leurs demandes, seront payés de leurs créances, sur sommes dues par l'état à leurs débiteurs & échues avant ladite époque du 24 juin 1791, pour causes autres que pour pensions ou traitemens postérieurs au premier janvier 1790.

II. Les créanciers mentionnés en l'article précédent, ne pourront être payés que sous les conditions suivantes :

1°. Ils seront tenus d'affirmer leur créance sincere & véritable, devant le tribunal du district du lieu où ils se trouveront.

2°. Ils justifieront que les impositions ou les contributions patriotiques à la charge de leurs débiteurs, ont été acquittées ; & dans le cas où cette justification ne seroit pas faite, il demeurera par forme de nantissement entre les mains du trésorier & payeurs de l'état, un dixieme des sommes échues & à payer. Le dixieme réservé sera remis lorsqu'on justifiera du paiement des impositions & contributions.

3°. Les créanciers qui voudront être payés, justifieront individuellement qu'ils ont satisfait aux conditions requises par les décrets des 24 & 27 juin dernier.

III. Le trésorier de la maison de *Mesdames* tantes du Roi, est autorisé à toucher l'arriéré liquidé ou à liquider, pour les différentes parties dues à la maison de *Mesdames*, échues avant le 24 juin dernier, & à distribuer lesdites sommes aux ouvriers, fournisseurs, & aux diverses

perfonnes employées dans les états de la maifon de *Mefdames*, lefdites perfonnes étant actuellement en France.

IV. A l'égard des créanciers de *Monfieur* & de M. *d'Artois*, les tréforiers defdites maifons continueront a recevoir a la tréforerie nationale, les fommes ordonnées
par les décrets des 20 & 21 décembre dernier, &
l'emploi defdites fommes fera fait de la maniere fui-
vante :

La fomme cinq cent mille livres par année, attribuée
aux créanciers de *Monfieur*, & les fonds annuels des
rentes viageres accordés aux créanciers defdites rentes
fur M. *d'Artois*, feront employés au paiement defdits
créanciers, au terme dudit decret.

La fomme d'un million attribuée à chacun de *Monfieur* & de M. *d'Artois* à titre de traitement annuel, fera
employée fpécialement à payer les créanciers de *Monfieur* & de M. *d'Artois*, qui feroient porteurs de titres
de la nature mentionnée dans l'article premier, ainfi que
les ouvriers & fourniffeurs étant dans le royaume ; elle
fera auffi employée a payer les objets de depenfe cou-
rante & d'entretien des maifons de *Monfieur* & de M.
d'Artois dans le royaume.

V. Les tréforiers defdites maifons, & les fequeftres
ordonnés par le décret des 20 & 21 décembre, être
établis pour le paiement des créanciers de *Monfieur* &
de M. *d'Artois*, juftifieront chaque mois au commiffaire de
la tréforerie nationale, & aux commiffaires du comité
des finances chargés de la furvillance de la tréforerie nationale, des paiemens qu'ils auront faits en conformité
de l'article précédent.

Ils feront refponfables des paiemens qu'ils auroient
faits en contravention audit article, & chaque mois ils
rapporteront à la tréforerie nationale les fommes qu'ils
y auroient reçues pendant le mois, & qui n'auroient
pas pu être payees conformément aux difpofitions du
préfent article.

VI. Les oppofitions que les créanciers de *Mefdames*,
de *Monfieur* & de M. *d'Artois* auroient formées ou for-
meroient entre les mains des confervateurs des hypo-
thèques & finances & des payeurs des rentes, tiendront

entre

entre les mains des tréforiers , fequeftres & agens defdites maifons. Tous créanciers pourront également former des oppofitions pour la confervation de leurs droits, entre les mains defdits tréforiers , fequeftres & agens : la fignification defdites oppofitions ne fera valable qu'autant qu'elle aura été vifée de ceux entre les mains de qui elles auront été faites ; mais lefdits tréforiers, fequeftres & agens feront tenus de les recevoir & de les vifer, à peine d'en demeurer refponfables en leur nom.

VII. L'Affemblée interprétant en tant que de befoin fes décrets des 24 & 27 juin , fur les juftifications à faire par les créanciers de l'état pour obtenir le paiement des fommes qui leur font dues, décrete :

1°. Que les impofitions dont elle entend que le paiement foit juftifié , font les impofitions perfonnelles, defquelles le paiement fera juftifié ou par les certificats des municipalités , portant que les impofitions ont été payées, ou par des quittances vifées foit par les municipalités, foit par les diftricts des lieux, à l'exception des quittances qui feront délivrées par les receveurs des impofitions de Paris , lefquelles ne feront point fujettes au *vifa*. A défaut de repréfentation defdits certificats ou quittances, il faudra juftifier qu'il ne fe payoit aucune impofition perfonnelle dans le lieu où l'on avoit fon domicile.

2°. Que la juftification requife par lefdits décrets , du paiement des impofitions de l'année 1790 & années antérieures , fera regardée comme faite complettement par la production de la quittance des deux dernieres années.

3°. Que lefdits certificats & quittances de paiement d'impofitions feront expédiés en papier non timbré.

VIII. Les perfonnes qui en juftifiant d'ailleurs de leur domicile actuel & habituel dans le royaume, ne pourroient pas juftifier à l'inftant du paiement de leurs impofitions & contributions , pourront obtenir le paiement de ce qui leur eft dû , en laiffant par forme de nantiffement entre les mains des tréforiers & payeurs , un dixieme de ce qu'elles auroient à recevoir pour chacune defdites années pour lefquelles elles ne juftifieroient pas du paiement de leurs impofitions & contributions ;

Partie XIII.   M

ce dixieme retenu, leur fera remis en rapportant les quittances des impofitions & contributions qui étoient dues.

IX. Les tréforiers & payeurs auxquels le certificat de domicile & les quittances d'impofitions & contributions auront été exhibés, les remettront aux parties, à la charge qu'il fera fait état dans la quittance donnée par les parties prenantes de chacune defdites pieces, de leur date & des perfonnes par lefquelles elles auront été expédiées, pour y recourir au befoin.

Les perfonnes habituellement domiciliées dans les colonies françoifes, qui fe trouvent actuellement à Paris, & les fondés de procuration defdites perfonnes qui font actuellement dans les colonies, juftifieront de leur domicile par la déclaration de deux colons propriétaires, connus & domiciliés à Paris. A l'égard des impofitions & contributions, on n'exigera d'eux d'autre juftification que celle du paiement de la contribution patriotique ; & à défaut de cette juftification, il fera retenu par forme de nantiffement, comme il eft dit ci-deffus, le dixieme des fommes qui devroient leur être payées.

X. Lorfqu'une créance fera établie par un titre collectif, mais en faveur de plufieurs individus perfonnellement dénommés, les juftifications requifes fe feront par chacun defdits individus diftinctement, fauf aux parties qui fe trouveront en état de faire lefdites juftifications, à faire divifer le titre & à s'en faire délivrer une ampliation pour ce qui les concerne. A l'égard des créances qui appartiennent foit à des fociétés, foit à des créanciers unis en direction avec l'établiffement de féqueftre, il fuffira auxdites fociétés de juftifier qu'elles ont payé collectivement leurs impofitions & contributions ; & aux créanciers unis, de juftifier du paiement des impofitions & contributions de leur débiteur.

XI. Après le premier octobre prochain, les creanciers de l'état & autres perfonnes dénommées dans le décret du 24 juin dernier, feront tenus de juftifier qu'elles ont fatisfait au décret du 28 juin pareillement dernier, pour l'acquit des impofitions de la préfente année 1791.

Sera le préfent décret imprimé & envoyé à tous les départemens.

Mandons, &c. *En vertu des décrets des 21 & 25 juin dernier.* Pour le Roi. Signé *M. L. F. Duport.*

Loi relative à la liquidation des offices de fubftituts des procureurs du Roi près les juftices royales, de jurés-crieurs, certificateurs de criées & autres.

Donnée à Paris, le 6 août 1791.

Louis, par la grace de Dieu, & par la loi confti-tutionnelle de l'Etat, Roi des Français : à tous préfens & à venir ; falut. L'Affemblée nationale a décrété, & nous voulons & ordonnons ce qui fuit :

Décret de l'Affemblée nationale, du 29 juillet 1791.

L'Affemblée nationale, après avoir entendu le rapport du comité de judicature, décrete ce qui fuit :

ARTICLE PREMIER.

Les offices de fubftituts des procureurs du Roi près les préfidiaux, bailliages & autres juftices royales ordi-naires & extraordinaires, feront liquidés d'après les bafes décrétées pour la liquidation des offices de judicature, les 2 & 6 feptembre 1790.

II. Les titulaires defdits offices qui exerçoient la poftulation à l'époque de leur fuppreffion, & qui juftifieront par un acte authentique de l'acquifition d'une pratique ou clientelle, obtiendront, outre le prix de leur éva-luation, une indemnité.

III. Cette indemnité fera la même que celle accordée aux procureurs, par les articles VI & fuivans des décrets des 21 & 24 décembre 1790.

IV. Les fommes payées pour droit de mutation, marc d'or & frais de provifions, feront rembourfées aux titulaires, conformément à l'article X du titre premier des décrets des 2 & 6 feptembre dernier, & à la charge des retenues qui s'y trouvent énoncées.

V. A l'égard des fubftituts qui n'étoient pourvus de leurs offices qu'à vie, il fera procédé à la liquidation des indemnités qui leur font dues, de la maniere ci-après déterminée.

VI. Il fera fait maffe du montant de l'évaluation ou, à défaut de l'évaluation, du montant de la finance de l'office, enfemble des fommes payées tant pour droit de mutation & marc d'or, que pour fceau des provifions & honoraires.

VII. Sur cette maffe il fera fait déduction d'un trentieme par année de jouiffance, le furplus fera payé à l'officier par forme d'indemnité.

VIII. Néanmoins cette déduction ne pourra s'étendre au-delà des deux tiers de la maffe totale : il en fera payé le tiers à ceux qui jouiffoient depuis vingt ans & plus.

IX. Les offices de jurés-crieurs feront rembourfés fur le pied de l'évaluation faite en exécution de l'édit de février 1771.

X. Les intérêts de leur liquidation feront comptés à partir du jour de la publication du préfent décret, pour ceux qui auront remis leurs titres au bureau général de liquidation dans un mois, & pour tous les autres, à partir du jour de la remife des titres.

XI. Les fommes payées par les jurés-crieurs pour droit de mutation, marc d'or & frais de provifions, leur feront rembourfées conformément à l'article IV ci-deffus.

XII. Les dettes contractées en nom collectif par les jurés-crieurs, ne feront fupportées par la nation qu'après vérification & fuivant les régles établies pour les officiers miniftériels , par les décrets des 21 & 24 décembre dernier.

XIII. Les certificateurs des criées & les tiers-référendaires taxateurs calculateurs des dépens, qui exerçoient la poftulation à l'époque de leur fuppreffion, feront liquidés d'après les difpofitions des décrets rendus pour les procureurs des tribunaux près lefquels ils exerçoient.

Pourront néanmoins les titulaires des offices opter entre leur évaluation particuliere & celle des procureurs de leurs fiéges.

XIV. Les folliciteurs des caufes du Roi près les cours, qui exerçoient la poftulation à l'époque de leur fuppreffion, feront liquidés d'après les difpofitions des décrets rendus pour les procureurs des cours près lefquelles ils exerçoient.

Ceux de ces officiers qui poftuloient dans plufieurs cours, opteront entre les communautés de procureurs près lefdits tribunaux, celle avec laquelle ils préféreront d'être liquidés.

Mandons, &c. *En vertu des décrets des* 21 *&* 25 *juin* 1791. Pour le Roi. Signé *M. L. F. Duport.*

Loi relative à la police & difcipline des troupes coloniales actuellement en France.

Donnée à Paris, le 6 août 1791.

Louis, par la grace de Dieu, & par la loi conftitutionnelle de l'Etat, Roi des Français : à tous préfens & à venir ; falut. L'Affemblée nationale a décrété, & nous voulons & ordonnons ce qui fuit :

Décret de l'Affemblée nationale, du 30 *juillet* 1791.

L'Affemblée nationale décrete que le miniftre de la guerre pourvoira, par les moyens convenables, au maintien de la police & difcipline parmi les troupes coloniales actuellement en France.

Mandons, &c. *En vertu des décrets des 21 & 25 juin 1791 :* Pour le Roi. Signé *M. L. F. Duport.*

Loi relative aux paſſe-ports.

Donnée à Paris, le 6 août 1791.

Louis, par la grace de Dieu & par la loi conſtitutionnelle de l'État, Roi des Français : à tous préſens & à venir ; ſalut. L'Aſſemblée nationale a décrété, & nous voulons & ordonnons ce qui ſuit :

Décret de l'Aſſemblée nationale, du 30 juillet 1791.

L'Aſſemblée nationale ayant entendu ſon comité diplomatique, autoriſe le miniſtre des affaires étrangeres à ſigner tous paſſe-ports néceſſaires pour le bien du ſervice dans les affaires de ſon département, & pour tout autre objet d'utilité évidente ou de néceſſité indiſpenſable, en ſe conformant aux précautions indiquées par le décret du 28 juin, & notamment à la charge de faire enregiſtrer & numéroter leſdits paſſe-ports, deſquels numéros & enregiſtrement mention expreſſe ſera faite en vertu du préſent décret ſur chacun d'eux. Charge les municipalités des villes frontieres de tenir note de l'exhibition à elles faite deſdits paſſe-ports, ſous leurs numéros, & d'en faire mention ſur un regiſtre à ce deſtiné pour y recourir au beſoin.

Mandons, &c. *En vertu des décrets des 21 & 25 juin dernier :* Pour le Roi. Signé *M. L. F. Duport.*

Loi relative à la suppression des ordres de chevalerie.

Donnée à Paris, le 6 août 1791.

Louis, par la grace de Dieu, & par la loi constitutionnelle de l'État, Roi des Français : à tous présens & à venir ; salut. L'Assemblée nationale a décrété, & nous voulons & ordonnons ce qui suit :

Décret de l'Assemblée nationale, du 30 juillet 1791.

L'Assemblée nationale décrete ce qui suit :

ARTICLE PREMIER.

Tout ordre de chevalerie ou autre, toute corporation, toute décoration, tout signe extérieur qui suppose des distinctions de naissance, sont supprimés en France, il ne pourra en être établi de semblables à l'avenir.

II. L'Assemblée nationale se réserve de statuer s'il y aura une décoration nationale unique qui pourra être accordée aux vertus, aux talens & aux services rendus à l'État ; & néanmoins en attendant qu'elle ait statué sur cet objet, les militaires pourront continuer de porter & de recevoir la décoration militaire actuellement existante.

III. Aucun François ne pourra prendre aucune des qualités supprimées, soit par le décret du 19 juin 1790, soit par le présent décret, pas même avec les expressions de *ci-devant*, ou autres équivalentes ; il est défendu à tout officier public de donner lesdites qualités à aucun François dans les actes. Il est pareillement défendu à tout officier public de faire aucun acte tendant à la preuve des qualités supprimées par le décret du 19 juin 1790 & par le présent décret. Les comités de constitution & de jurisprudence criminelle présenteront incessamment un projet de décret, sur les peines à porter contre ceux qui contreviendroient à la présente disposition.

M. iv

IV. Tout François qui demanderoit ou obtiendroit l'admiſſion, ou qui conſerveroit l'affiliation à un ordre de chevalerie ou autre, ou corportion établie en pays étranger, fondée ſur des diſtinctions de naiſſance, perdra la qualité & les droits de citoyen françois.

Mandons, &c. *En vertu des décrets des* 21 *&* 25 *juin* 1791 : Pour le Roi. Signé *M. L. F. Duport.*

Loi relative à l'inſtructiom pour le paiement des dîmes.

Donnée à Paris, le 6 août 1791.

LOUIS, par la grace de Dieu, & par la loi conſtitutionnelle de l'Etat, Roi des Français : à tous préſens & à venir ; ſalut. L'Aſſemblée nationale a décrété, & nous voulons & ordonnons ce qui ſuit :

Décret de l'Aſſemblée nationale, du 30 *juillet* 1791.

L'Aſſemblée nationale, après avoir entendu la lecture de l'inſtruction propoſée par le comité central de liquidation, pour la liquidation des dîmes dont elle a ordonné le rembourſement, approuve ladite inſtruction, & décrete qu'elle ſera ſuivie par les corps adminiſtratifs & par le directeur général de la liquidation, pour l'évaluation de l'indemnité des dîmes ſupprimées avec indemnité. L'inſtruction & le préſent décret ſeront imprimés & adreſſés à tous les départemens.

INSTRUCTION

A adreſſer aux adminiſtrateurs de diſtricts & de départemens, pour la liquidation des dîmes dont l'Aſſemblée nationale a ordonné le rembourſement.

L'Aſſemblée nationale, après avoir ſuprimé par ſes décrets des 14, 20 avril, 4 août & 18 ſeptembre 1790, toutes les dîmes, ainſi que les droits, redevances & rentes qui en tenoient lieu , a déclaré, par le décret des 14 & 20 avril 1790, qu'il étoit dû sur le tréfor public une indemnité aux propriétaires de dîmes inféodées.

Les adminiftrateurs de diftricts dans le territoire defquels les dîmes inféodées fe percevoient , ont été chargés par le décret du 23 octobre 1790, de la liquidation de l'indemnité dûe aux propriétaires de ces dîmes. Les diftricts doivent prendre les obfervations des municipalités fur la valeur de la dîme , donner un avis, l'envoyer au département qui prononce (décret du 23 octobre).

Les départemens doivent adreffer l'état des indemnités qu'ils ont eftimé devoir être accordées pour la fuppreffion des dîmes inféodées , à la direction générale de liquidation (décret du 16 décembre 1790); les propriétaires des dîmes inféodées doivent eux-mêmes y remettre les actes néceffaires pour établir leur propriété & fa valeur (*ibid.*). Aux termes d'un décret du 18 janvier 1791 , toute demande en liquidation de dîmes inféodées , doit être communiquée par les corps adminiftratifs à l'adminiftration des domaines , pour avoir fon avis, & s'affurer fi ces dîmes étoient poffédées à titre d'engagement ou à titre de propriété incommutable.

Les bafes de l'évaluation des dîmes inféodées font les titres de propriété, les baux , & des eftimations d'experts.

Dans l'évaluation des dîmes & dans les procès-verbaux des experts, pour parvenir à cette évaluation , il faut faire déduction du capital de la portion congruë, même ce qui en eft payable pour les fix premiers mois 1791 , fur le pied de 1200 livres pour les curés, 700 livres pour les vicaires actuels ; plus , du capital des autres charges, tant actuelles qu'éventuelles , à raifon de l'infuffifance poffible des dîmes eccléfiaftiques (décret du 23 octobre 1790).

Le capital doit être réglé fur le pied du denier 25 du produit net, lorfque la dîme fe percevoit en nature ; fur le pied du denier 20, fi elle eft réduite en argent par des abonnemens irrévocables (décret du 23 octobre). Dans le cas où les dîmes auroient été tenues à titre d'engagement, elles ne feront rembourfées que fur le pied de la finance de l'engagement (décret du 18 janvier 1791).

Telle eſt l'analyſe ſommaire des décre's prononcés par l'Aſſemblée nationale & ſanctionnés par le Roi, ſur le rembourſement ou l'indemnité dûe aux propriétaires des dîmes inféodées. Il s'agit actuellement de mettre ces loix à exécution. Les queſtions qui ont été adreſſées au comité central de liquidation, ſoit par les adminiſtrations de diſtricts, ſoit par le commiſſaire du Roi pour la direction de la liquidation, font connoître la néceſſité d'entrer dans quelque détail ſur la maniere d'exécuter la loi & de remplir completement le vœu de l'Aſſemblée nationale. Il eſt important 1°. de bien connoître les objets pour la ſuppreſſion deſquels la loi accorde indemnité ou rembourſement ; 2°. de diſcerner les titres capables d'établir la preuve légitime de l'exiſtence du droit qu'on réclame, de ceux qui ſeroient inſuffiſans pour cette preuve ; 3°. de n'omettre aucune des charges qui doivent opérer des retranchemens ſur la valeur de la dîme à eſtimer ; 4°. enfin, de ne prendre pour baſe de la valeur, les charges déduites, que les titres adoptés par la loi.

ARTICLE PREMIER.

Dîmes pour la ſuppreſſion deſquelles l'Aſſemblée nationale a accordé une indemnité.

Les objets à la ſuppreſſion deſquels l'Aſſemblée nationale a attaché une indemnité, ſont,

1°. Les dîmes inféodées.

2°. Les rentes en argent ou en denrées, moyennant leſquelles les propriétaires de dîmes inféodées les auroient abandonnées à l'égliſe.

3°. Les dîmes eccléſiaſtiques acquiſes par des laïcs propriétaires actuels, ou par leurs auteurs, à titre onéreux, & dont le prix a tourné au profit de l'égliſe.

Les objets pour leſquels il n'eſt pas dû d'indemnité, ſont :

1°. Les dîmes qu'un propriétaire avoit droit de lever ſur lui-même. L'exemption perſonnelle de la dîme n'eſt pas non plus un ſujet d'indemnité.

2°. Les dîmes inſolites à l'égard deſquelles on ne ſeroit pas en état d'établir une poſſeſſion quarantenaire.

3°. Les dîmes dont il ſeroit prouvé que l'établiſſement a été une des clauſes du bail de l'héritage, fait à per-

pétuité ou à titre d'emphytéose. L'Assemblée n'entend
rien préjuger par cette disposition sur les dîmes du Ca-
laisis & autres semblables.

4°. Les droits casuels qui pourroient être dûs aux
propriétaires des dîmes inféodées, lors des mutations des
héritages chargés de la dîme inféodée.

Ces droits casuels, ainsi que les dîmes stipulées par
le bail de l'héritage, sont seulement susceptibles du
rachat par les débiteurs, de la même maniere que les
droits féodaux.

Tels sont les résultats des décrets des 14 & 20 avril,
23 octobre, 7 novembre 1790.

La conséquence de ces décrets rapprochés les uns des
autres, est que l'Assemblée nationale ne s'est pas attachée
littéralement au mot *dîme inféodée*, puisque, d'une part,
un décret ordonne le remboursement de *dîmes ecclésias-*
tiques, lorsqu'elles auront été acquises à titre onéreux ;
& que d'une autre part l'Assemblée a déclaré les *dîmes*
inféodées non remboursables, quand il seroit prouvé
qu'elles avoient été établies au moment de la tradition
du fonds.

Qu'est-ce donc que l'Assemblée a entendu par la dénomination de dîmes inféodées ? Elle a entendu les dîmes
possédées par les laïcs, & que des idées vraies ou fausses,
mais généralement répandues, faisoient regarder comme
ayant été ecclésiastiques dans leur origine. C'est parce que
son décret s'appliquoit à des dîmes présumées ecclésiasti-
dans leur origine, qu'elle a ordonné, à plus forte raison,
le remboursement de dîmes certainement ecclésiastiques
qui ont passé dans la main de laïcs, non pas à titre de fief,
mais seulement à titre onéreux. C'est par le même motif
que ne s'arrêtant pas à la dénomination de dîmes inféodées, l'Assemblée a déclaré non remboursables les droits
qu'on avoit appelés dîmes, mais qui ayant été établis
au moment de la tradition du fonds, par une stipulation
entre le bailleur & le preneur, sont réellement des droits
de la classe des ci devant droits seigneuriaux. C'est encore
par la même raison que, dans le décret du 22 juin dernier, sur le cumul de la dîme avec le champart, il
est dit (art. VI), que les redevances en qualité de
fruits, appartenant à des ci-devant seigneurs de fiefs,
encore qu'elles soient qualifiées *dîmes*, ne seront point

réputées dîmes inféodées , s'il exiſte dans la paroiſſe ou dans le canton un décimateur eccléſiaſtique ou laïc, en poſſeſſion de percevoir la dîme des gros fruits. Dans ce cas donc , l'indemnité du droit dénommé *dîme* n'eſt pas due par la nation ; c'eſt aux redevables à le racheter , s'ils le jugent à propos.

Lorſque les décimateurs ont contribué à l'acquit des charges affeétées ſur les dîmes , réparations, portions congruës , il n'y a pas à héſiter ſur la nature de la redevance qui a ſupporté des charges de cette nature; c'eſt une dîme proprement dite. A défaut de cette circonſtance déciſive & caraétériſtique , il faut raſſembler les divers attributs qui accompagnent la redevance dont on aura à déterminer la nature. Les dîmes ſont ordinairement querables & non portables , hors le cas de tranſaétions ou d'uſages particuliers dont il eſt ordinairement poſſible de découvrir l'origine. Elles ſe paient par la ſeule conſéquence d'un droit commun,ſans reconnoiſſance écrite des débiteurs , comme ſans quittance du créancier. Les dîmes qui ſont un droit purement féodal établi lors du bail d'héritage, ne ſuivent d'autres limites que celles de l'ancien fief ; les dîmes proprement dites s'étendent ou indiſtinétement dans le fief & hors du fief. Les premieres ne ſe partagent jamais avec des eccléſiaſtiques; les ſecondes étoient ſouvent communes avec eux. Voilà les principaux attributs ſur leſquels on doit fixer ſon attention , non pas pour décider d'après l'exiſtence d'un ſeul attribut, que tel droit eſt ou n'eſt pas ſupprimé avec indemnité, mais pour conclure de la réunion de ceux qui peuvent concourir dans chaque eſpece particuliere , que le droit de percevoir la redevance eſt anéanti ou qu'il ne l'eſt pas ; qu'il eſt ou qu'il n'eſt pas ſuſceptible d'indemnité.

ARTICLE II.

Titres & preuves par leſquels on doit établir la propriété d'une dîme inféodée.

Le droit qui eſt ſupprimé & pour lequel une indemnité eſt promiſe , n'étant un droit quelconque de percevoir une portion des fruits que la terre nourrit , mais un droit particulier, qualifier , ſoit *dîme inféodée*, ſoit *dîme ecclé-*

ßastique acquise à titre onéreux , & dont le prix a tourné au profit de l'église, il s'enfuit que ce n'est pas assez au propriétaire qui réclame une indemnité de la nation, de justifier qu'il percevoit sur les héritages de tel canton, une redevance en nature ou une redevance abonnée, s'il ne prouve en même temps qu'à cette redevance appartient le nom de dîme, soit inféodée, soit ecclésiastique; & que dans ce dernier cas, elle a été acquise, aux termes de la loi, à titre onéreux pour l'acquéreur & avec profit pour l'église. Cette derniere hypotese, lorsqu'on la présente, doit être la plus facile à établir : car dès que la loi demande qu'il soit justifié d'une acquisition à titre onéreux, dont le profit ait été pour l'église ; & comme d'un autre côté, un pareil fait ne peut s'établir que par la production de l'acte d'acquisition où la nature de l'objet acquis doit être exprimée, il s'enfuit 1°. que, dans ce cas, il faut ou produire l'acte d'acquisition, ou renoncer à toute demande ; 2o. que l'acte d'acquisition une fois produit, tout est dit, soit en faveur du propriétaire, si l'acte établit une acquisition qualifiée telle qu'elle est desirée par la loi ; soit contre le propriétaire, si l'acte n'établit pas une acquisition qualifiée telle que la loi l'exige.

Le cas où il s'agit d'une dîme inféodée, n'est pas aussi facile à décider, parce qu'il n'est pas également facile de montrer qu'une dîme est inféodée. La différence des temps a introduit une diversité dans les conditions qui ont été requises pour qu'une dîme fût regardée comme inféodée; la diversité des usages des lieux nécessite pareillement des différences relativement aux conditions que l'on doit exiger pour mettre une dîme dans la classe des dîmes inféodées.

Lorsqu'après le troisieme concile de Latran, célébré en 1179, on eut posé pour régle générale que les laïcs ne pourroient posséder de dîmes qu'à titre d'inféodation, on exigea de ceux qui revendiquoient l'exécution de cette régle, qu'ils justifiassent du titre par lequel la dîme leur avoit été inféodée. Le temps auquel la régle venoit d'être établie, n'étant pas extrêmement éloigné de celui où les inféodations avoient été consenties, il y avoit possibilité de rapporter les actes d'inféodation ; & dès que la possibilité de les produire existoit, on devoit en demander la production effective : rien n'étant plus naturel & plus jufte que d'exiger de celui qui articule un fait, qu'il l'établiffe par les preuves directes qui font en fa puiffance.

Telle fut donc la jurifprudence ; on n'étoit reconnu pour propriétaire d'une dîme inféodée, qu'autant qu'on juftifioit de l'acte par lequel on en avoit reçu l'inféodation.

A mefure que l'on s'éloignoit du temps des inféodations, les guerres, les ravages, cette confomption générale de tous les monumens humains que le temps traîne à fa fuite, anéantifoient les actes primitifs d'inféodation. Il auroit été injufte d'exiger, après un laps de deux, trois ou quatre fiécles, les mêmes actes qu'il avoit été précédemment facile de produire.

L'impoffibilité de rapporter les actes primitifs d'inféodation, étoit plus certaine encore, fi le fait que l'on a raconté eft vrai, que tous les titres relatifs à l'établiffement des dîmes inféodées ayant été raffemblés par ordre d'un de nos Rois, le lieu où ils étoient réunis fut incendié, & que les titres devinrent la proie des flammes.

Les régles fubirent donc un changement par la force même des chofes : on ceffa d'exiger les actes *conftitutifs* de l'inféodation, mais on voulut des actes *énonciatifs* : on demanda la production d'actes de féodalité, c'eft-à-dire, des aveux & dénombremens : des actes de foi & hommage où la dîme fut énoncée comme poffédée en fief. On tenoit toujours fortement au principe, que les dîmes ne pouvoient être poffédées légitimement par les laïcs qu'à titre de fief : on ne fe contentoit donc pas de la feule poffeffion ; elle devoit être qualifié féodale, & prouvée telle par des actes féodaux relatifs à la dîme qu'on réclamoit.

Cette jurifprudence fut celle du fecond âge ; elle exiftoit avant le temps où le célébre Dumoulin écrivoit, c'eft-à-dire avant le milieu du feizieme fiécle ; & elle fubfiftoit encore dans le fiécle où nous fommes, vers 1710.

Néanmoins, au commencement de ce même fiécle, il avoit été promulgué une loi qui attaquoit la régle de la néceffité des actes féodaux pour obtenir d'être maintenu en poffeffion d'une dîme fous la qualité d'une dîme inféodée. L'édit du mois de juillet 1708 avoit etabli que les poffeffeurs de dîmes inféodées feroien maintenus sur la seule preuve d'une possession centenaire, quand même ils n'auroient autre titre que les preuves de leur possession. Cette loi ne fit pas, au moment où elle fut promulguée, toute l'impression qu'elle pouvoit causer relativement aux titres à produire pour conserver une dîme, en qualité d'inféodée, parce que la condition écrite dans la loi, que les possesseurs paieroient une somme pour conserver leurs dîmes, donnoit à l'édit une apparence de loi bursale, & que les loix bursales ont généralement peu d'influence sur la décision des questions de droit. Cependant on étoit arrivé à une époque où l'on devoit considérer aussi que les actes de féodalité commençoient à être rares à l'égard de certains domaines. Ces deux causes, la disposition de l'édit de 1708, & la diminution du nombre des actes féodaux, se combinerent de maniere qu'il s'établit, il y a plus de 60 ans, une jurisprudence nouvelle qui n'exigea d'autre preuve, pour maintenir un laïc dans la possession de la dîme, que celle d'une possession centenaire. On jugea depuis lors, qu'il suffisoit qu'une dîme fût prouvée avoir été librement dans le commerce entre des laïcs pendant cent ans, pour qu'elle dût être réputée & déclarée dîme inféodée.

Ces premieres observations sont relatives aux variations de la jurisprudence à raison de la succession des temps ; voici d'autres observations relatives à la variété des lieux.

Les reconnoissances féodales, dans le temps que le systême féodal régnoit, ne s'exigeoient pas avec la même exactitude dans toutes les parties du royaume. La France coutumiere tenoit beaucoup plus à la féodalité, que le pays de droit écrit ; parce que, dans la France coutumiere, presque toutes les dispositions de la loi se rapportoient à la féodalité ; au-lieu que dans le pays de droit écrit la loi romaine étoit au moins étrangere au systême féodal. Les actes de féodalité sont beaucoup moins fréquens dans la partie méridionale de la France, qu'ils ne le sont dans la partie septentrionale.

Ces actes n'existent point du tout dans certains cantons. Les pays de franc-aleu n'admettoient ni foi & hommage, & aveux ni dénombremens, sur-tout pour les grandes terres qui n'auroient pu être reportées à la couronne à titre de fief, qu'en anéantissant le franc-aleu que ces provinces étoient avec raison jalouses de conserver. Néanmoins, dans ces provinces, les seigneurs laïcs possédoient un grand nombre de dîmes. Il est peu de cantons dans le royaume, où les dîmes fussent en plus grande quantité entre les mains des laïcs, que dans ce qu'on appeloit la Soule, la Navarre, & toute cette lisiere de France qui borde l'Espagne. Jamais la possession des dîmes n'y a été contestée aux laïcs; ils ne les possédent cependant pas à titre d'inféodation; & cependant encore tout annonce que ces dîmes appartinrent originairement à l'église. Le nom d'*abbés* ou *abbats-laïcs* qu'on donne à ceux qui les perçoivent, les possessions qui sont ordinairement annexées à celle de la dîme, attestent qu'elles furent primitivement perçues, soit par les curés, soit par des religieux. Voilà donc des dîmes qui sont certainement de la même nature de celles que nous connoissons en général sous le nom de dîmes inféodées, & à l'égard desquelles on ne pourroit justifier ni d'actes constitutifs ni d'actes énonciatifs de féodalité.

La conséquence de ces observations est que l'on auroit tort de vouloir rappeler la reconnoissance de toutes les dîmes inféodées à une seule & unique régle, & de n'accorder l'indemnité prononcée par la loi, qu'au décimateur qui seroit en état de justifier que sa possession relevoit d'un seigneur suzerain. En général, la possession de cent années avant l'époque du 14 avril 1790, date de la suppression des dîmes inféodées, doit suffire pour avoir droit aux indemnités accordées par la nation. Il faut ensuite, dans chaque département du royaume, avoir égard aux loix particulieres qui le régissoient, aux usages qui y avoient interprété la loi; & dans le centre où toutes les liquidations doivent être rapportées, il faut connoître ces loix particulieres & ces usages, pour y déférer, lorsqu'ils seront suffisamment établis.

Lors donc que l'on présentera aux administrateurs d'un district les titres d'une dîme inféodée, ils ne doivent pas rejeter tout ce qui n'est point acte de féodalité; ils doivent au contraire avoir égard aux titres d'une autre nature; mais quelques titres qu'ils admettent, ils doivent expliquer nettement les motifs de leur détermination, afin que le directeur général de la liquidation puisse reconnoître le principe qui a fait recevoir ces titres, & s'assurer de la solidité des bases sur lesquelles le principe est fondé.

Passons au troisieme objet, la considération des charges

ges dont il doit être fait déduction dont l'estimation de l'indemnité des dîmes.

A R T I C L E   I I I.

Déduction à faire sur la valeur des dîmes supprimées avec indemnité, pour raison des charges dont elles sont tenues.

Les déductions à faire sur la valeur des dîmes pour la suppression desquelles il est accordé une indemnité, sont la représentation des charges auxquelles elles sont sujettes, & que les objets par lesquels elles seront remplacées ne supporteront pas. Les charges propres des dîmes sont la portion congrue des curés & vicaires ; les réparations du chœur & cancel ; quelquefois celles de toute l'église, comme dans la Flandre maritime ; quelquefois celles d'une partie du presbytere, comme en Provence ; plus, dans certains lieux, en Dauphiné, par exemple, la vingt-quatrieme des pauvres ; dans la même ci-devant province & dans les reſſorts des anciens parlemens de Touloufe & d'Aix ; une fomme fixée pour ce qu'on appeloit *clerc & matiere.*

Les impofitions que les dîmes fupportoient, ne font pas à déduire, parce que les acquifitions auxquelles le prix de l'indemnité des dîmes fera employé, fupporteront également les impofitions. La dîme doit être eſtimée à raison de fa valeur, fans aucun égard à ce dont cette valeur étoit diminuée par les impofitions, que ces impofitions fuſſent payables par le propriétaire ou par le fermier, qu'elles fuſſent plus confidérables, ou même nulles, eu égard à la qualité du propriétaire.

Il eſt plufieurs cas dans lefquels, d'après la nature même de l'efpece d'indemnité qui eſt due, il n'y a lieu à aucune opération particuliere pour évaluer les déductions. Ainfi lorfque la dîme a été donnée à titre d'engagement, l'Aſſemblée nationale ayant décrété que l'indemnité confifteroit dans la reſtitution de la finance de l'engagement, tout autre calcul feroit fuperflu. Il en eſt de même d'une dîme qui auroit été acquife de l'église, moyennant une rente payable à l'église : toute l'indemnité confiſte dans l'extinction & la décharge de la rente.

Une troifieme obfervation générale eſt que, pour eſtimer la déduction des charges, il faut prendre les chofes en l'état où elles étoient au premier janvier 1790 ; la portion congrue des curés, évaluée à 1200 liv. celle des vicaires à 700 l. ; les paroisses, le nombre des curés & celui des vicaires, tels qu'ils existoient alors, sans égard aux suppressions qui ont eu lieu postérieurement.

Après ces observations générales, entrons dans les détails.

Les dîmes pour lesquelles la nation a accordé une indemnité aux propriétaires qui les perdent en ce moment, sont les dîmes ecclésiastiques acquises à titre onéreux pour l'acquéreur, profitables pour l'église, & les dîmes inféodées. Les dîmes ecclésiastiques qui dans des temps modernes, sont entrées dans les mains des laïcs, y sont arrivées ou par l'effet de l'option de la portion congrue, que le curé n'a pu faire sans abandonner les dîmes dont il jouissoit, ou par l'effet d'acquisitions.

Si la dîme est entrée dans la main d'un laïc par l'effet de l'option de la portion congrue, le propriétaire actuel n'a aucune indemnité à réclamer. La dîme ne lui avoit été abandonnée que sous la condition de payer la portion congrue : cette charge n'existe plus, & par conséquent il n'y a rien à prétendre pour en être indemnisé.

Au cas d'acquisition de la dîme, il faut se faire représenter les actes de l'acquisition pour vérifier les deux conditions que le décret de l'assemblée exige ; savoir, que l'acquisition a été à titre onéreux, & que les engagemens pris par l'acquéreur ont tourné au profit de l'église. Cette seconde condition portera à faire, dans ce cas particulier, une grande attention au prix de l'acquisition, parce que, quelle que soit aujourd'hui la valeur de la dîme, il n'y a que les sommes stipulées payables lors de l'acquisition, ou de toute autre convention faite à cette époque, qui peuvent seules donner la mesure de l'utilité que l'église a retirée de l'aliénation de la dîme.

Mais ce n'est pas encore le moment de déterminer les actes qui doivent servir au réglement de l'indemnité ; il s'agit des charges qui peuvent influer sur l'estimation de la dîme, & d'abord des charges générales ; savoir, la portion congrue, tant du curé que du vicaire ; les réparations du chœur & du cancel ; la fourniture des ornemens, linges, livres, vases sacrés ; cette derniere charge seulement à défaut de revenus suffisans de la fabrique. L'assujettissement à ces charges n'est pas ici subsidiaire, comme il l'est, en général, à l'égard des dîmes inféodées ; c'est un assujettisfement direct, propre à toutes les dîmes eccléfiaftiques. Des dîmes de cette nature, aliénées récemment par l'églife, & que les laïcs ne poffédent pas à titre de fief, confervant toujours leur nature de dîmes eccléfiaftiques, demeurent affujetties à toutes les charges des dîmes fur la même ligne que les dîmes eccléfiaftiques.

Il faut néanmoins diftinguer les cas où la dîme eccléfiaf-tique dont on eftime la valeur, fe trouve actuellement même affectée à des charges, du cas où à raifon des cir-conftances, la contribution aux charges légales n'eft pas actuelle, mais poffible. Il arrivoit, par exemple, fouvent, que la cure étoit tellement dotée, foit en fonds, foit en dîmes, foit en rentes, que le curé ne pouvoit pas être dans le cas de folliciter la portion congrue. A l'égard des réparations même, il n'étoit pas fans exemple que l'églife étant à la charge d'un chapitre qui y étoit établi, ou ayant une fabrique riche, les décimateurs fuffent à l'abri de demandes à cet égard, à plus forte raifon qu'ils fuffent à l'abri de toute demande pour les ornemens, livres & vafes facrés. On doit examiner ces différentes circonftances. On ne fauroit perdre de vue que les dîmes eccléfiaftiques font effentiellement affujetties aux réparations congrues, &c. mais en même temps la juftice exige que, dans l'évaluation d'une charge, on diftingue celle qui eft actuelle de celle qui n'eft que poffible ; & lorfqu'on eft contraint d'entrer dans l'évaluation du poffible, il devient indifperfable de calculer les degrés plus ou moins nombreux de poffibilité. On propofera quelques règles à cet égard, en parlant de l'évaluation des charges des dîmes inféodées : le réfultat de ce qui fera dit alors, appliqué à l'efpece préfente, feroit qu'il faut réduire au vingtieme de l'évaluation des charges, l'eftimation de celles que les dîmes eccléfiafti-ques, poffédées par les laïcs, ne fupportoient pas actuel-lement, mais qu'il les pourroient fupporter un jour.

Il eft un autre cas relatif aux dîmes eccléfiaftiques, que les laïcs ont acquifes aux conditions portées par la loi pour obtenir une indemnité. L'acquéreur peut être convenu, foit au moyen d'une augmentation de prix, foit au moyen de tout autre avantage qu'il a fait à l'églife, que fa dîme feroit exempte des charges ordinaires. Cette ftipulation privée n'anéantit pas l'obligation aux charges, parce que des conventions particulieres ne détruifent pas le droit public ; & il eft certain que, nonobftant une telle ftipu-

N ij

lation, la charge des réparations & autres semblables
auroit été réalisée sur les dîmes, si les circonstances en
eussent amené la nécessité. La stipulation n'a donc d'autre
effet que de reculer le moment où la charge se réalisera.
C'est dans l'ordre de degrés de possibilité de l'assujettissement qu'il faut placer le résultat de ces conventions : l'assujettissement étoit toujours réel, mais le moment où il
devoit s'effectuer étoit éloigné, par les conventions qui auto-
risoient le détenteur de la dîme à exiger que telles ou telles valeurs fussent discutées & épuisées avant de l'assujet-
tir à une dette personnelle. On pourroit réduire alors l'estimation des charges, du vingtieme de leur valeur au quarantieme.

Passons aux charges dont l'appréciation doit diminuer
la valeur des dîmes inféodées, en considérant ces charges
dans le droit qu'on appelle *commun*, parce qu'il régit la
plus grande partie de l'empire.

Le droit commun assujettit les dîmes inféodées aux charges que les dîmes ecclésiastiques supportent, mais subsidiairement seulement, c'est-à-dire, après que les revenus
ecclésiastiques qui peuvent former la dotation propre de la
cure, & après que les produits de la dîme ecclésiastique sont
épuisés. L'incertitude que les recherches des historiens &
les systêmes opposés des jurisconsultes ont laissée sur la
nature & l'origine des dîmes inféodées, a porté à un parti
mitoyen entre l'exemption des charges de la dîme ecclésiastique & l'assujettissement à ces charges ; on n'en a
pas affranchi les dîmes inféodées, mais on a voulu qu'elles
n'y fussent sujettes qu'après l'épuisement des dîmes ecclésiastiques : elles sont en seconde ligne seulement pour subvenir aux réparations, portions congrues, &c.

Il n'est pas rare de trouver des paroisses où l'insuffisance
des dîmes ecclésiastiques avoit forcé les décimateurs inféodés à contribuer actuellement aux portions congrues, &c.
Cette charge n'auroit pas tardé à se réaliser sur un grand
nombre de décimateurs inféodés, si la portion congrue des
curés ayant été fixée à 2200 l. & celle des vicaires à
700 l., l'une & l'autre fussent demeurées à la charge des
décimateurs.

Mais il reste d'autres paroisses aussi, dans lesquelles la
charge des portions congrues, &c. ne devoit être consi-
dérée comme susceptible de tomber sur les décimateurs
inféodés, que dans un avenir plus ou moins éloigné.

Séparons d'abord de tous les autres cas, celui où le décimateur inféodé fupportoit dès-à-préfent la charge de la portion congrue & autres du même genre. Ce cas eft fufceptible de peu de difficulté : il eft facile d'eftimer des charges qui exiftent actuellement & de fait. On remarquera feulement, que d'après le décret du 23 octobre 1790, titre V, article X, la portion congrue doit être calculée, non pas fur l'ancien pied, mais fur celui de 1,200 l. pour les curés, de 700 l. pour les vicaires ; de maniere qu'il feroit fort poffible qu'un décimateur inféodé, qui n'auroit rien payé fur la portion congrue en 1789, fût regardé néanmoins comme y étant affujetti aujourd'hui de fait, parce que les revenus de la cure & les dîmes eccléfiaftiques n'auroient pas pu fournir 1,200 l. au curé, & 700 l. à chacun des vicaires.

Le cas qui eft réellement difficile, eft celui où le décimateur inféodé n'étoit encore affujetti de fait à aucune charge, mais où il étoit feulement poffible qu'il y fût affujetti ; & la difficulté vient des divers degrés de poffibilité qu'il faut calculer.

La charge de la portion congrue eft celle qui dépend d'un moindre nombre de circonftances. On conçoit qu'en fuppofant dans une paroiffe un curé & un vicaire dont les portions congrues réunies montent à 1,900 l., la contribution du décimateur inféodé devient poffible, dès que le produit des dîmes eccléfiaftiques n'excéde pas 1,900 l. ; mais cette poffibilité s'éloigne d'autant plus que le revenu de la cure & le produit des dîmes eccléfiaftiques excédent davantage la fomme de 1,900 l. Il ne faut pas beaucoup de réflexion pour fentir que dans une paroiffe où il y a un curé & un vicaire, 1,900 l. de portions congrues à payer, où la dîme eccléfiaftique étoit du produit de 6,000 l., & où il exiftoit un trait de dîme inféodée du revenu de 300 l., il étoit infiniment moins vraifemblable que le décimateur inféodé fût fujet à une contribution pour la portion congrue, que cela n'étoit vraifemblable dans une paroiffe où les dîmes eccléfiaftiques auroient été feulement de 2,000 l. de valeur, & où la dîme inféodée auroit été du produit de 3,000 livres.

Le calcul des poffibilités relativement à la charge des réparations, eft beaucoup plus compliqué. Son premier élément eft l'examen du produit de la dîme eccléfiaftique, ou plutôt de ce qui en refte après les portions congrues acquittées. Un fecond élément eft l'état de l'églife paroif-

fiale, fuivant que le chœur de l'églife étoit d'une conftruction plus ou moins riche, plus ou moins folide, la
charge du décimateur inféodée devoit être plus ou moins
confidérable, plus ou moins prochaine. Mais il faut faire
entrer ici l'examen d'une autre queftion extrêmement déli-
cate, favoir comment on devoit entendre la difpofition
des loix qui n'affujettiffoient les dîmes inféodées aux réparations des églifes qu'après l'épuifement des dîmes eccléfiaftiques. On convenoit affez généralement que la condition de l'épuifement n'étoit pas remplie par le feul fait
de l'abforption du revenu d'une année ; mais les jurifcon-
fultes étoient divifés fur la maniere dont on devoit procéder pour opérer l'épuifement de la dîme eccléfiaftique,
& il n'exiftoit ni loi, ni réglement, ni même d'arrêt
bien pofitif qui pût rallier leurs fentimens.

La charge de la fourniture des ornemens & vafes facrés
dépend auffi de plufieurs élémens : 1°. ce qui refte de la
dîme eccléfiaftique après l'acquit des charges annuelles ;
2°. le plus ou le moins de revenus de la fabrique, parce
que ce n'eft que l'épuifement de ces revenus qui ouvre
l'obligation des décimateurs ; 3°. l'état des ornemens.

Le premier réfultat de ces réflexions doit être de déterminer les experts qui procéderont à l'évaluation des dîmes,
à ne pas fixer leur attention feulement fur le produit de
la dîme inféodée qu'ils voudront évaluer, mais à l'étendre
fur tous les objets de comparaifon qui doivent fervir à
régler l'évaluation. Il faudra qu'ils connoiffent les divers
objets dont on vient de parler, valeur de la dîme eccléfiaftique, état des bâtimens, valeur des revenus de la fabrique ; il faudra que tous ces détails foient confignés dans
leur procès-verbal, afin qu'on puiffe juger ce qu'ils ont
fait ; & rectifier leur marche, s'il étoit néceffaire.

Suppofant donc les faits établis d'une maniere claire &
pofitive, il refte maintenant à déterminer ce que l'on re-
tranchera du produit annuel de la dîme inféodée pour les
charges ; non pas pour celles qu'elle fupporte actuellement,
l'évaluation de ces premieres charges n'eft pas fujette à
difficulté, mais pour les charges dont la dîme inféodée eft
fufceptible. L'Affemblée nationale n'ayant encore rien prononcé à cet égard, il faut chercher ce qui femblera le
plus convenable.

Appliquons-nous d'abord à ce qui regarde la portion
congrue, & confidérons les deux extrèmes ; c'eft-à-dire,

le cas où les dîmes eccléfiaftiques étant épuifées par les portions congrues, la dîme inféodée étoit fujette à être entamée au premier changement que le revenu de la dîme eccléfiaftique ou la fixation de la portion congrue auroit éprouvé ; & le cas où le revenu des dîmes eccléfiaftiques étoit tel, que la poffibilité d'une contribution, à la charge de la dîme inféodée, étoit le moins vraifemblable. Dans le premier cas, on pourroit évaluer la diminution que le revenu de la dîme inféodée devoit fubir, à un vingtieme du montant de la charge, parce que, dans le cas propofé, il y a lieu de croire que la dîme inféodée pourroit fupporter, dans l'efpace de vingt ans, une fois la charge des portions congrues. Suppofant donc toujours ces portions congrues à 1,900 l., on déduiroit, fur le revenu de la dîme inféodée 95 l. : cette réduction du vingtieme feroit la plus forte poffible.

La déduction la plus foible, celle qui auroit lieu dans le cas le moins apparent de la poffibilité d'une contribution, feroit du centieme, parce que dès qu'une chofe eft poffible, quelque rare qu'elle foit, on peut raifonnablement fuppofer qu'elle fe réalifera dans l'efpace d'un fiecle. Ainfi, en confervant l'hypotefe propofée, la déduction fur le revenu de la dîme feroit de 19 livres.

Si l'on demande enfuite quand on doit être fuppofé arrivé au point où la contribution eft la moins vraifemblable poffible, nous répondrons que la contribution la plus vraifemblable, celle qui a lieu quand les dîmes eccléfiaftiques font déja épuifées, étant évaluée à une année de vingt, le cas le plus éloigné d'une contribution poffible, doit être lorfque ce qui refte de la dîme eccléfiaftique, après les portions congrues acquittées, excede vingt fois la dîme inféodée.

En admettant ces deux extrêmes, celui où la dîme eccléfiaftique eft *zero*, & celui où elle eft de vingt fois la valeur de la dîme inféodée ; en prenant pour bafe de déduction le vingtieme dans le premier cas, le centieme dans le fecond, il eft aifé d'établir une échelle de proportion pour la déduction, graduée fur la valeur comparée de la dîme eccléfiaftique & de la dîme inféodée. Par exemple, fi la dîme eccléfiaftique vaut dix fois la dîme inféodée, la déduction fera d'un cinquantieme.

Mais voici une autre obfervation importante. La réduction à faire fur les dîmes inféodées, à caufe de l'infuffifan-

fance poffible des dimes eccléfiaftiques, doit fe régler
fur la valeur comparée des dîmes eccléfiaftiques aux dîmes
inféodées de la paroiffe; conféquemment il ne faut pas
déduire fur chaque trait de dîme inféodée, le total de la
partie qu'on jugera être à retrancher; cette déduction doit
porter fur le total des dîmes inféodées de la paroiffe, &
chaque décimateur particulier ne doit fupporter que fa
portion perfonnelle de la déduction. Y a-t-il 50 livres à
déduire, & la dîme inféodée eft-elle divifée entre trois
propriétaires, dans la proportion d'une moitié & de deux
quarts? Le premier propriétaire fupportera une déduction de 25 livres; chacun des deux autres, une déduction
de douze livres 10 fous.

Tout ce qui vient d'être dit, eft relatif à la déduction
pour la portion congrue. Dans celle qui aura lieu pour les
réparations, on doit faire entrer la néceffité de l'épuifement
du fonds de la dîme eccléfiaftique; & la maniere la plus
convenable de le calculer, eft d'eftimer le montant du capital à épuifer au denier vingt du produit. Cette évaluation
doit diminuer, dans la même proportion, la déduction à
fubir par la dîme inféodée. La déduction, réduite fur ce
pied, fera d'un vingtieme au lieu d'un entier, d'un fou
au lieu d'une livre; ainfi la déduction, pour la portion congrue étant de 50 livres, on y ajouteroit le fou pour livre,
ou 2 livres 10 fous de déduction pour les réparations.

A l'égard des déductions à faire pour la charge des ornemens, il n'y a, ce femble, d'autre obfervation à faire que
celle-ci: les revenus de la fabrique doivent être employés,
auffi bien que ceux de la dîme eccléfiaftique, avant que le
décimateur inféodé contribue à la fourniture des ornemens; il faut donc cumuler ces deux revenus, & les
comparer enfemble au revenu de la dîme inféodée pour
régler la déduction que cette dîme éprouvera, en opérant
d'ailleurs fur les mêmes bafes qui ont été admifes pour la
contribution à la portion congrue.

Nous avons dit qu'il étoit à-propos de conftater, relativement aux réparations qui peuvent tomber à la charge
des dîmes inféodées, l'état plus ou moins ruineux, plus
ou moins difpendieux des églifes paroiffiales; qu'il étoit
également à-propos de conftater l'état des ornemens. Il
pourroit fe trouver des cas où l'état de ces objets forceroit
à une déduction plus forte fur le revenu des dîmes inféodées; mais, dans les cas ordinaires & peu marqués, cet

état ne doit pas influer sur l'estimation ; autrement il n'existeroit plus de régle générale , & chaque estimation particuliere devenant susceptible de contradiction dans une multitude de détails, formeroit un procès à juger.

Les déductions étant une fois établies d'après les régles
qui viennent d'être posées , on prendra ce qui restera net
pour former la base du capital, soit au denier 25 , soit
au denier 20 , selon les différentes hypotheses établies
par les décrets de l'Assemblée.

Nous ne sommes pas sortis, jusqu'à présent , de ce qui
appartient au droit commun : en passant du droit commun
au droit particulier des ci-devant provinces, il y a peu
d'observations à faire sur le résultat de ce droit particulier.
En Flandre & en Artois, les dîmes inféodées sont sujettes aux charges décimales, concurremment avec les dîmes
ecclésiastiques ; il s'ensuit qu'il faut opérer sur leur revenu,
la même déduction que sur les dîmes ecclésiastiques , &
non pas seulement celle qui a lieu sur les dîmes inféodées.

Dans la Flandre maritime , les décimateurs ecclésiastiques ne sont pas seulement chargés du chœur de l'église
paroissiale, ils sont chargés de toute l'église. C'est une
somme plus forte à prendre pour base de la déduction
qui doit être évaluée , ainsi que la déduction pour la portion congrue, comme résultat d'une obligation actuelle &
non pas seulement comme résultat d'une obligation subsidiaire.

Ces observations suffisent, par les inductions qu'on peut
en tirer, pour tous les cas où il existeroit , soit loix , soit
usages particuliers. Il est facile d'opérer la réduction pour
la vingt-quatrieme des pauvres, pour la charge du clerc
& matiere, pour les presbytères ; ce sont autant de sommes à ajouter , soit à la charge annuelle de la portion
congrue , soit à la charge casuelle des réparations. Une derniere remarque particuliere est relative au cas qui se ren-
contre dans quelques lieux , où par le résultat, soit des
titres, soit d'un usage ancien, quelques dîmes , quoiqu'on
les regarde comme inféodées, se trouvent chargées de la
portion congrue, des réparations, &c. en premiere ligne ,
& comme des dîmes ecclésiastiques pourroient l'être, les
autres dîmes inféodées du même canton ne supportant
les mêmes charges que subsidiairement. Il faut, en ce cas,
se conformer aux titres & à l'usage établi, faire sur les
dîmes inféodées qui sont sujettes aux charges en premiere

ligne, & non subsidiairement les mêmes déductions qu'on feroit sur les dîmes ecclésiastiques.

Il ne s'agit plus maintenant que de voir d'après quels titres ou quelles opérations, on doit évaluer la masse du revenu des dîmes, masse qui donne le revenu net, base de l'indemnité, lorsqu'on a fait la déduction des charges qui viennent de nous occuper.

A R T I C L E   IV.

Titres & opérations qui doivent servir à estimer le revenu des dîmes, à la suppression desquelles l'Assemblée nationale a accordé une indemnité.

Il y a un moyen sûr de connoître le produit d'une dîme, c'est de savoir 1°. sur quelle étendue de terre elle se perçoit ; 2°. quel est le genre de fruits que cette terre donne ; 3°. à quelle quotité la dîme se perçoit ; 4°. quels sont les frais à faire pour percevoir la dîme, engranger les grains, &, en un mot, pour réduire la dîme, soit en argent, soit en toute autre valeur commerciale.

Les connoissances dont on vient de parler, s'acquierent par la remise d'états relatifs à la perception, & par des visites d'experts. L'Assemblée a ordonné ces opérations par ses décrets du 23 octobre 1790 & du 5 mars 1791 ; mais, en même temps, elle a considéré qu'elles étoient longues & coûteuses ; & pensant qu'on pouvoit y suppléer par des baux, quand ils ne seroient pas suspects, elle a voulu (décret du 23 octobre, tit. V, art. 5 ;) que l'évaluation fût faite d'après les baux, lorsqu'on seroit en état d'en rapporter un ou plusieurs, qui réuniroient les trois conditions suivantes : être actuellement subsistans en 1790 ; avoir une date certaine antérieure au 4 août 1789 ; remonter à quinze années au-delà de l'époque du 4 août 1789.

Les estimations ou les baux sont les seuls actes d'après lesquels on puisse estimer en masse les revenus des dîmes à la suppression desquelles l'Assemblée nationale a accordé une indemnité. Si les décrets ordonnent la production des titres d'acquisition & de propriété, ce n'est que pour renseigner la consistance de la dîme dont on demande l'indemnité. On seroit souvent injuste ou envers l'état ou envers les décimateurs, si l'on prenoit pour bafe de leur liquidation, les actes d'acquisition de la dîme. Lorsque l'acte d'acquisition feroit ancien, ou que l'acquéreur auroit, par une circonstance quelconque, fait un bon marché, le propriétaire dépossédé ne trouveroit pas, dans le dédommagement réglé fur le pied de cet acte, la jufte indemnité de ce qu'il perd. Dans le cas, au contraire, où l'acquéreur auroit acheté trop cher, l'indemnité fixée fur le prix de l'acquisition lui donneroit plus qu'il n'avoit réellement.

Le décret du 5 mars 1791, art. III, a autorifé les poffeffeurs des dîmes inféodées à produire, à défaut de baux ayant les conditions requifes par les décrets, des contrats d'acquisition poftérieurs à l'année 1785, & antérieurs au 4 août 1789; mais cette difpofition n'eft applicable qu'au cas de la demande d'une reconnoiffance provifoire. Le temps néceffaire pour procéder à une eftimation, à défaut de baux, auroit rendu à-peu-près inutile aux propriétaires l'avantage que l'affemblée a voulu leur procurer par les reconnoiffances provifoires; il falloit trouver un expédient pour fuppléer aux baux dans ce cas particulier; l'affemblée a adopté celui de la production d'un contrat d'acquisition. On doit fe conformer à fon décret, & fur la feule vue du contrat d'acquisition, on doit délivrer la moitié du prix en reconnoiffance provifoire; mais on ne doit pas étendre ce décret à un cas pour lequel il n'a point prononcé. Le cas particulier de l'acquisition moderne d'une dîme eccléfiaftique, celui d'une dîme prife à titre d'engagement, font exception aux régles générales pour le premier cas, felon ce qui a été obfervé dans l'article fecond (page 5:) pour le fecond cas, felon ce qui eft porté par le décret du 18 janvier 1791.

Le décret du 23 octobre 1790, article VI, autorife les propriétaires de dîmes dont les archives & les titres auroient été brûlés ou pillés à l'occasion des troubles furvenus depuis 1789, à faire preuve, foit par actes, foit par témoins, d'une poffeffion de 30 ans, antérieure à l'incendie ou pillage, de l'exiftence, de la nature & de la quotité de leurs droits de dîmes. On a paru appréhender que cette difpofition ne contrariât en quelque point les principes fur la nature des preuves qui doivent établir le droit de lever une dîme inféodée : le décret n'a rien d'oppofé aux principes. Quand les archives font brûlées,

on ne peut plus prouver directement par les titres qui y
étoient conservés , le fait ou de l'inféodation d'une dîme,
ou des reconnoissances féodales, ou de la possession centenaire ; il faut alors avoir recours soit à des titres étrangers , mais énonciatifs, soit à des dépositions de témoins.

Ces titres énonciatifs ou ces témoins doivent établir différens faits qui sont bien distingués dans le décret ; ils
doivent justifier, 1°. de l'existence du droit, déposer que
telle personne jouissoit d'une dîme ; 2°. de la nature du
droit, déposer que la dîme étoit connue pour dîme inféodée, levée comme telle ; 3°. de la quotité & de la possession depuis 30 ans. Une pareille enquête ne sauroit porter atteinte aux principes, au contraire, elle les confirme ;
car si des témoins, par exemple déposoient qu'ils ont connoissance que depuis telle époque, un tel jouissoit d'une
dîme qui passoit pour inféodée, mais qu'avant cette époque
la dîme appartenoit à un corps ecclésiastique & étoit réputée ecclésiastique, on jugeroit que la possession de la dîme
comme inféodée, n'est pas légitime, & on refuseroit
l'indemnité. Si les témoins en attestant la possession tren-
tenaire, n'indiquent pas l'époque à laquelle elle a commencé, il résulte de leur déposition la preuve d'une possession immémoriale, c'est-à-dire, telle qu'on ne connoît
aucune possession contraire ; & cette possession immémoriale doit suppléer à la possession centenaire, dans le cas où
les actes qui auroient établi la possession de cent ans se trouvent détruits par une force majeure.

Quant au surplus des questions qui peuvent se présenter, on doit se conformer aux décrets rendus spécialement
pour la liquidation des dîmes inféodées, aux décrets qui
contiennent des régles générales sur les liquidations, aux
loix anciennes que l'Assemblée nationale n'a point abro-
gées sur les conditions requises pour que les actes dont on
prétend induire des conséquences, soient reconnus en forme
probante.

Mandons, &c. *En vertu des décrets des* 21 & 25 *juin
dernier :* Pour le Roi. Signé *M. L. F. Duport.*

LOI relative à divèrses liquidations d'offices de judicature, & des charges de perruquiers de la ville de Melun.

Donnée à Paris, le 6 août 1791.

LOUIS, par la grace de Dieu, & par la loi conftitution-nelle de l'Etat, Roi des Français : à tous préfens & a venir; falut. L'Affemblée nationale a décrété, & nous voulons & ordonnons ce qui fuit.:

Décret de l'Affemblée nationale, du 31 juillet 1791.

L'Affemblée nationale, après avoir entendu le rapport de fes comités de judicature & central de liquidation, qui lui ont rendu compte des opérations du commiffaire du Roi, directeur général de la liiquidation, dont l'état eft joint au préfent décret, décrete que conformément au réfultat dudit état, il fera payé par la caiffe de l'extaordinaire, la fomme de dix neuf millions trois cent vingt-fix mille trente-fix livres dix-fept fous quatre deniers, à l'effet de quoi les reconnoiffances de liquidation feront expédiées aux officiers liquidés, en fatisfaifant par eux aux formalités prefcrites par les précédens décrets.

Mandons, &c. *En vertu des décrets des* 21 & 25 *juin* 1791. Pour le Roi. Signé *M. L. F. Duport.*

LOI relative à l'eftimation de la valeur locative des édifices occupés par les corps adminiftratifs & les tribunaux.

Donnée à Paris, le 6 août 1791.

LOUIS, par la grace de Dieu, & par la loi conftitutionnelle de l'Etat, Roi des Français : à tous préfens & à venir; falut. L'Affemblée nationale a décrété, & nous voulons & ordonnons ce qui fuit :

Décret de l'Assemblée nationale, du 31 juillet 1791.

L'Assemblée nationale décrete ce qui suit :

ARTICLE PREMIER.

Les préposés aux administrations des domaines nationaux , procéderont contradictoirement avec les corps
administratifs , à un état estimatif de la valeur locative
des édifices dans lesquels ces derniers ont formé leurs
établissemens provisoires.

II. La base du loyer sera pour le passé fixée selon la valeur
locative , & pour l'avenir , au denier vingt-cinq de la
valeur estimative des lieux où les corps administratifs
& judiciaire tiennent leurs séances, & le montant en sera
payé par les administrés & justiciables, à partir de la
date du délai fixé par le décret du 7 février dernier,
qui sera au surplus exécuté en tout son contenu.

III. Les corps administratifs sont responsables en leur
propre & privé nom de l'exécution du présent décret,
& comme tels, tenus de toutes indemnités envers la
nation , & en conséquence obligés d'en payer le montant aux receveurs des domaines nationaux ou à tous
autres qu'il appartiendra , sans en pouvoir rien réclamer
contre les administrés & justiciables.

Mandons , &c. *En vertu des décrets des* 21 & 25 *juin
dernier :* Pour le Roi. Signé *M. L. F. Duport.*

---

*Loi relative au remplacement des officiers qui manquent
dans les differens corps de l'armee.*

Donnée à Paris, le 6 août 1791.

LOUIS , par la grace de Dieu , & par la loi constitutionnelle de l'Etat, Roi des Français : à tous présens & à venir;
salut. L'Assemblée nationale a décrété , & nous voulons &
ordonnons ce qui suit :

Décret de l'Assemblée nationale, du premier août 1791.

L'Assemblée nationale décrete qu'attendu les circonstances, le remplacement actuel des officiers qui manquent dans les différens corps de l'armée, se fera comme il suit :

1°. Les régles prescrites par les précédens décrets, pour le remplacement des officiers supérieurs & des adjudans-majors dans les différens corps des différentes armes, auront leur pleine & entiere exécution.

2°. Dans chacun des régimens d'infanterie de ligne, où il n'y a pas plus de quatre compagnies vacantes, elles appartiendront aux plus anciens lieutenans du régiment. Dans chacun des bataillons d'infanterie légere, où il n'y a pas plus de deux compagnies vacantes, elles appartiendront aux plus anciens lieutenans du bataillon.

3°. Les trois quarts au moins du total des compagnies vacantes dans les régimens d'infanterie de ligne & dans les bataillons d'infanterie légere, au-delà du nombre ci-dessus déterminé, seront donnés aux plus anciens lieutenans de toute l'infanterie qui sont actuellement en activité ; l'autre quart pourra être donné par le pouvoir exécutif, soit à des capitaines, soit à des lieutenans d'infanterie réformés ou retirés, qui desireroient & seroient reconnus susceptibles de rentrer en activité, à la condition de présenter de leur part un certificat du directoire du district dans l'étendue duquel ils résident, qui atteste leur attachement à la constitution décrétée par l'Assemblée nationale.

4°. Les capitaines qui seront pourvus en vertu de l'article premier, conserveront leur rang entre eux, & le prendront sur tous ceux qui seront nommés en vertu de l'article II. Ceux de ces derniers qui seront pris sur la colonne des lieutenans actuellement en activité, conserveront aussi leur rang entre eux ; & le prendront sur tous les officiers ci-devant réformés ou retirés, qui pourroient obtenir des compagnies ; ceux-ci enfin pendront entre eux le rang que leur assignera le grade qu'ils avoient avant leur réforme ou leur retraite, & à grade égal, l'ancienneté de leur service.

5°. Dans chacun des régimens d'infanterie de ligne, où il n'y aura pas plus de quatre lieutenances vacantes, elles appartiendront aux plus anciens sous-lieutenans de ce régiment. Dans chacun des bataillons d'infanterie lé-gere, où il n'y aura pas plus de deux lieutenances vacantes, elles appartiendront aux plus ancien sous-lieutenans du bataillon.

6°. Les trois quarts au moins du total des lieutenances vacantes dans les régimens d'infanterie de ligne, & dans les bataillons d'infanterie légere au-delà du nombre ci-deffus déterminé, feront donnés aux plus anciens lieutenans de toute l'infanterie qui font actuellement en activité; l'autre quart pourra être donné par le pouvoir exécutif, foit à des lieutenans, foit à des fous-lieutenans réformés ou retirés qui defireroient & feroient reconnus fufcep-tibles de rentrer en activité, à la condition de préfenter de leur part un certificat du directoire du diftrict dans l'étendue duquel ils réfident, qui attefte leur attache-chement à la conftitution décrétée par l'Affemblée na-tionale.

7°. Les lieutenans qui feront pourvus en vertu de l'article V, conferveront leur rang entre eux, & le pren-dront fur tous ceux qui feront nommés en vertu de l'article VI; ceux de ces derniers qui feront pris fur la colonne des fous-lieutenans actuellement en activité, conferveront auffi leur rang entre eux, & le prendront fur tous les officiers ci-devant réformés ou retirés qui pourroient obtenir des lieutenances; enfin ceux-ci pren-dront entre le rang que leur affignera le grade qu'ils avoient avant leur réforme ou leur retraite, & à grade égal l'ancienneté de leur fervice.

8°. Les fous-lieutenances vacantes dans l'infanterie de ligne & dans l'infanterie légere, feront données; favoir, dans les régimens & bataillons d'infanterie qui n'ont pas deftitué leurs officiers, moitié aux fous officiers de ce ré-giment, moitié à des fils de citoyens actifs.

Dans les régimens & bataillons qui ont deftitué leurs officiers, les trois quarts des fous-lieutenances vacantes feront données à des fils de citoyens actifs, l'autre quart demeurera réfervé aux fous-officiers du régiment, au terme du décret du

9°. Les jeunes citoyens ne feront fufceptibles des fous-lieutenances vacantes, que depuis 16 jufqu'à 24 ans; ceux âgés de plus de 18 ans, devront avoir fervi dans la garde nationale : tous feront tenus de rapporter un certificat du directoire du diftrict dans l'étendue duquel

quel ils résident, qui attesle leur attachement à la conftitution décrétée par l'Assemblée nationale.

10°. Pour le remplacement actuel des capitaines & de
lieutenans du corps royal d'artillerie, on suivra les regle
d'avancement prescrites par les précédens décrets relatif
à cette arme; les sous-lieutenances vacantes feront partagées entre les éleves du corps & lieutenans en troisieme, qui n'ont pas encore obtenu leur remplacement.

11°. Dans les régimens de troupes à cheval, le tiers
des compagnies vacantes sur toute l'arme, appartiendra
aux plus anciens capitaines de remplacement ou de réforme,
les deux autres tiers aux plus anciens lieutenans actuellement en activité, pris sur toute l'arme.

12°. Dans chacun des régimens de troupes à cheval
où il n'y aura pas plus de deux lieutenances vacantes,
elles appartiendront aux plus anciens sous-lieutenans de
ce régiment : le surplus des lieutenances vacantes dans
les régimens de troupes à cheval, sera donné aux plus
anciens sous-lieutenans actuellement en activité, pris sur
toute l'arme.

13°. Les sous-lieutenances vacantes dans les troupes
à cheval seront données, moitié aux sous-officiers de ces
régimens, moitié à des fils de citoyens actifs ayant au
moins 16 & pas plus de 24 ans d'âge : ceux qui auront plus de 18 ans devront avoir servi dans la garde
nationale. Tous seront tenus de présenter un certificat du
directoire du district dans l'étendue duquel ils résident, qui
attesle leur attachement à la constitution décrétée par
l'Assemblée nationale.

14°. Dans les régimens de toute arme qui ont actuel-
ment leur colonel, cet officier supérieur indiquera, sous
huitaine à compter du jour de la publication du présent
décret, soit au général d'armée, soit au commandant en
chef de division aux ordres duquel il est, les sujets qu'il
croit susceptibles d'obtenir les sous-lieutenances vacantes
dans le régiment qu'il commande. Les généraux d'armée
& les commandans en chef des divisions, proposeront
d'eux-mêmes aux sous-lieutenances vacantes dans les corps
qui sont sous leurs ordres & qui n'ont point actuellement de colonel : ces différentes propositions feront
adressées immédiatement au ministre de la guerre,
pour le mettre en état de pourvoir sans aucun délai à
toutes les sous-lieutenances vacantes dans l'armée.

Partie XIII.   O

15°. Pour que rien ne retarde le remplacement effectif des officiers qui manquent actuellement dans l'armée, les officiers supérieurs & autres seront reçus, mis en fonctions & payés, sans attendre l'expédition de leurs brevets ou commissions, sur l'avis de leur nomination adressé par le ministre de la guerre, soit aux généraux d'armée, soit aux commandans en chef des divisions & aux chefs des corps dans lesquels les remplacemens devront s'opérer. Néanmoins les brevets & commissions seront ensuite expédiés le p'us tôt possible, & vaudront du jour de chaque nomination, dont ils rappelleront la date.

Mandons, &c. *En vertu des décrets des* 21 *&* 25 *juin* 1791 : pour le Roi. *Signé* M. L. F. *Duport.*

Loi relative aux émigrans.

Donnée à Paris, le 6 août 1791.

LOUIS, par la grace de Dieu, & par la loi constitutionnelle de l'Etat, Roi des Français : à tous présens & à venir ; salut. L'Assemblée nationale a décrété, & nous voulons & ordonnons ce qui suit :

Décret de l'Assemblée nationale, du premier août 1791.

Les circonstances où se trouve la nation françoise, lui faisant un devoir de rappeler dans son sein tous les enfans de la patrie absens, & de ne permettre aux citoyens présens de sortir du royaume que pour des causes reconnues nécessaires, l'Assemblée nationale décrete ce qui suit :

ARTICLE PREMIER.

Tous les François absens du royaume, sont tenus de rentrer en France dans le délai d'un mois, à compter de la publication du présent décret : & jusqu'à ce qu'il en ait été autrement ordonné, aucun citoyen françois ne pourra fortir du royaume fans avoir fatisfait à ce qui fera preſcrit ci après.

II. Les émigrés qui rentreront en France, feront mis fous la protection & fous la fauve-garde fpéciale de la loi ; en conféquence, les corps adminiſtratifs & les municipalités feront tenus fous leur reſponſabilité, de veiller à leur fûreté & de les en faire jouir.

Il eſt pareillement enjoint aux accuſateurs publics, de pourſuivre la réparation ou la punition de toute contravention aux préſentes diſpoſitions.

III. Ceux qui ne rentreront pas dans le délai fixé, paieront par forme d'indemnité du fervice perſonnel que chaque citoyen doit à l'état, une triple contribution principale fonciere & mobiliaire, pendant tout le temps de leur abſence ; ils fouffriront en outre une triple retenue fur les intérêts des rentes, preſtations ou autres redevances, à raiſon deſquelles la retenue fimple eſt autoriſée. Ces débiteurs deviendront comptables de deux portions, de trois de cette même retenue envers le tréſor public, &, à défaut de paiement, ils feront pourſuivis comme pour leurs propres contributions ; leſdits débiteurs feront tenus de faire leurs déclarations aux diſtricts, à peine de demeurer reſponſables de toutes les retenues qui n'auroient pas été faites.

IV. La triple impoſition ne pourra nuire aux créanciers légitimes ayant des titres authentiques anterieurs à la loi du 28 juin dernier, leſquels pourront exercer leurs droits, ſoit ſur les fonds, ſoit ſur leurs revenus, par préférence aux deux dernieres portions de l'impoſition, fans préjudice du droit de la nation de ſe faire payer du ſurplus de ladite impoſition, ſur l'excédant des fonds ou des revenus des débiteurs.

V. Les émigrés feront diſpenſés auſſitôt leur retour, du paiement total de cette taxe, qu'ils ne feront tenus d'effectuer qu'au prorata du temps de leur abſence, à partir du premier juillet de la préſente année, ſe réſervant au ſurplus l'Aſſemblée nationale, de prononcer telle peine qu'il appartiendra contre les réfractaires, en cas d'invaſion hoſtile ſur les terres de France.

VI. Pour l'exécution des articles précédens, chaque municipalité sera tenue de fournir un état nominatif de tous les émigrés compris aux rôles, tant de la contribution foncière que de la contribution mobiliaire ; & à la suite des noms de chacun desdits émigrés, ils indiqueront le montant de la cotte d'imposition pour laquelle ils auront été portés dans les rôles, ils indiqueront aussi le montant de la retenue qu'ils sauront devoir leur être faite sur les rentes, prestations & redevances à eux appartenant.

Ces états seront adressés aux directoires de districts, qui, à vue d'iceux, & d'après les détails qui seront à sa connoissance, fera former un rôle de la taxe ordonnée à l'égard desdits émigrés. Ces rôles ainsi formés & visés par les directoires de district, seront envoyés au département, qui les adressera au ministre des impositions, qui donnera les ordres nécessaires pour en assurer l'exécution.

VII. Les fermiers, locataires ou autres redevables desdits absens, ne pourront acquitter le prix de leurs baux à ferme, à loyer, les rentes & redevances par eux dues, sans qu'il leur ait été justifié du paiement des rôles d'impositions & taxations desdits absens.

VIII. Sont exceptés des dispositions ci-dessus, les François établis en pays étranger avant le premier juillet 1789, ceux dont l'absence est antérieure à ladite époque, ceux qui ne se sont absentés qu'en vertu de passe-ports en due forme pour cause de maladie, ceux qui ont une mission du gouvernement, leur épouse, pere & mere domiciliés avec eux, les gens de mer, les négocians ou leurs facteurs, notoirement connus pour être dans l'usage de faire, à raison de leur commerce, des voyages chez l'étranger.

IX. Les congés ou permissions de s'absenter hors du royaume, ne seront accordés à aucun citoyen que par le directoire du district dans le ressort duquel il sera domicilié, & d'après l'avis de sa munincipalité, pour des causes nécessaires, indispensables, connues ou constatées.

Celui qui sollicitera ladite permission, prêtera individuellement le serment civique, ou justifiera qu'il a déjà prêté ce serment individuel, & joindra à sa demande une déclaration par écrit qu'il entend y rester fidele.

X. Conformément à l'article VII du décret du 28 juin dernier, les congés ou permissions de s'absenter hors du royaume, contiendront le nombre des personnes à qui ils sont donnés, leurs noms, leur âge, leur signalement, la paroisse habitée par ceux qui les auront obtenus, lesquels seront obligés de signer sur les regîtres des passe-ports & sur les passe-ports eux-mêmes.

Mandons, &c. *En vertu des décrets des 21 & 25 juin 1791 : Pour le Roi. Signé M. L. F. Duport.*

Loi qui autorise les directoires des départemens de l'Eure & de la Marne, à acquérir les bâtimens nécessaires à leur l'établissement.

Donnée à Paris , le 6 août 1791.

LOUIS, par la grace de Dieu , & par la loi constitutionnelle de l'Etat, Roi des Français : à tous présens & à venir ; salut. L'Assemblée nationale a décrété, & nous voulons & ordonnons ce qui suit.

Décret de l'Assemblée nationale , du 2 août 1791.

L'Assemblée nationale, ouï le rapport de son comité d'emplacement, autorise 1°. le directoire du département de l'Eure à acquérir aux frais des administrés, & dans les formes prescrites par les décrets de l'Assemblée nationale pour la vente des biens nationaux, *la maison du petit séminaire de Saint-Leufroy séante à Evreux*, contenant, suivant le procès-verbal des sieurs Joseph Dubois, entrepreneur des bâtimens, & Circonstancien Mesnard, ingénieurs des ponts & chaussées, en date du 12 avril 1791, cent six perches carrées de vingt-deux pieds, dont cinquante-six trois quarts en cour & bâtimens, & quarante-neuf perches un quart en jardin. Excepte de la présente permission d'acquérir, le jardin dépendant de ladite maison, à la réserve de trente pieds le long du bâtiment pour lui conserver le jour nécessaire de ce côté. Autorise pareillement le directoire à faire procéder à l'adjudication au rabais des ouvrages qui reſtent à faire pour achever la diſtribution néceſſaire au ſervice de l'adminiſtration, eſtimée par le procès-verbal ſuſdaté, trois mille livres , pour le montant en être également ſupporté par les adminiſtrés. 2°. Autoriſe pareillement le directoire du département de la Marne, à acquérir aux frais des adminiſtrés de la municipalité de Châlons, moyennant la ſomme de vingt mille livres, prix convenu, la maiſon qui ſervoit de logement au commandant des ci-devant gardes-du-corps, pour y placer le corps adminiſtratif du département.

L'autoriſe également à faire procéder à l'adjudication au rabais des ouvrages & arrangemens intérieurs néceſſaires , ſur le devis eſtimatif qui en a été dreſſe par l'ingénieur en chef du département, le 4 de ce mois, pour le montant de ladite adjudication être ſupporté par leſdits adminiſtrés, & être réparti en deux années, à commencer par la préſente année.

Mandons, &c. *En vertu des décrets des* 21 *&* 25 *juin* 1791. Pour le Roi. Signé *M. L. F. Duport.*

Loi portant établiſſement de tribunaux de commerce à Blois, Condé, Quilbœuf & Dourdan, & qui ordonne la nomination de quatre ſuppléans au tribunal de Bar-le-duc.

Donnée à Paris , le 6 août 1791.

LOUIS , par la grace de Dieu , & par la loi conſtitutionnelle de l'Etat, Roi des Français : à tous préſens & à venir; ſalut. L'Aſſemblée nationale a décrété, & nous voulons & ordonnons ce qui ſuit :

Décret de l'Aſſemblée nationale , du 2 *août* 1791.

L'Aſſemblée nationale, après avoir entendu le rapport du comit. de conſtitution, décrete ce qui ſuit :

Il ſera établi des tribunaux de commerce dans les villes de Blois , Condé-ſur-Noireau , Quilbœuf & Dourdan.

Les limites de celui de Condé-sur-Noireau seront celles déterminées par l'arrêté du directoire du département du Calvados, du 18 juin dernier.

Celui de Quilbœuf aura pour limites celles de son canton.

Celui de Dourdan n'est établi que pour les cantons de Dourdan, Rochefort & Ablis.

Il sera nommé quatre suppléans au tribunal de commerce de Bar-le-duc.

Mandons, &c. *En vertu des décrets des 21 & 25 juin dernier.* Pour le Roi. Signé *M. L. F. Duport.*

Loi relative aux municipalités de Frontignan & Marseillan.

Donnée à Paris, le 6 août 1791.

Louis, par la grace de Dieu, & par la loi constitutionnelle de l'Etat, Roi des Français : à tous présens & à venir, salut. L'Assemblée nationale a décrété, & nous voulons & ordonnons ce qui suit :

Décret de l'Assemblée nationale, du 2 août 1791.

L'Assemblée nationale, après avoir entendu le rapport du comité de constitution, sur les délibérations des municipalités de Frontignan & de Marseillan, déclare que le décret du 24 mars dernier, est une simple commission au directoire du département de l'Hérault, pour entendre les parties intéressées, en dresser procès-verbal, & ensuite être statué définitivement par l'Assemblée nationale, ainsi qu'il appartiendra, sur les pétitions énoncées audit décret du 24 mars.

Mandons, &c. *En vertu des décrets des 21 & 25 juin dernier ;* Pour le Roi. Signé *M. L. F. Duport.*

Loi relative à la fabrication de la menue monnoie avec le métal des cloches.

Donnée à Paris, le 6 août 1791.

Louis, par la grace de Dieu, & par la loi constitutionnelle de l'État, Roi des Français : à tous présens & à venir ; salut. L'Assemblée nationale a décrété, & nous voulons & ordonnons ce qui suit :

Décret de l'Assemblée nationale, du 3 août 1791.

L'Assemblée nationale, après avoir entendu son comité des monnoies, tant sur les moyens d'exécution de son décret du 25 mai, sur l'emploi en monnoie du métal des cloches, que sur le résultat des expériences faites sur le départ de cette matiere, décrete ce qui suit :

ARTICLE PREMIER.

La fabrication d'une menue monnoie avec le métal des cloches, aura lieu sans délai dans tous les hôtels des monnoies du royaume.

II. Le métal des cloches sera allié à une portion égale de cuivre pur, & les flaons qui en proviendront seront frappés.

III. Cette monnoie sera divisée en pieces de deux sous à la taille de dix au marc, en pieces d'un sou à celle de vingt au marc, & en pieces de demi-sou à celle de quarante au marc.

IV. Les poinçons & matrices pour la fabrication des pieces d'un sou, pourront être fournis par le sieur Duvivier, suivant ses offres ; & il sera tenu compte à cet artiste de ses fournitures au prix qui sera fixé par l'administration des monnoies.

V. Les directoires des départemens tiendront à la dif-poſition du miniſtre des contributions publiques, les cloches des égliſes ſupprimées dans leur arrondiſſement.

VI. Le miniſtre des contributions prendra les meſures convenables pour procurer inceſſamment aux divers hôtels des monnoies le cuivre néceſſaire, ſoit par le départ d'une partie du métal des cloches, ſoit en traitant avec les manufacturiers ; & il rendra compte chaque ſemaine à l'Aſſemblée nationale de l'état de la fabrication.

Mandons, &c. *En vertu des décrets des* 21 & 25 *juin dernier :* Pour le Roi. Signé M. L. F. Duport.

Loi relative à la diſtribution de la monnoie de cuivre & de celle qui proviendra de la fonte des cloches.

Donnée à Paris, le 6 août 1791.

LOUIS, par la grace de Dieu, & par la loi conſtitutionnelle de l'Etat, Roi des Français : à tous préſens & à venir ; ſalut. L'Aſſemblée nationale a décrété, & nous voulons & ordonnons ce qui ſuit :

Décret de l'Aſſemblée nationale, du 3 *août* 1791.

L'Aſſemblée nationale, après avoir entendu le rapport du comité des finances, décrete ce qui ſuit :

ARTICLE PREMIER.

La diſtribution de monnoie en eſpeces de cuivre, & celle qui proviendra de la fonte des cloches, ſera faite par les hôtels des monnoies entre les départemens indiqués pour chacune de ces monnoies, par l'état annexé au préſent décret, & dans les proportions réglées par le même état.

II. En conſéquence, le directeur de chaque hôtel des monnoies ſera tenu d'envoyer, à la réception du préſent décret, aux directoires des départemens avec leſquels il devra correspondre, un bordereau certifié de lui, qui énon-

cera la fomme fabriquée, actuellement exiftante en monnoie de cuivre, dont la diftribution pourra être faite fur
le champ.

III. Le directeur de chaque hôtel des monnoies continuera d'adreffer aux mêmes directoires de département,
le dernier jour de chaque femaine, un état de la fabrication qui aura eu lieu dans le cours de la même femaine,
tant en efpeces de cuivre qu'en métal provenant de la fonte
des cloches.

IV. Chaque directoire de département connoîtra d'après
ces bordereaux fucceffifs, & d'après la proportion dans
laquelle il devra participer au produit de la fabrication
déja exiftante, & de celle qui aura lieu chaque femaine,
le montant de la fomme qui devra lui revenir, & il fera
les difpofitions néceffaires pour faire tranfporter de l'hôtel
des monnoies, dans les caiffes de diftrict, la part à eux
afférente dans la fabrication de chaque femaine.

V. Il ne fera fait toutefois aucune livraifon par les directeurs des monnoies, aux tréforiers, que la valeur ne leur
en foit, à l'inftant même, remife en affignats.

VI. A mefure que les directoires de département auront
des monnoies à répartir en efpeces de cuivre ou de métal
provenant de la fonte des cloches, ils feront tenus d'en
faire la diftribution entre les directoires de diftricts, &
en fe conformant, autant que les localités pourront le permettre, aux inftructions qui leur feront données à cet effet
par le miniftre des contributions publiques.

Le préfent décret fera imprimé & envoyé dans tous
les départemens.

Distribution de la fabrication des especes de cuivre, & de celles provenant de la fonte des cloches.

NOMS des DÉPARTEMENS.	PROPORTION dans laquelle ils doivent participer au produit de la fabrication.

Paris.

Paris............................	8 vingtiemes.
Oise............................	2.
Seine & Oise....................	3.
Seine & Marne..................	2.
Marne..........................	2.
Aube...........................	1.
Yonne..........................	2.
	20.

Rouen.

Seine inférieure................	6. vingtiemes.
Eure...........................	2.
Calvados.......................	3.
Manche........................	3.
Côtes du Nord.................	3.
Finistere......................	3.
	20.

Lyon.

Rhône & Loire.................	8 vingtiemes.
Saône & Loire.................	3.
Côte d'Or.....................	2.
Jura..........................	2.
Ain...........................	2.
Isere.........................	3.
	20.

La Rochelle.

Charente inférieure...................... 8 vingtiemes.
Charente................................ 5.
Deux Sevres............................. 4.
Vienne.................................. 3.
                                        20.

Limoges.

Haute-Vienne............................ 5 vingtiemes.
Correze................................. 2.
Creuse.................................. 2.
Allier.................................. 2.
Puy-de-Dôme............................. 5.
Cantal.................................. 2.
Indre................................... 2.
                                        20.

Bordeaux.

Gironde................................. 8 vingtiemes.
Dordogne................................ 4.
Lot & Garronne.......................... 4.
Lot..................................... 4.
                                        20.

Bayonne.

Basses-Pyrénées......................... 9 vingtiemes.
Landes.................................. 11.
                                        20.

Toulouse.

Haute-Garonne........................... 9 vingtiemes.
Tarn.................................... 3.
Aveiron................................. 5.
Lozere.................................. 1.
Haute-Loire............................. 2.
                                        20.

Montpellier.

Hérault................................. 8 vingtiemes.
Gard.................................... 4.
Ardeche................................. 4.
Drôme................................... 3.
Haute-Alpes............................. 1.
                                        20.

Perpignan.

Pyrénées orientales........................... 7 vingtiemes.
Aude... 13.
                                              20.

Orléans.

Loiret....................................... 6 vingtiemes.
Eure & Loire................................. 2.
Orne,.. 3.
Sarthe....................................... 3.
Loire & Cher................................. 1.
Indre & Loire................................ 2.
Nievre....................................... 2.
Cher... 1.
                                              20.

Nantes.

Loire inférieure............................. 6 vingtiemes.
Ille & Villaine.............................. 4.
Morbihan..................................... 2.
Mayenne...................................... 2.
Maine & Loire................................ 4.
Vendée,...................................... 2.
                                              20.

Metz.

Moselle...................................... 7 vingtiemes.
Ardennes..................................... 3.
Meuse.. 3.
Meurthe...................................... 4.
Haute Marne.................................. 3.
                                              20.

Strasbourg.

Bas-Rhin..................................... 9 vingtiemes.
Haut-Rhin.................................... 3.
Vosges....................................... 3.
Haute-Saône.................................. 3.
Doubs.. 2.
                                              20

Lille.

Nord... 7 vingtiemes.
Pas-de-Calais................................ 5.
Somme.. 4.
Aisne.. 4.
                                              20

Pau.

Hautes - Pyrénées.....................	7 vingtiemes.
Gers..................................	8.
Arriége...............................	5.
	20

Marseille.

Bouches du Rhône.....................	10 vingtiemes.
Var..................................	4.
Baffes-Alpes..........................	2.
Corfe................................	4.
	20

Mandons, &c. *En vertu des décrets des* 21 & 25 *juin* 1791 : Pour le Roi. Signé *M. L. F. Duport.*

LOI qui leve la fufpenfion portée par le décret du 24 *juin dernier, relativement aux affemblées électorales.*

Donnée à Paris, le 8 août. 1791.

LOUIS, par la grace de Dieu & par la loi conftitutionnelle de l'Etat, Roi des Français : à tous préfens & à venir ; falut. L'Affemblée nationale a décrété, & nous voulons & ordonnons ce qui fuit :

Décret de l'Affemblée nationale, du 5 *août* 1791.

L'Affemblée nationale décrete qu'elle leve la fufpenfion portée par le décret du 24 juin dernier, & qu'en conféquence les affemblées électorales feront inceffamment convoquées dans tous les départemens du royaume, pour nommer les députés au corps légiflatif, à compter du 25 août préfent mois, jufqu'au 5 feptembre prochain ; décrete en outre qne les députés nommés fe rendront immédiatement à Paris, pour entrer en fonctions le jour qui fera fixé par un décret.

Mandons, &c. *En vertu des décrets des* 21 & 25 *juin dernier :* Pour le Roi. Signé *M. L. F. Duport.*

Loi relative aux dons patriotiques pour l'entretien des gardes nationales.

Données à Paris, le 10 août 1791.

LOUIS, par la grace de Dieu , & par la loi conſtitution-nelle de l'Etat, Roi des Français : à tous préſens & à venir ; ſalut. L'Aſſemblée nationale a décrété , & nous voulons & ordonnons ce qui ſuit.

Décret de l'Aſſemblée nationale, du 12 juillet 1791.

L'Aſſemblée nationale decrete que les dons patriotiques qui ſont offerts pour l'entretien des gardes nationales qui feront le ſervice militaire , ou pour tous autres objets d'utilité publique , ſeront ſur le champ portés par un des commis du bureau des procès verbaux , à la tréſorerie de l'extraordinaire, où il lui en ſera expédié des reçus, & où il ſera tenu un regiſtre deſdits dons patriotiques.

Mandons, &c. *En vertu des décrets des* 21 & 25 *juin dernier :* Pour le Roi. Signé *M. L. F. Duport.*

Loi relative aux écoles de la marine.

Donnée à Paris, le 10 août 1791.

LOUIS , par la grace de Dieu, & par la loi conſtitutionnelle de l'Etat, Roi des Français : à tous péſens & à venir ; ſalut. L'Aſſemblée nationale a décrété, & nous voulons & ordonnons ce qui ſuit :

Décret de l'Aſſemblée nationale , des 21 & 30 *juillet* 1791.

L'Aſſemblée nationale décrete ce qui ſuit :

TITRE PREMIER.

Des examinateurs & des profeſſeurs.

ARTICLE PREMIER.

Il y aura un examinateur des aſpirans de la marine,

dont les fonctions feront d'être juge des concours qui feront ouverts chaque année dans les principales villes maritimes, tant pour les places d'aspirans de la marine, que pour celles d'enseignes entretenus ; son traitement fera de six mille livres. Les frais de voyage de l'examinateur des aspirans, & de ceux des examinateurs hydrographes, feront évalués à quatre mille huit cents livres par année.

II. Il y aura deux examinateurs hydrographes, dont les fonctions feront d'examiner les navigateurs qui fe préfenteront pour le grade d'enseigne non entretenu. Les examens pour ce grade auront lieu deux fois chaque année, & à des époques fixes, dans tous les ports où feront établies les écoles. Le traitement de chacun des examinateurs hydrographes fera de quatre mille cinq cents livres, & ils feront remboursés en fus, de leurs frais de voyages, qui ne pourront excéder pour chacun la fomme de quatre mille huit cents.

III. La place d'examinateur des aspirans de la marine, & celles des deux examinateurs hydrographes feront à la nomination du roi, & elles ne pourront être remplies que par ceux qui auront profeffé les mathématiques, au moins pendant cinq ans, dans quelqu'une des écoles nationales.

IV. Il fera créé des écoles gratuites & publiques de mathématiques & d'hydrographie dans les villes fuivantes, & chaque école aura un profeffeur dont le traitement fera fixé comme il fuit.

Appointemens du profeffeur.

Toulon, trois mille fix cents livres......... 3,600 l.
Marfeille, trois mille fix cents livres........ 3,600.
Cette, trois mille livres............... 3,000.
Bayonne, trois mille livres.............. 3,000.
Bordeaux, trois mille fix cents livres..... 3,600.
Rochefort, trois mille fix cents livres..... 3,600.
Nantes, trois mille fix cents livres........ 3,600.
L'Orient, trois mille livres............... 3,000.
Breft (il y aura un fecond profeffeur à trois mille
    livres), fix mille fix cents livres.......... 6,600.
Saint-Malo, trois mille livres............ 3,000.

Le

Le Havre , trois mille livres.............. 3,000 l.
Dunkerque , trois mille livres............ 3,000.

TOTAL......... 42,600.

V. Il sera créé des écoles gratuites & publiques d'hydrographie dans les villes suivantes :

Antibes.	Audierne.
Saint-Tropez.	Saint-Paul-de-Léon.
La Ciotat.	Saint-Brieux.
Narbonne.	Granville.
Portvendre.	Cherbourg.
Libourne.	Honfleur.
La rochelle.	Fécamp.
Les Sables d'Olonne.	Dieppe.
Painbœuf.	Saint-Valery-sur-Somme.
Le Croisic.	Boulogne.
Vannes.	Calais.

Dans chacune de ces villes , les appointemens du professeur feront de quinze cents à deux mille livres.

VI. La police des écoles publiques de mathématique &
d'hydrographie appartiendra à la municipalité du lieu.

VII. Les places de professeurs de toutes ces écoles seront
données aux concours.

VIII. Lorsqu'une place de professeur viendra à vaquer ,
la municipalité du lieu en informera le ministre de la
marine , qui y pourvoira provisoirement , & sera annon-
cer par des avis envoyés dans les quatre-vingt-trois départemens , l'époque & le lieu du concours.

IX. Le lieu du concours pour la place de professeur , sera
toujours la ville où la place sera vacante , & l'époque
sera celle de la tournée la plus prochaine de l'examinateur ; de maniere cependant qu'il y ait au moins un mois
d'intervalle entre l'annonce & l'ouverture du concours.

X. Ceux qui se présenteront au concours , se feront
inscrire au greffe de la municipalité , & auront la faculté
de le faire jusqu'à la clôture du concours.

Partie XIII.   P

XI Le concours fera ouvert & préfidé par la municipalité qui invitera à y affifter tous les autres corps adminiftratifs & toutes les perfonnes chargées de quelque fonction dans l'inftitution publique.

XII. Le juge du concours pour les places de profeffeurs
de mathématiques & d'hydrographie, fera l'examinateur
des afpirans de la marine ; & celui du concours pour les
places de profeffeurs d'hydrographie, fera l'examinateur
hydrographe alors en tournée.

XIII. Le concours fera public.

XIV. Lorfque tous les concurrens auront été appelés &
interrogés, l'examinateur déclarera publiquement celui
qu'il aura jugé le plus digne de remplir la place, & le
préfident prononcera la clôture du concours. Il en fera
dreffé procès-verbal figné par les membres préfens de la
municipalité, par le juge du concours, & par tous ceux
qui ayant été invités, auront affifté ; & copies en feront
envoyées au miniftre de la marine.

XV. A la réception du procès-verbal du concours, le
miniftre enverra le brevet au nouveau profeffeur, & donnera tous les ordres néceffaires pour fon inftallation.

XVI. Dans chacune des villes où feront établies les
écoles de mathématiques ou d'hydrographie, il fera fourni
pour les leçons publiques une falle garnie des meubles
indifpenfables.

XVII. Les frais d'entretien des meubles & inftrumens,
ceux du chauffage, &c. feront fixés à dix mille livres
qui feront réparties par le miniftre entre les différentes
écoles, fuivant leur importance.

XVII. Tous les jours, excepté les dimanches & fêtes,
le profeffeur donnera cinq heures de leçon en deux féances, deftinées, l'une aux éleves qui commenceront, l'autre
à ceux dont l'inftruction fera plus avancée ; & les heures
de chacune de ces féances feront réglées par la municipalité, fur la demande du profeffeur.

XIX. Lorsque pour cause de maladie, ou pour tout autre empêchement, le professeur ne pourra tenir l'école, il sera tenu de se faire remplacer par une personne de confiance, d'après l'agrément de la municipalité.

XX. Tous les ans le professeur aura deux mois de vacances, qui pourront être prises de suite ou en deux parties, selon que la municipalité le trouvera plus convenable au bien de l'instruction.

XXI. Le professeur aura la police intérieure de l'école; il y entretiendra l'ordre & la décence, & il pourra faire sortir de la salle ceux des éleves qui manqueroient à l'un ou à l'autre.

XXII. Les examinateurs surveilleront l'instruction & la dirigeront d'une maniere uniforme dans tous les ports : ils feront part aux municipalités dans les ports de commerce, de leurs observations sur la maniere dont les écoles seront tenues, & ils en rendront compte au ministre de la marine, & dans les ports militaires; le commandant de la marine aura l'inspection habituelle des études, auquel en ce cas l'examinateur communiquera ses observations.

XXIII. Tout citoyen âgé au moins de treize ans, sachant lire & écrire, & les quatre premieres régles d'arithmétique, muni d'un certificat de la municipalité du lieu de sa naissance, sera admis de droit à l'école, d'après un ordre de la municipalité du lieu où l'école sera établie; & cet ordre ne pourra lui être retiré à moins de causes graves, dont le district & le département seront informés.

XXIV. Lorsque les étudians admis à ces écoles auront atteint l'âge de dix-huit ans, ils seront tenus, pour continuer à y être reçus, de se faire classer, en rapportant un certificat du professeur.

TITRE II.

Concours pour les places d'aspirans de la marine.

ARTICLE PREMIER.

Le concours pour les places d'aspirans de la marine

feront ouverts tous les ans , & auront lieu fucceffivement dans chacune des villes défignées à l'article IV du premier titre.

Chacun fubira le concours dans le lieu le plus voifin de fon domicile où il fera fait infcrire.

II. Pour la ville de Toulon où fe fera le premier concours , l'époque de l'ouverture fera toujours fixée au premier février. Pour les autres villes , l'époque du concours fera annoncée chaque année , de maniere que la tournée de l'examinateur fe faffe avec le plus de rapidité poffible.

III. Ceux qui fe propoferont de concourir pour des places d'afpirans de la marine , écriront avant le premier janvier au miniftre de la marine pour lui en faire part , & pour lui déclarer celle des douze villes dans laquelle ils fe préfenteront au concours.

D'après toutes ces demandes , le miniftre fera la répartition de cent places d'afpirans entre les villes de concours , proportionnellement au nombre des concurrens qui fe feront annoncés pour chacune d'elles.

Et néanmoins feront admis ceux que des voyages à la mer auroient empêchés de fe conformer à cette difpofition.

IV. Les concurrens , à leur arrivée dans la ville du concours , fe préfenteront au greffe de la municipalité , pour s'y faire infcrire & y apprendre le lieu & le jour précis de l'ouverture du concours.

V. Le concours des afpirans de la marine fera public ; il fera préfidé par la municipalité du lieu. Le profeffeur de mathématiques fera préfent ; & toutes les perfonnes chargées de quelque fonction dans l'inftruction publique , feront invitées à y affifter.

VI. Les objets fur lefquels feront examinés les concurrens , feront :

L'arithmétique,
La géométrie,
Les élémens de la navigation,
Les élémens de la ftatique.

VII. Le juge du concours sera l'examinateur des aspirans de la marine.

VIII. Les concurrens seront interrogés par l'examinateur, suivant l'ordre de leur inscription au greffe de la
municipalité, & lui présenteront leur extrait de baptême,
pour justifier que leur âge est compris entre quinze &
vingt ans accomplis.

IX. Lorsque tous les concurrens auront été appelés
& interrogés, l'examinateur déclarera publiquement les
noms de ceux qu'il aura jugé mériter de préférence le
nombre des places d'aspirans de la marine, déterminées
par le concours.
Nul n'obtiendra une de ces places, qu'il n'ait répondu
d'une maniere satisfaisante sur les quatre objets du concours indiqués par l'article VI, qui sont rigoureusement
nécessaires.

X. Le président prononcera la clôture du concours,
& en fera dresser procès-verbal, qui sera signé par les
membres présens de la municipalité, par l'examinateur,
par le professeur, & par tous ceux qui ayant été invités,
auront assisté.
Copie de ce procès-verbal sera envoyée par la municipalité au ministre de la marine, avec les extraits de
baptême de ceux que l'examinateur aura déclarés mériter
les places vacantes d'aspirans.

XI. Le ministre de la marine enverra une lettre d'admission à chacun des nouveaux aspirans ; il leur indiquera
le port dans lequel ils devront se rendre, & il donnera
les ordres nécessaires pour les faire comprendre sur les
états.

TITRE III.

Concours pour le grade d'enseigne entretenu.

ARTICLE PREMIER.

Le concours pour le grade d'enseigne entretenu aura lieu tous les ans dans chacun des ports de Brest, Toulon & Rochefort, immediatement après celui pour les places d'officiers.

Le ministre en annonçant tous les ans l'époque de celui ci, indiquera le nombre des places vacantes dans chaque département de la marine, proposé au concours d'enseigne entretenu.

II. Les concurrens, à leur arrivée dans le port, se présenteront au commandant de la marine, qui ne pourra les inscrire qu'après qu'ils auront justifié qu'ils auront les quatre années de navigation prescrites par l'article XIX, & que pour l'âge ils sont compris dans les limites fixées par les articles XXII & XXX de la loi du 15 mai 1791, sur le mode d'admission & d'avancement dans la marine.

III. Nul, s'il n'est enseigne, ne sera admis à concourir pour une place d'enseigne entretenu, sans avoir auparavant satisfait à un examen préliminaire dont les objets seront :
Le gréement.
La manœuvre.
Le canonnage.
Les évolutions navales.

IV L'examen préliminaire sera public ; il commencera huit jours avant l'ouverture du concours, & il sera fait en présence de l'état-major du port par un officier du département, un maître d'équipage & un maître canonnier, que le ministre de la marine nommera à chaque concours pour cet objet.

Le commandant du port nommera deux officiers de chaque grade & deux enseignes non entretenus, pour y assister.

V. Lorsque chaque concurrent soumis à cet examen, aura répondu sur tous les objets, l'officier examinateur prendra l'avis de ces deux collégues, & déclarera publiquement s'il le juge suffisamment instruit sur la pratique pour être admis à concourir.

VI. Le concours sera fait publiquement ; il sera présidé par le commandant du port, en présence de l'état-major du port & du professeur.

Le commandant nommera deux officiers de chaque grade & deux enseignes non entretenus, pour y assister.

VII. Les objets sur lesquels les concurrens seront examinés ; seront :

L'arithmétique,
La géométrie,
L'algebre,
La mécanique des fluides & des solides,
La théorie & la pratique de la navigation.

VIII. Le juge du concours sera l'examinateur des aspirans de la marine.

IX. Lorsque tous les concurrens auront été appelés & interrogés, l'examinateur déclarera publiquement les noms de ceux qu'il aura jugés dignes d'obtenir de préférence le nombre des places d'enseignes entretenus proposées à ce concours ; & nul ne pourra être jugé digne d'obtenir une de ces places, s'il n'a satisfait sur tous les objets indiqués par l'article VII qui seront de rigueur : ils seront classés sur la liste dans l'ordre des degrés de connoissance dont ils auront fait preuve à l'examen.

X. Le commandant du port prononcera la clôture du concours, & en fera dresser un procès-verbal qui sera signé par les membres présens de l'état-major, par l'examinateur, par le professeur & par les officiers de tout grade, qui ayant été appelés auront assisté.

Copie de ce procès-verbal sera envoyée par le commandant du port au ministre de la marine, avec les certificats de navigation & les extraits de baptême de ceux qui auront été jugés les plus dignes des places vacantes.

Le ministre enverra à chacun d'eux le brevet d'enseigne entretenu, & expédiera les ordres nécessaires pour leur admission.

TITRE IV.

Examen pour le grade d'enseigne non entretenu.

ARTICLE PREMIER.

Les examens pour le grade d'enseigne non entretenu, auront lieu deux fois par an, dans chacune des villes maritimes où seront établies des écoles publiques, soit de mathématiques, soit d'hydrographie.

II. Les examens seront faits par deux examinateurs hydrographes, entre lesquels les écoles seront partagées; pour l'un, depuis la ville du Croisic inclusivement jusqu'à Dunkerque; & pour l'autre, depuis Nantes inclusivement jusqu'à Antibes. Ces examinateurs alterneront entr'eux, de maniere que chacun d'eux fera dans la même année, & la tournée du midi & la tournée du nord.

III. Les navigateurs qui aspireront au grade d'enseigne non entretenu, se présenteront au greffe de la municipalité du lieu de l'examen, & ne pourront y être inscrits sur la liste de ceux qui seront admis à subir l'examen, qu'après avoir prouvé, (conformément à l'article XXIV de la loi sur le mode d'admission & d'avancement) leurs services & navigation, par des états certifiés & signés par le chef des classes, lequel ne pourra, sous quelque prétexte que ce soit, refuser de délivrer lesdits états de service & de navigation.

IV. L'examen sera fait publiquement dans la maison commune : il sera présidé par la municipalité du lieu, en présence du professeur & de trois enseignes nommés d'office par la municipalité ; & toutes les personnes chargées de quelque fonction dans l'instruction publique, seront invitées à y assister.

V. Les objets sur lesquels seront examinés ceux qui aspireront au grade d'enseigne non entretenu, seront,

Les élémens de mathématiques ;
La théorie & la pratique complette de la navigation.

VI. Le juge de l'examen sera l'examinateur hydrographe.

VII. Lorsque tous les navigateurs inscrits pour l'examen auront été appelés & interrogés, l'examinateur déclarera publiquement les noms de ceux qu'il aura jugé être suffisamment instruits.

VIII. Les navigateurs jugés suffisamment instruits par l'examinateur hydrographe, seront ensuite interrogés sur les objets indiqués par l'article III du titre précédent, par un enseigne, un maître d'équipage & un canonnier des classes, nommés à cet effet, sur la demande de la municipalité, par le chef des classes du quartier ; & l'enseigne, après avoir pris l'avis de ses collégues, déclarera publiquement les noms de ceux qu'ils auront jugé avoir satisfait à l'examen pratique.

IX. Le président prononcera la clôture de l'examen, & en fera dresser procès-verbal qui sera signé par les membres présens de la municipalité, par l'examinateur hydrographe, par le professeur, par les trois enseignes non entretenus, par les trois examinateurs-pratiques, & par tous ceux qui ayant été invités, auront assisté.
Copie de ce procès-verbal sera envoyée au ministre de la marine, avec les états de service & de navigation de ceux des navigateurs qui auront satisfait aux deux examens.
Le ministre enverra à chacun d'eux le brevet d'enseigne non entretenu.

TITRE V.

Examen pour être fait maître au petit cabotage, pilote-côtier, pilote-lamaneur ou locman.

ARTICLE PREMIER.

Pour être fait maître au petit cabotage, il faudra avoir au moins cinq ans de navigation, être agé de vingt-quatre

ans , & avoir satisfait à un examen sur la manœuvre ,
sur les sondes , la connoissance des fonds , le gisement
des terres & écueils , le courant & les marées , sur l'usage
de la boussole & de la carte réduite.

II. Cet examen aura lieu deux fois chaque année , à
la suite de celui des enseignes non entretenus , en présence des mêmes personnes. Les prétendans seront interrogés par un enseigne & deux anciens maîtres au petit
cabotage , nommés par les chefs des classes sur la demande
de la municipalité , qui déclareront publiquement les noms
de ceux qu'ils auront jugés suffisamment instruits.

Ces examens pourront être plus multipliés , si le ministre le juge nécessaire , d'après la demande des ports.

L'examinateur ne sera pas tenu de rester & assister aux
examens pratiques.

III. L'examen pour être pilote-côtier portera sur toutes
les parties indiquées pour l'examen du maître au petit
cabotage , & principalement sur la connoissance des entrées
des principaux ports du royaume.

IV. Il sera fait dans la forme prescrite pour celui des
maîtres au petit cabotage , & les examinateurs seront un
enseigne & deux anciens pilotes-côtiers.

V. L'examen pour être pilote-lamaneur ou locman ,
sera fait de même par un enseigne & deux anciens lama-
neurs , sur la manœuvre , la connoissance des cours &
marées , des bancs , courans , écueils & autres empé-
chemens qui peuvent rendre difficiles l'entrée & sortie
des rivieres , ports & havres , du lieu de son établissement. On ne pourra être reçu pilote-lamaneur ou locman
avant l'âge de vingt-quatre ans.

Le ministre fera expédier une lettre d'admission à chacun
de ceux qui auront été admis maîtres au petit cabotage ,
pilotes-côtiers ou pilotes-lamaneurs , & ils la feront enre-
gistrer au bureau des classes du quartier de leur résidence.

TITRE VI.

De l'application.

ARTICLE PREMIER.

L'ancien examinateur des éleves de la marine fera l'examinateur des afpirans.

II. Les anciens examinateurs hydrographes feront également confervés pour remplir les fonctions qui leur font attribuees par le préfent décret.

III. Les places de profeffeurs des éleves dans les départemens de la marine, dans les colléges de Vannes & d'Alais & dans le port de l'Orient, font fupprimées ; & celles de mathématiques & d'hydrographie leur feront données fans concours, pour cette fois feulement.

' IV. Les places de profeffeur d'hydrographie, pourront auffi être données aux anciens profeffeurs d'hydrographie, fans concours.

V. Le premier concours pour les places d'afpirans & d'enfeignes entretenus, fera ouvert à Dunkerque pour cette fois au premier feptembre prochain, & fans préjudice de la tournée fixée au premier fevrier & fucceffivement dans les autres villes indiquées.

En conféquence, auffi tôt la publication du préfent décret, & avant le 15 août, ceux qui voudront concourir écriront au miniftre de la marine la lettre prefcrite par l'article III du titre II.

VI. Le premier examen pour le grade d'enfeigne non entretenu, & pour être fait maître au petit cabotage, fera annoncé par le miniftre dans tous les ports, auffitôt que le préfent décret fera publié.

Mandons, &c. *En vertu des décrets des* 21 & 2) *juin dernier:* Pour le Roi. Signé *M. L. F. Duport.*

Loi relative aux dettes contractées par les villes & communes, & aux besoins qu'ell.s peuvent avoir.

Donnée à Paris, le 10 août 1791.

LOUIS, par la grace de Dieu, & par la loi constitutionnelle de l'Etat, Roi des Français : à tous présens & à venir ; salut. L'Assemblée nationale a décrété, & nous voulons & ordonnons ce qui suit :

DECRET de l'Assemblée nationale, du 5 août 1791.

L'Assemblée nationale voulant pourvoir aux besoins des villes & communes, & assurer le paiement de leurs créanciers, par d'autres moyens que par les octrois ou autres droits qui leur avoient été concédés ou engagés, & dont le bien du peuple a demandé la suppression, décrete ce qui suit :

ARTICLE PREMIER.

Les villes & communes auxquelles il a été adjugé des domaines nationaux, seront tenues d'appliquer au paiement de leurs dettes, le bénéfice, qui leur est attribué par les décrets, dans la revente de ces domaines.

II. Les villes & communes qui n'ont point acquis de domaines nationaux, ou dont les dettes excedent le bénéfice qu'elles doivent faire sur la revente des domaines qui leur avoient été adjugés, seront tenues de vendre les parties de leurs biens patrimoniaux, créances & immeubles réels ou fictifs qui seront déterminés par le directoire de leur département, vu leurs pétitions & l'avis du directoire de leur district, & d'en appliquer le produit au paiement desdites dettes.

Si une partie desdits biens ne suffit pas à leur libération, elles seront tenues de vendre la totalité, à la féule exception des édifices & terrains deftinés au fervice public.

Lefdites ventes feront faites dans la forme & aux conditions décrétées pour les domaiies nationaux , & ne feront affujetties qu'aux mêmes droits.

Les municipalités defdites villes & communes feront tenues de fe conformer, dans le délai de deux mois, aux difpofitions des décrets, pour l'eftimation & la mife en vente.

III. Les villes & communes dont les dettes excéderoient le produit de la vente de leurs biens patrimoniaux & le bénéfice à elles attribué dans la revente des domaines nationaux qui leur auront été adjugés, feront tenues d'ajouter à leur contribution fonciere & à leur contribution mobiliaire, un fou pour livre, & d'en appliquer le produit au paiement des arrérages & au rembourfement fucceffif de leurs dettes, en telle maniere que de ce fou pour livre, il y en ait dix deniers employés à payer les intérêts, & deux deniers deftinés à former le fonds d'amortiffement qui s'accroîtra d'année en année par l'extinction des intérêts, jufqu'au parfait rembourfement du capital.

IV. Il fera libre aux villes & communes dont les dettes feroient moins confidérables, d'impofer un moindre nombre de deniers pour livre, à la charge néanmoins que le fonds d'amortiffement foit tel que, joint au produit des intérêts éteints par le rembourfement progreffif, il puiffe opérer la libération totale en trente années.

V. Les villes & communes qui par le bénéfice à elles attribué fur la revente des domaines nationaux, & par la vente de leurs biens, autres que ceux exceptés en l'article II, n'auront pu fuffire au paiement de toutes leurs dettes, ne feront foumifes, fur l'excédent de ce qu'elles refteront devoir, qu'à l'acquittement d'un capital, dont dix deniers pour livre de leurs contributions fonciere & mobiliaire, paieront les intérêts au denier vingt, la nation prenant à fa charge le furplus de leurs dettes.

VI. Les villes & communes qui fe trouveront dans

ce cas, formeront dans le mois de la publication du préſent, l'état général de leurs dettes, & le remettront au directoire de leur diſtrict, avec les pieces juſtificatives. Le directoire de diſtrict donnera ſon avis ſur chaque créance, & l'enverra au directoire de département, qui fera paſſer le tout avec les obſervations au directeur général de liquidation.

VII. Aucune ville ni commune ne pourra déſormais être autoriſée à faire des acquiſitions d'immeubles ni des emprunts, que par décrets du corps législatif, vu l'opinion du directoire de diſtrict & l'avis du directoire de département, & à la charge par les villes & communes a qui l'autoriſation ſera donnée, de fournir aſſignation de deniers pour le paiement des arrérages & le rembourſement du capital, ſuivant la progreſſion & dans les délais qui feront fixés par le décret.

VIII. Les villes & communes feront tenues de pourvoir à leurs dépenſes locales, à compter du premier avril 1791, par les deux ſous pour livre qui leur ſont attribués ſur le produit des droits de patentes, & par des ſous pour livres additionnels à la contribution foncière & à la contribution mobiliaire, leſquels feront établis ſuivant les formalités preſcrites par les décrets des 29 mars & 11 juin 1791, & ſur leſquels feront déduites les ſommes déja imposées, conformément à l'article V dudit décret du 29 mars.

IX. Les villes & communes auxquelles il a été adjugé des domaines nationaux, & qui auroient des dettes exigibles, pourront demander pour les acquitter, conformément à l'article premier du préſent décret, des avances ſur le bénéfice qui leur eſt attribué dans la revente de ces domaines.

Celles qui pour leurs dépenſes locales éprouveroient des besoins urgens, pourront demander un prêt ſur les ſous pour livre additionnels deſtinés à leurs dépenſes municipales.

Si leurs pétitions ſont appuyées de l'opinion du directoire de diſtrict & de l'avis du directoire de leur département, la caiſſe de l'extraordinaire ſera autoriſée par décret du corps législatif à faire, mois par mois, les

avances néceffaires jufqu'au dernier octobre, à la charge
& fous la foumiffion par lefdites villes & communes ,
de repréfenter au plus tard dans le courant dudit mois
d'octobre, le certificat vifé par les directoires de diftrict
& de département, que la contribution patriotique &
les impofitions ordinaires de leurs habitans pour l'année
1790 , font acquittées, & que les rôles de la contribution fonciere & de la contribution mobiliaire de 1791
font en recouvrement.

D'après la repréfentation defdits certificats, & fur
nouvel avis des directoires de diftrict & de département ,
lefdites avances pourront être étendues jufqu'au dernier
décembre, s'il eft néceffaire, & non pas plus loin.

Chaque avance fera faite contre délégation de pareille
fomme , fur les fous pour livre additionnels aux contributions , ou fur le bénéfice à la revente des domaines nationaux, felon la nature & l'objet des fommes
avancées.

Mandons , &c. *En vertu des décrets des* 21 *&* 25 *juin
dernier :* Pour le Roi. Signé *M. L. F. Duport.*

---

*Loi relative aux anciens négocians , marchands , banquiers
& autres qui fe font retirés du commerce.*

Donnée à Paris , le 10 août 1791.

LOUIS , par la grace de Dieu, & par la loi conftitutionnelle de l'Etat, Roi des Français ; à tous préfens
& à venir ; falut. L'Affemblée nationale a décrété , &
nous voulons & ordonnons ce qui fuit :

Décret de l'Affemblée nationale , au 9 *août* 1791.

L'Affemblée nationale , après avoir entendu le rapport du comité de conftitution, confidérant que les anciens
négocians, marchands, banquiers & autres défignés par
la loi de l'organifation judiciaire, qui fe font retirés du
commerce, ne peuvent, par le fait de cette difconti-
nuation, être affujettis à prendre des patentes, décrete
qu'ils foat éligibles en qualité de juges aux tribunaux de

commerce, & néanmoins qu'ils ne pourront être élec-
teurs.

Mandons, &c. *En vertu des décrets des 21 & 25 juin 1791. pour le Roi Signé* **M. L. F. Duport.**

Loi relative à formation des corps de gardes nationales destinés à la défense des frontieres.

Donnée à Paris, le 12 août 1791.

Louis, par la grace de Dieu, & par la loi constitutionnelle de l'Etat, Roi des Français : à tous présens
& à venir ; salut. L'Assemblée nationale a décrété, &
nous voulons & ordonnons ce qui suit :

Décret de l'Assemblée nationale, du 4 août 1791.

L'Assemblée nationale voulant prévenir les difficultés
qui pourroient naître de la différence qui existe entre le
décret du 21 juin dernier, uniquement applicable à la
formation des bataillons de gardes nationales volontaires,
destinés à la défense des frontieres, & le décret du 28
juillet dernier, concernant en général les gardes nationales
qui restent dans leurs départemens respectifs, pour y
être au besoin les soldats de la constitution, les dé-
fenseurs de la liberté, de l'ordre & de la paix intérieure ;
voulant aussi rapprocher davantage la formation des bataillons de gardes nationales volontaires de celle des
troupes de ligne, afin de mieux établir l'unité des principes & d'action dans le service pour lequel ils seront
réunis, a décrété ce qui suit :

ARTICLE PREMIER.

Les gardes nationales qui se seront présentées volontairement pour marcher à la défense des frontieres, seront
divisées par les commissaires des départemens, en
corps de 568 hommes chacun, destinés à former un
bataillon ; il sera formé dans chaque département autant de bataillons qu'il sera possible d'y réunir de
corps

corps de volontaires ayant cette force. Le comité militaire préfentera les moyens d'employer les hommes d'excédant, dont le nombre ne s'éleveroit pas à celui fixé pour un bataillon.

II. Les commiffaires des départemens commenceront par diftribuer chaque corps de volontaires en huit compagnies de 71 hommes chacune.

III. Il fera enfuite extrait de chacune de ces compagnies, fur l'indication de leurs camarades, huit hommes de la haute taille, pour en compofer une compagnie de grenadiers, qui ne fera réunie qu'au moment où le bataillon fera reçu par le commiffaire des guerres, pour entrer en activité.

IV. Le bataillon fera compofé pour lors de neuf compagnies de 63 hommes chacune, dont une de grenadiers, & huit de fufiliers.

V. Chaque compagnie, foit de grenadiers foit de fufiliers, fera compofée de trois officiers, favoir, un capitaine, un lieutenant, un fous-lieutenant; de fept fous officiers, favoir un fergent-major faifant les fonctions de fourrier, deux fergens, quatre caporaux; enfin de cinquante-deux grenadiers ou fufiliers, & d'un tambour.

VI. Le tambour-maître tiré du corps des volontaires, complétera le nombre de 568 hommes; il fera partie de l'état-major, aura le rang & la folde de fergent, & commandera tous les tambours.

VII. Chaque compagnie, foit de grenadiers, foit de fufiliers, fera fubdivifée en deux pelotons; chaque peloton fera formé de deux fections, chaque fection fera compofée d'un caporal & de treize gardes.

VIII. Le lieutenant & un fergent feront fpécialement chargés de la furveillance & du commandement du premier peloton; le fous-lieutenant & un fergent feront fpécialement chargés de la furveillance & du commande-

Partie XIII. Q

ment du deuxieme peloton, toujours fous les ordres du capitaine de la compagnie.

IX. Le fergent-major aura le commandement fur les deux pelotons, pour tout ce qui a rapport à l'inftruction, police, difcipline & comptabilité de la compagnie.

X. L'état-major de chaque bataillon fera compofé de deux lieutenans-colonels, d'un adjudant-major, d'un adjudant fous-officier, d'un quartier-maître, d'un tambour-maître & d'un armurier, en forte que la force totale du bataillon fera de 574 hommes.

XI. Chaque bataillon aura fon drapeau aux couleurs nationales, fur lequel fera infcrit le nom du département & le numéro du bataillon, fuppofé que le même département en ait fourni plufieurs. Le drapeau fera porté par l'un des fergens-majors nommé à cet effet par le premier lieutenant-colonel.

XII. Dans le cas où le même département fourniroit plufieurs bataillons, ils tireront au fort le rang qu'ils prendront entr'eux ; le rang des départemens reftera déterminé par l'ordre alphabétique de leurs noms.

XIII. Les gardes nationales volontaires étant diftribuées dans les neuf compagnies qui doivent former le bataillon, chaque compagnie nommera fes officiers & fous-officiers par la voie du fcrutin, à la majorité abfolue des fuffrages.

XIV. Il fera fait une élection féparée du capitaine, une du lieutenant, une du fous-lieutenant & une du fergent-major ; il n'en fera fait qu'une feule pour les deux fergens, & une feule pour les quatre caporaux. Si la majorité abfolue n'eft pas formée après le fecond tour de fcrutin dans chaque élection, le troifieme fcrutin ne pourra porter que fur ceux qui auront eu le plus de voix au précédent fcrutin, en prenant toujours deux concurrens pour chaque place.

XV. Les officiers & fous-officiers des compagnies ne pourront être choisis que parmi les sujets qui auront servi précédemment, soit dans la garde nationale, soit dans les troupes de ligne.

XVI. Chaque bataillon nommera ses deux lieutenans-colonels & son quartier-maître par scrutin, à la majorité absolue des suffrages ; il fera fait une élection séparée de chacun de ces officiers, suivant les régles prescrites par l'article XIV.

XVII. Celui des deux lieutenans-colonels qui sera nommé le premier, aura le commandement en chef du bataillon ; l'un des deux lieutenans-colonels indifféremment devra être capitaine, & avoir commandé en cette qualité une compagnie de troupes de ligne.

XVIII. L'adjudant-major & l'adjudant fous-officier ne seront nommés que lorsque le bataillon sera arrivé au lieu où doit commencer son service : la nomination à ces deux places appartiendra à l'officier général aux ordres duquel le bataillon se trouvera pour lors. L'officier général ne pourra choisir pour adjudant-major qu'un officier, pour adjudant qu'un fous-officier, l'un & l'autre actuellement en activité dans les troupes de ligne. L'adjudant-major aura le rang & la folde de capitaine ; l'adjudant aura rang de premier fous-officier, & une demi-folde de plus qu'un fergent.

XIX Le quartier-maître aura le rang & la folde de lieutenant, l'armurier choisi par les officiers de l'état-major aura le rang & la folde de caporal.

XX. Les diftinctions des grades dans les bataillons de gardes nationales volontaires, feront les mêmes que celles reçues dans les troupes de ligne ; les mêmes régles feront obfervées par rapport au commandement, à l'ordre & à la diftribution du fervice.

Mandons, &c. *En vertu des décrets des* 21 & 25 *juin dernier.* Pour le Roi. Signé *M. L. F. Duport.*

Loi qui renvoie au tribunal du premier arrondissement toutes les actions ci-devant pendantes au conseil ou dans d'autres tribunaux, relatives aux contrôleurs des bons d'état & à l'agent du trésor public.

Donnée à Paris, le 12 août 1791.

LOUIS, par la grace de Dieu, & par la loi constitutionnelle de l'Etat, Roi des Français : à tous présens & à venir, salut. L'Assemblée nationale a décrété, & nous voulons & ordonnons ce qui suit :

Décret de l'Assemblée nationale, du 8 août 1791.

L'Assemblée nationale décrete ce qui suit :

ARTICLE PREMIER.

Toutes les actions qui ont été intentées par les contrôleurs des bons d'état & des restes, & par l'agent du trésor public, ou qui étoient pendantes soit au conseil, soit dans d'autres tribunaux, & dans les sections qui en émanoient, au moment de leur suppression, pareillement les actions qui seroient intentées directement par l'agent du trésor public, en vertu de titres actuellement existans contre des personnes qui ont traité immédiatement avec le trésor public, seront portées au tribunal du premier arrondissement de la ville de Paris, pour y être suivies selon les derniers erremens, & instruites en la même forme que les matieres sommaires.

II. Les décisions du Roi, arrêts du conseil & autres pieces qui seroient produites pour l'instruction desdites affaires, soit par l'agent du trésor public, soit contre lui, ne pourront être écartées, sous prétexte qu'elles ne seroient pas revêtues de toutes les formes reconnues & admises dans les tribunaux ordinaires ; tous autres moyens contre lesdites pieces réservés.

III. L'appel des jugemens rendus par le tribunal du

premier arrondissement sur les actions énoncées au premier article , ne pourra être porté que dans l'un des autres tribunaux d'arrondissement de Paris ; & en cas d'appel, les jugemens seront exécutés par provision , soit qu'ils aient été prononcés en faveur du trésor public , ou contre le trésor public ; mais en ce dernier cas , l'exécution provisoire n'aura lieu qu'en donnant caution par les parties qui poursuivront l'exécution provisoire.

IV. Les commissaires de la trésorerie remettront incessamment à l'agent du trésor sous son récépissé, les titres qui peuvent donner lieu à une action en recouvrement de la part du trésor public , ainsi que les renseignemens qu'ils auront en leur pouvoir.

Mandons , &c. *En vertu des décrets des* 21 & 25 *juin dernier.* Pour le Roi. Signé *M. L. F. Duport.*

Loi relative aux délits commis dans la journée du 17 juillet , & aux faux assignats.

Donnée à Paris , le 12 août 1791.

LOUIS, par la grace de Dieu , & par la loi constitutionnelle de l'Etat, Roi des Français : à tous présens & à venir ; salut. L'Assemblée nationale a décrété, & nous voulons & ordonnons ce qui suit :

Décret de l'Assemblée nationale , du 8 août 1791.

L'Assemblée nationale décrete ce qui suit :

ARTICLE PREMIER.

Le tribunal du sixieme arrondissement de Paris, auquel est attribuée , par décret du mois de juillet dernier, la connoissance des délits commis contre la tranquillité publique dans la journée du 17 du même mois, connoîtra également de tous les délits qui peuvent être considérés comme circonstances & dépendances de ceux commis le 17 juillet & qui y sont liés par quelques relations ou connexités.

II. L'accusateur public sera autorisé à demander, & le tribunal à nommer le nombre d'adjoints qu'il trouvera nécessaire.

III. Le greffier sera pareillement autorisé à s'adjoindre un nombre suffisant de commis qui seront salariés par le trésor public. L'Assemblée se réserve de fixer leur traitement.

IV. Les deux procès criminels pendant au tribunal du sixieme arrondissement, relativement à un fait de distribution d'assignats faux, seront envoyés au tribunal du premier arrondissement, comme étant déja saisi de procédures relatives à la fabrication de faux assignats.

Mandons, &c. *En vertu des décrets des* 21 *&* 25 *juin dernier* : Pour le Roi. *Signé M. L. F. Duport.*

Loi qui ordonne le paiement des travaux relatifs à la fixation des poids & mesures.

Donnée à Paris, le 12 août 1791.

LOUIS, par la grace de Dieu, & par la loi constitutionnelle de l'Etat, Roi des Français : à tous présens & à venir ; salut. L'Assemblée nationale a décrété, & nous voulons & ordonnons ce qui suit :

Décret de l'Assemblée nationale, du 8 août 1791.

L'Assemblée nationale décrete que les commissaires de la trésorerie nationale feront payer, sur les ordonnances du ministre de l'intérieur, aux commissaires de l'académie chargés des travaux relatifs à la fixation des poids & mesures, la somme de cent mille livres, pour les dépenses premieres de ce travail, & la construction d'instrumens.

Le ministre de l'intérieur présentera au corps législatif l'emploi de cette somme, & l'état projeté des dépenses totales de cette opération.

Mandons, &c. *En vertu des décrets aes* 21 & 25 *juin* 1791. Pour le Roi. Signé *M. L. F. Duport.*

Loi relative à la police de la navigation, & des ports de commerce.

Donnée à Paris, le 13 août 1791.

LOUIS, par la grace de Dieu, & par la loi constitution-nelle de l'Etat, Roi des Français : à tous présens & à venir ; salut. L'Assemblée nationale a décrété, & nous voulons & ordonnons ce qui suit.

Décret de l'Assemblée nationale, du 9 août 1791.

L'Assemblée nationale, ouï le rapport de son comité de marine sur la police de la navigation & des ports de commerce, décrete ce qui suit :

TITRE PREMIER.

De la compétence sur les affaires maritimes.

ARTICLE PREMIER.

Les tribunaux de commerce connoîtront dans l'étendue de leurs districts respectifs, ou dans l'arrondissement prescrit, de toutes affaires de commerce de terre & de mer en matiere civile seulement, sous les modifications ci-après, & sans y comprendre, quant à présent, la compétence pour les prises.

II. Dans tous les cantons où ne sera pas situé le tribunal de commerce, les juges de paix connoîtront sans appel des demandes de falaires d'ouvriers & gens de mer, de la remife des marchandifes, & de l'exécution des actes de voiture, des contrats d'affrétement & autres objets de commerce, pourvu que la demande n'excede pas leur compétence.

III. Les juges de paix du canton, le maire ou le premier officier municipal du lieu, & le fyndic des gens de mer, feront tenus de fe rendre au premier avertiffement de quelque échouement, bris ou naufrage, pour procurer les fecours néceffaires.

IV. Les ordres feront donnés par le juge de paix, dès qu'il fera préfent, à fon défaut, par l'officier municipal, & à leur défaut, par le fyndic des gens de mer.

V. Dans tous les cas de bris & naufrage, il en fera donné avis de fuite au chef des claffes le plus prochain & au juge de paix du canton, qui, avec le greffier du tribunal de paix, feront tenus de fe transporter fur les lieux, & d'y pourvoir au fauvement des navires & effets dont ils rapporteront état & procès-verbal.

VI. Le juge de paix pourra faire vendre de fuite, fur la requifition du chef des claffes, les effets qui ne feront pas fufceptibles d'être confervés; & s'il ne fe préfente point de réclamation dans le mois, il procédera en préfence du même chef, à la vente des marchandifes les plus périffables; & fur les deniers en provenant, feront payés les falaires des ouvriers, fuivant le réglement qu'il en aura fait provifoirement & fans frais.

VII. En cas de conteftation ou refus d'exécuter ce réglement, de la part de quelqu'une des parties intéreffées, il fera porté, pour fervir d'inftruction feulement, au tribunal de commerce, qui procédera de nouveau au réglement contefté.

VIII. Les réglemens d'avarie, & les autres demandes & actions civiles des intéreffés au navire & marchandifes, feront de la compétence du tribunal de commerce; le juge de paix pourra cependant ordonner que la remife des effets fauvés foit faite aux réclamans après l'examen des preuves de leur propriété, & avec le confentement du chef des claffes; à défaut de ce confentement, il renverra au tribunal de commerce la demande en réclamation.

IX. Dans les cas de bris & naufrages des bâtimens efpagnols, les juges de paix fe retireront à la premiere requifition des confuls d'Efpagne, auxquels ils abandonneront les foins du fauvetage, en conformité des traités.

X. S'il fe commet des vols, pillages ou autres délits, le juge de paix y pourvoira provifoirement ; il en rapportera procès-verbal qu'il adreffera au tribunal de diftrict, fur lequel le commiffaire du Roi & l'accufateur public feront tenus de faire pourfuivre les coupables.

XI. Lorfque des cadavres feront trouvés , foit dans les ports, foit fur les rivages, il en fera donné avis au juge de paix du lieu, qui fera les diligences & pourfuites néceffaires.

XII. Les juges de diftrict connoîtront de tous les crimes & délits commis dans les ports & rades , & fur les côtes de ceux commis en mer & dans les ports étrangers fur navires françois, & dans les factoreries françoifes, & de toutes accufations & baratteries ou de faux, foit principal, foit incident à des affaires pourfuivies aux tribunaux de commerce, fans préjudice des cas où la procédure par jurés pourra avoir lieu.

TITRE II.

Des congés & rapports.

ARTICLE PREMIER.

Le chef des claffes, dans chacun des principaux ports, fera chargé de la délivrance des congés, paffe-ports,

& même de celle des commissions en guerre, dans les cas & de la même maniere qui auront été déterminés ; & quant aux actes de propriété de navires, ils seront enregistrés au greffe des tribunaux de commerce, lesquels tribunaux seront en outre chargés de veiller à ce que les navigateurs n'éprouvent ni retard ni difficultés, & ne soient obligés de payer autres ni plus grands droits que ceux qui seroient établis sous quelque dénomination que ce soit.

II. Les congés seront faits à l'avenir dans la forme suivante.

III. Les congés ne seront délivrés que sur la représentation des actes de propriété, des billets de jauge, des procès-verbaux de visite de navires, des déclarations de chargement & acquit à caution, ou quittance de paiement des droits, & de la quittance du receveur des droits sur la navigation.

IV. Les déclarations & rapports des officiers commandant les bâtimens de commerce, soit au retour du voyage, soit dans le cas de relâche ou d'accidens pendant le voyage, seront faits au bureau chargé de la délivrance des congés. Les commandans des bâtimens de commerce au long cours, tiendront un journal de voyage, chiffré & paraphé par le chef des classes du lieu de leur départ, & ils seront tenus, en faisant leur déclaration, de représenter leur journal, qui sera arrêté & visé par le préposé du bureau des classes, & les commandans seront tenus de les représenter au besoin.

V. Dans les ports & havres où il n'y a pas de bureau des classes, les déclarations des commandans de navires & gens de mer, seront reçues de la même maniere par le juge de paix ; les vus de relâche pourront être donnés par le préposé de la douane.

TITRE III.

Dee officiers de police dans les ports, & de leurs fonctions.

ARTICLE PREMIER.

Dans les villes maritimes où il y a des tribunaux de commerce, il fera nommé des capitaines & lieutenans de ports, pour veiller à la liberté & sûreté des ports & rades de commerce, & de leur navigation, à la police fur les quais & chantiers des mêmes ports, au leftage & déleftage, à l'enlévement des cadavres, & à l'exécution des loix de police des pêches & du fervice des pilotes.

II. Dans les villes maritimes où il n'y a pas de tribunaux de commerce, il fera nommé feulement des lieutenans de port : dans les ports obliques, un ancien navigateur fera chargé de veiller au leftage & déleftage.

III. Les vifites des navires feront faites par d'anciens navigateurs, & les certificats de jaugeage feront délivrés par des jaugeurs nommés à cet effet.

IV. Le nombre des officiers de port & de ceux prépofés aux vifites, fera réglé fur la demande des villes & fur l'avis du diftrict, par les départemens.

V. Les officiers de port feront nommés par le confeil général de la commune de chaque ville de leur établiffement.

VI. Les juges de commerce dans les villes où il s'en trouvera, & dans les autres, les officiers municipaux, nommeront les navigateurs pour la vifite des navires.

VI. Les places de jaugeurs feront données au concours fur un examen public, fait en préfence de la municipalité, par les examinateurs hydrographes.

Il y aura une méthode uniforme de jauger pour tous les bâtimens, qui sera déterminée par un réglement à cet effet.

VIII. Les capitaines & lieutenans de port seront nommés pour six ans. Les officiers préposés pour les visites, ne seront nommés que pour un an, les uns & les autres pourront être réélus ; les jaugeurs le seront à vie.

IX. Les procès-verbaux d'élection des capitaines & lieutenans de port, seront adressés au ministre de la marine, qui leur en fera expédier les commissions sans délai.

X. Ils prêteront le serment de fonctionnaires publics entre les mains du maire du lieu de leur résidence.

XI. Nul ne pourra être élu capitaine ou lieutenant de port, ni officier de visite, s'il n'a trente ans accomplis, & n'a le brevet d'enseigne dans la marine françoise.

XII. Lorsqu'un capitaine ou armateur voudra mettre un navire en armement, il sera tenu d'appeler deux officiers visiteurs qui, après avoir reconnu l'état du navire, donneront leur certificat de visite, en y exprimant briévement les travaux dont le navire leur aura paru avoir besoin pour être en état de prendre la mer.

XIII. Lorsque l'armement sera fini & que le navire sera prêt à prendre charge, il sera requis une seconde visite ; le procès-verbal de la première sera représenté, & le certificat devra exprimer le bon & dû état dans lequel se trouve alors le navire.

XIV. Ne seront assujettis à ces formalités que les navires destinés aux voyages de long cours ; & au moyen de ces dispositions, toutes autres visites ordonnées par les précédentes loix sont supprimées.

XV. Les capitaines de port porteront l'uniforme de

lieutenant de vaiſſeau , & les lieutenans de port , celui d'enſeigne.

Tous les navigateurs, pêcheurs, porte-faix, ouvriers & autres perſonnes dans les ports de commerce & ſur leurs quais , ne pourront refuſer le ſervice auquel ils ſont propres , ſur les requiſitions des capitaines & lieutenans de port , qui, dans tous les cas de refus & de contravention aux loix de police, en rapporteront procès-verbal.

XVI. Les capitaines & lieutenans de port pourront , dans les cas où ils ſeroient injuriés, ménacés ou maltraités dans l'exercice de leurs fonctions , requérir la force publique , & ordonner l'arreſtation proviſoire des coupables , à la charge d'en rapporter procès-verbal.

XVII. Les procès-verbaux des capitaines & lieutenans de port , rapportés contre des particuliers pour fait de contravention à la police , ſeront dépoſés au plus tard dans les vingt-quatre heures de leur date , au greffe de la municipalité de leur réſidence , lorſque le procès-verbal ſera rapporté dans le port ; & ce délai ſera prolongé d'un jour par cinq lieues, lorſque le procès-verbal conſtatera un délit commis hors le lieu de la réſidence de l'officier du port.

XVIII. Les pourſuites ſeront faites à la requête du procureur de la commune ; il ſera tenu de faire aſſigner les contrevenans à comparoir à heure fixe : le délai ne pourra être plus long que de vingt-quatre heures pour les parties réſidant ſur les lieux , & ſera prolongé d'un jour par cinq lieues de diſtance de leur domicile, & le jugement ſera rendu ſur la première comparution & par défaut , & exécuté par proviſion.

XIX. Dans tous les cas où les procès-verbaux des capitaines & lieutenans de port , auront pour objet des intérêts publics ou d'adminiſtration , il en ſera par eux adreſſé un double au miniſtre de la marine & au directoire du département du lieu.

TITRE IV.

Receveurs des droits sur la navigation.

ARTICLE PREMIER.

Pour la recette des droits sur la navigation, inventaire
& dépôt des effets des morts ou déserteurs, & le dépôt
des marchandises sauvées & sequestrées, ou des deniers
provenant de leur vente, autres que ceux qui doivent
être versés à la caisse des invalides, il sera établi des
receveurs dans les villes maritimes où il y aura des
tribunaux de commerce; ces receveurs seront élus par
les juges de commerce. Ils seront tenus d'avoir des
commis préposés à la recette des mêmes droits, dans
les autres ports de l'arrondissement, sous leur inspection
& leur responsabilité. Ils fourniront un cautionnement
qui sera fixé par les directoires de département, en raison de l'importance de leur recette générale & particuliere, & ne pourront être destitués que par délibération
du conseil général du département.

II. Ils seront tenus de verser tous les mois le produit
de la recette des droits à la caisse du district, y compris celles de leurs commis & préposés, & leur remise
sera fixée au sou pour livre jusqu'à cinquante mille
livres, à six deniers pour livre sur l'excédant de cinquante à cent mille livres, & à trois deniers pour livre
sur le surplus.

III. Ils fourniront chaque année leur compte général
en double au directoire de district, qui l'examinera &
l'enverra avec son avis au département, qui l'arrêtera
définitivement, & en enverra un double au ministre de
la marine.

TITRE V.

Application.

ARTICLE PREMIER.

Au moyen des dispositions contenues dans les articles précédens, les tribunaux d'amirauté, les receveurs, les maîtres de quais, les experts & visiteurs, & tous autres préposés à la police & service maritime des ports de commerce, demeurent supprimés. Ils cesseront toutes fonctions du moment que les officiers établis par le présent décret, pourront entrer en activité.

II. Les procès civils pendans en premiere instance aux tribunaux d'amirauté, seront portés devant le tribunal de commerce. Les procès criminels seront portés devant le tribunal du district du chef-lieu du tribunal supprimé. Les appellations des tribunaux de commerce seront provisoirement portées aux tribunaux de district, dans l'ordre des appellations des tribunaux de district.

III. Dans les villes maritimes où les tribunaux de commerce vont être établis, les juges élus seront installés par le conseil général de la commune, dans la forme prescrite pour l'installation des juges de district.

IV. Les greffiers des tribunaux de commerce des villes maritimes, seront nommés & installés par les juges, de la même maniere que les greffiers des tribunaux de district. Ils seront tenus de fournir le même cautionnement & recevront le même traitement, le tout conformément au titre IX du décret du 16 août 1790.

V. La veille de l'installation des juges de commerce, les officiers municipaux se rendront en corps aux auditoires des amirautés, seront apposer, par leur secrétaire-greffier, les scellés sur les armoires & autres dépôts de papiers ou minutes, en leur présence & en celle de l'ancien greffier du tribunal, qui sera tenu de s'y trouver.

Dans les lieux où les papiers & minutes des greffes se trouveront déposés dans la maison du greffier , le scellé sera mis provisoirement en cette maison , sur les armoires & autres lieux de dépôt qui contiendront les papiers & minutes; il en sera ensuite dressé inventaire contradictoirement avec l'ancien greffier , & ils seront remis , savoir , ceux qui concernent l'exercice de la juridiction , au greffe du tribunal de district , si déja fait n'a été , en conformité de la loi du 19 octobre dernier , & ceux qui ne sont relatifs qu'aux parties d'administration , au bureau du chef chargé de la délivrance des congés , à l'exception des registres des actes de propriété , qui devront être déposés au greffe du tribunal de commerce.

VI. Les officiers municipaux se transporteront également chez les anciens receveurs des droits de l'amirauté ; ils arrêteront leurs registres , & vérifieront leurs caisses , le tout en présence de ces anciens receveurs , qui seront tenus de s'y trouver. Le scellé sera mis provisoirement sur les armoires & autres lieux de dépôt , & sur la caisse ; il en sera ensuite dressé inventaire contradictoirement avec les anciens receveurs , & ils seront remis aux receveurs qui auront été nommés.

Il sera incessamment proposé par les comités de marine & de commerce, un nouveau tarif des droits sur la navigation , & jusqu'à ce , les anciens droits d'amirautés continueront d'être payés.

Mandons , &c. *En vertu des décrets des 21 & 25 juin* 1791 : Pour le Roi. Signé *M. L. F. Duport.*

Loi relative aux gardes nationales.

Donnée à Paris , le 18 août 1791.

Louis , par la grace de Dieu , & par la loi constitutionnelle de l'Etat , Roi des Français : à tous présens & à venir ; salut. L'Assemblée nationale a décrété , & nous voulons & ordonnons ce qui suit.

Décret

Décret de l'Assemblée nationale, du premier août 1791.

Le ministre de la guerre est autorisé à donner tous les ordres nécessaires pour compléter l'organisation des gardes nationales, pour opérer leur rassemblement, & pour les porter dans tous les lieux où elles peuvent être utiles à la sûreté & la défense de l'état.

Mandons, &c. *En vertu des décrets des* 21 *&* 25 *juin* dernier : Pour le Roi. Signé *M. L. F. Duport.*

Loi relative aux fonds demandés par M. de Rochambeau.

Donnée à Paris, le 18 août 1791.

Louis, par la grace de Dieu, & par la loi constitutionnelle de l'État, Roi des Français : à tous présens & à venir; salut. L'Assemblée nationale a décreté, & nous voulons & ordonnons ce qui suit :

Décret de l'Assemblée nationale, du premier août 1791.

L'Assemblée nationale décrete qu'il sera fourni à *M.* Rochambeau, 1° les fonds nécessaires pour faire un camp retranché à Maubeuge; 2°. des fonds extraordinaires pour un rassemblement, s'il y a lieu : 3°. un renfort de troupes consistant en douze ou quinze mille hommes de gardes nationales, dont deux bataillons seront de garde nationale parisienne, & seize escadrons de troupes à cheval.

Mandons, &c. *En vertu des décrets des* 21 *&* 25 *juin* 1791 : Pour le Roi. Signe *M. L. F. Duport.*

Partie XIII. R

Loi relative aux intérêts des charges de barbiers - perruquiers.

Donnée à Paris, le 18 août 1791.

Louis, par la grace de Dieu, & par la loi conftitutionnelle de l'Etat, Roi des Français : à tous préfens & à venir; falut. L'Affemblée nationale a décrété, & nous voulons & ordonnons ce qui fuit :

Décret de l'Affemblée nationale, du 2 août 1791.

L'Affemblée nationale, après avoir entendu le rapport. du comité de judicature, décrete que l'intérét du montant des liquidations des charges des perruquiers barbiers-étuviftes, fupprimées par le décret du 2 mars 1791, leur fera accordé, à partir du jour de la fanction dudit décret, pourvu que lefdits perruquiers aient dépofé leurs titres dans les bureaux de liquidation avant le premier feptembre prochain; & ceux qui dépoferont leurs titres après cette époque, n'auront les intérêts que du jour du dépôt de leuts titres.

Mandons, &c. *En vertu des décrets des 21 & 25 juin dernier* : Pour le Roi. Signé *M. L. F. Duport.*

Loi relative au paiement des fommes fequeftrées & dépofées.

Donnée à Paris, le 18 août 1791.

Louis, par la grace de Dieu, & par la loi conftitutionnelle de l'Etat, Roi des Français : à tous préfens & à venir; falut. L'Affemblée nationale a décrété, & nous voulons & ordonnons ce qui fuit :

Décret de l'Affemblée nationale, du 5 août 1791.

L'Affemblée nationale décrete que tous huiffiers-prifeurs, receveurs des confignations, commiffaires aux fai-

fies-réelles, notaires-fequeftrés, & tous autres dépofitaires
de deniers, ne remettront aux héritiers, créanciers &
autres perfonnes ayant droit de toucher les fommes fequeftrées & dépofées, qu'en juftifiant du paiement des impofitions mobiliaires & contributions patriotiques dues par
les perfonnes du chef defquelles lefdites fommes feront
provenues : feront même autorifés, en tant que de befoin,
lefdits fequeftres & dépofitaires, à payer directement les
contributions qui fe trouveroient dues avant de procéder à la délivrance des deniers ; & les quittances defdites contributions leur feront paffées en compte.

Décrete en outre, que les réglemens ci-devant faits
pour la fûreté du recouvrement des impofitions perfonnelles, notamment dans la ville de Paris, relativement
aux déclarations que doivent faire les propriétaires & les
principaux locataires, feront exécutées provifoirement,
& tant qu'il n'y aura pas été dérogé.

Mandons, &c. *En vertu des décrets des* 21 *&* 25 *juin*
1791. Pour le Roi. Signé *M. L. F. Duport.*

Loi relative aux ponts & chauffées.

Donnée à Paris, le 18 août 1791.

Louis, par la grace de Dieu, & par la loi conftitutionnelle de l'Etat, Roi des Français : à tous préfens & à venir
falut. L'Affemblée nationale a décrété, & nous voulons &
ordonnons ce qui fuit :

Décret de l'Affemblée nationale, des 4 *& 6 août* 1791.

L'Affemblée nationale décrete ce qui fuit :

ARTICLE PREMIER.

L'adminiftration centrale des ponts & chauffées fera
dans la main & fous la refponfabilité du miniftre de l'intérieur.

II. L'affemblée des ponts & chauffées fera préfidée par le miniftre de l'intérieur, & pourra l'être, en fon abfence, par un commiffaire nommé par le roi, fur la préfentation & fous la refponfabilité du miniftre.

III. Pour la formation actuelle de l'affemblée des ponts & chauffées, le roi nommera cinq infpecteurs généraux pris parmi ceux qui étoient en activité dans le grade d'infpecteur général des anciens ponts & chauffées des ci-devant pays d'élection, & trois parmi les ingénieurs principaux des ci-devant pays d'états.

IV. Les articles I, II, III, IV du titre II de la loi du 19 janvier, font révoqués.

V. Il y aura un ingénieur en chef par département, & autant d'ingénieurs ordinaires qu'en demanderont les départemens.

VI. Les appointemens de l'ingénieur en chef feront de quatre mille livres, dont deux mille quatre cents livres feront à la charge du département, & le furplus fera payé par le tréfor national.

VII. Les appointemens des ingénieurs ordinaires feront de deux mille quatre cents livres, & payés par les départemens feuls.

VIII. Il fera accordé aux éleves qui feront envoyés fur les travaux, cent livres par mois en fus du traitemert de l'école, & vingt fous par lieue pour frais d'áller & de retour.

IX. Il fera compté trois années d'école dans le temps de fervice déterminé pour parvenir à la penfion de ceux des ingénieurs qui auront réellement fuivi l'école nationale des ponts & chauffées ; la même chofe aura lieu pour ceux qui ont fuivi les écoles publiques ci-devant établies dans quelques pays d'états.

X. en considération des services importans que *J. R. Perronnet* a rendus pendant plus de cinquante-quatre ans d'activité en divers grades , & dans l'établissement & dans la direction de l'école , il jouira de vingt-deux mille six cents livres de traitement.

XI, L'établissement & l'école des ponts & chaussées demeureront provisoirement fixés rue Saint Lazare ; & cependant l'administration centrale donnera son avis sur les édifices nationaux qui pourroient convenir à cette destination, & sur les dépenses que cette affectation exigeroit.

XII. L'administration centrale proposera un projet de réglement pour l'école , après avoir consulté l'assemblée des ponts & chaussées.

Mandons, &c. *En vertu des décrets des* 21 & 25 *juin dernier :* Pour le Roi. *Signé M. L. F. Duport.*

Loi relative au remboursement de l'emprunt de cent millions.

Donnée à Paris, le 18 août 1791.

LOUIS, par la grace de Dieu, & par la loi constitutionnelle de l'Etat, Roi des Français : à tous présens & à venir; salut. L'Assemblée nationale a décrété, & nous voulons & ordonnons ce qui suit :

Décret de l'Assemblée nationale, du 14 *août* 1791.

L'Assemblée nationale décrete ce qui suit :

La caisse de l'extraordinaire ouvrira le remboursement des sommes dues en résultat du tirage fait en juin 1791, de l'emprunt de cent millions de 1781, montant à la fomme de fept millions deux cent quarante-deux mille livres.

Mandons , &c. En vertu des décrets des 21 & 25 juin 1791 : Pour le Roi. Signé M. L. F. Duport.

Loi relative aux titres des efpeces de quinze & de trente fous:

Donnée à Paris, le 18 août 1791.

LOUIS , par la grace de Dieu , & par la loi conftitution-nelle de l'Etat, Roi des Français : à tous préfens & à ve-nir ; falut. L'Affemblée nationale a décrété , & nous vou-lons & ordonnons ce qui fuit.

Décret de l'Affemblée nationale, du 14 août 1791.

L'Affemblée nationale , après avoir entendu fon comité des monnoies , décrete ce qui fuit :

ARTICLE PREMIER.

Les titres des efpeces de quinze & de trente fous étant déterminés à huit deniers , par la loi du 11 juillet , les fontes des directeurs pourront néanmoins ne fe trouver alliées qu'à fept deniers vingt deux vingt-quatriemes ; & ceux dont le travail fe trouveroit au-deffous de ce titre , feront condamnés aux peines contenues en l'article XV du titre 5 de la loi des 19 & 21 mai.

II. Le remede de poids des pieces de trente fous fera de vingt-quatre grains au marc, & celui des pieces de quinze fous , de trente-fix grains au marc.

III. Il fera alloué aux directeurs des monnoies un déchet d'un marc fur cent marcs , paffés en délivrance des efpeces fabriquées au titre de huit deniers.

Mandons , &c. En vertu des décrets des 21 & 25 juin dernier : pour le Roi. Signé M. L. F. Duport.

Loi portant circonscription des paroisses de Marseille , d'O-range & d'Arles.

Donnée à Paris , le 20 août 1791.

LOUIS , par la grace de Dieu , & par la loi constitu-tionnelle de l'état, Roi des Français : à tous présens & à venir , salut. L'Assemblée nationale a décrété , & nous voulons & ordonnons ce qui suit :

Décret de l'Assemblée nationale , du 16 août 1791.

L'Assemblée nationale , sur le rapport de son comité ecclésiastique , qui a vu & examiné les procès-verbaux & les pieces y jointes , ainsi que l'avis du département des bouches du Rhône , donné sur l'avis du directoire du district , & de concert avec l'évêque diocésain , a décrété qu'il y auroit à l'avenir treize paroisses dans l'enceinte de la ville de Marseille , avec trois succursales dans les faubourgs , & cinq paroisses dans son territoire , avec dix succursales , désignées dans lesdits procès - verbaux & pieces y jointes duement certifiées , le tout dans l'ordre suivant :

Les paroisses dans l'enceinte de la ville sont ,

1°. L'église de la Major , sous le titre & invocation de Saint-Lazare.

2°. Saint-Laurent , sous l'invocation de Saint- Laurent.

3°. Les Grands-Carmes , sous l'invocation de Saint-Etienne.

4°. Les Accoules , sous l'invocation de Notre-Dame des Accoules.

5°. Saint-Martin , sous l'invocation du même saint.

6°. Les grands-Augustins , sous l'invocation de Saint-Augustin.

7°. Les Prêcheurs sous l'invocation de Saint-Dominique.

8°. Les récollets, sous l'invocation de Saint Louis.

9°. Les Capucins , sous l'invocation de Saint-François.

10°. La Palud , sous l'invocation de la Trinité.

11°. Saint-Féréol , sous l'invocation de Saint-Féréol.

12°. Les Picpus, fous l'invocation de Saint-Thomas.
13°. Saint-Victor, fous l'invocation de Saint-Victor.

Eglifes fuccurfales dans les faubourgs.

1°. Le Bon Paſteur, fous la même invocation, fuccurſale de la paroiffe Saint-Louis.
2°. Les Auguſtins réformés, fous l'invocation de Saint-Pierre, fuccurfal de la paroiffe Saint François.
3°. Les Minimes, fous l'invocation de Saint François-de-Paul, fuccurfale de la paroiffe de la Trinité.

Toures ces paroiffes & fuccurfales auront les arrondiffemens énoncés dans le procès verbal de la municipalité de Marfeille, du 30 mars 1791.

Paroiffes & leurs fuccurfales dans le territoire.

L'églife du quartier de Saint Louis, paroiffe.
Quartier formant fon arrondiffement. Saint - Antoine. Notre-Dame des-Crottes. Les Aigalades.

L'églife du quartier de Léon-Saint-André, fuccurfale de la paroiffe du quartier de Saint Louis.
Quartier formant fon arrondiffement. Léon - Saint-Henry. La Nerte. Notre-Dame de la Douane.

L'églife du quartier Sainte Marthe, fuccurfale de la paroiffe du quartier de Saint-Louis.
Quartiers formant fon arrondiffement. Saint-Jofeph. Le Canet. Notre-Dame de Bon Secours.

L'églife du quartier du Château-Gombert, paroiffe fou l'invocation de Saint-Mathieu.
Cette paroiff ne renferme point de quartiers dans fon arrondiffement ; fa population & fon étendue lui fuffifent.

L'églife du quartier Saint - Jérôme, fuccurfale de la paroiffe Saint-Mathieu.
Quartiers formant fon arrondiffement. Saint-Mitre. Notre-Dame de confolation. La Rofe. Les Bonnets. Partie de la Bégude.

L'églife des Chartreux , fuccurfale de la paroiffe Saint-Mathieu.

Cette fuccurfale fera fous le titre de Saint-Bruno.

Quartiers forman fon arrondiffement. Saint-Juft. Saint-Barthelemy. Saint-Charles. La Magdelaine. La Palud.

L'églife du quartier Saint-Julien , fous l'invocation de Saint-Julien.

Quartiers formant fon arrondiffement. Les Martigaux. Les Olives.

L'églife du quartier des Caillos , fuccurfale de la paroiffe Saint Julien.

Quartiers formant fon arrondiffement. Les comptes.

L'églife de Saint-Bernabé , fuccurfale de la paroiffe Saint-Julien.

Quart ers formant fon arrondiffement. Saint-Dominique. Saint-Jean-au-Défert.

L'églife du quartier de Saint-Marcel , paroiffe.
Quartiers formant fon arrondiffement. La Valentine, Saint-Mené.

L'églife du quartier des Camoins, fuccurfale de la paroiffe Saint-Marcel.

Quartiers formant fon arrondiffement. La Treille. Les Accates. Neoule.

L'églife du quartier de Saint-Loup , fuccurfale de la paroiffe Saint-Marcel.

Quartiers formant fon arrondiffement. La Capelette. Saint-Pierre.

L'églife du quartier des Mazargues , paroiffe.
Quartiers formant fon arrondiffement. Bonne-Venne.

L'églife de Saint-Geneft, fuccurfale de la paroiffe du quartier des Mazargues.

Quartiers formant fon arrondiffement. Montredon. Le Rouet.

L'églife du quartier de Sainte-Marguerite & fes dépendances, fuccurfale de la paroiffe du quartier de Mazargues.

VILLE D'ORANGE.

L'Affemblée nationale, fur le rapport de fon comité eccléfiftique, a décrété, conformément à l'avis du directoire du département des Bouches du Rhône, donné de concert avec l'évêque diocéfain, que l'églife des ci-devant Cordeliers dans la ville d'Orange, fervira provifoirement de fuccurfale, & celle des Pénitens, d'oratoire, aux termes prefcrits par les décrets de l'Affemblée nationale.

ARLES.

L'Affemblée nationale, fur le rapport de fon comité eccléfiaftique, a décrété, conformément à l'avis du directoire du départ. ment des Bouches du Rhône, donné de concert avec l'évêque diocéfain, que l'églife dédiée à Notre-Dame de Grace, dans le faubourg de la ville d'Arles, fera convertie en oratoire, dans les termes prefcrits par l'Affemblée nationa'e.

Mandons , &c. *En vertu des décrets des 21 & 25 juin* 1791 *:* Pour le Roi. Signé *M. F. L. Duport.*

Loi relative à l'établiffement du canal projeté par le fieur Barbe.

Donnée à Paris, le 22 août 1791.

LOUIS, par la grace de Dieu , & par la loi conftitutionnelle de l'Etat . Roi des Français : à tous préfens & à venir : falut. L'Affemblée nationale a décrété, & nous voulons & ordonnons ce qui fuit :

Décret de l'Affemblée nationale, du 16 août 1791.

L'Affemblée nationale , après avoir ouï le rapport de fon comité d'agriculture & de commerce, a approuvé

le projet du canal propofé par le fieur *Barbe*, tendant
à procurer de l'eau à la ville de Tournon, à y établir
des moulins, & à arrofer les campagnes qu'il traverfera ;
autorife le fieur *Barbe* à conftruire à fes frais ledit canal,
aux conditions portées par fon projet qui reftera annexé
au préfent décret : & fera ladite conftruction exécutée
fuivant les difpofitions de loix, fous l'infpection du directoire du diftrict de Mezene, & fous la direction de
celui du département de l'Ardêche.

Mandons, &c. *En vertu des décrets des* 21 & 25 *juin
dernier :* pour le Roi *Signé M. L. F. Duport.*

---

*Loi qui fixe le prix du tranfport des lettres, paquets, or
& argent, par la pofte.*

Donnée à Paris, le 22 août 1791.

LOUIS, par la grace de Dieu, & par la loi conftitutionnelle de l'Etat, Roi des Français : à tous préfens & à
venir ; falut. L'Affemblée nationale a décrété, & nous
voulons & ordonnons ce qui fuit :

DÉCRET de l'Affemblée nationale, du 17 *août* 1791.

L'Affemblée nationale, fur le rapport de fes comités
réunis des contributions publiques, d'agriculture & de
commerce, & des finances, décrete ce qui fuit ;

ARTICLE PREMIER.

A compter du premier janvier 1792, le prix du tranfport
des lettres, paquets, or & argent, fera payé conformément
au tarif annexé au préfent décret.

II. Pour établir les bafes de ce tarif, il fera fixé
un point central dans chacun des quatre-vingt-trois départemens.

III. Les diftances entre les départemens feront cal-

culées de point central en point central , à vol d'oi-
feau , & à raifon de deux mille deux cent quatre-vingt-
trois toifes par lieue.

IV. La taxe des lettres & paquets partant ou arrivant
d'un département pour un autre , fera la même pour tous
les bureaux des deux départemens.

V. Il fera dreffé , fous la furveillance du miniftre des
contributions publiques , une carte de France où feront
défignés les points de centre de chaque département ,
& les bureaux de pofte établis dans leur enceinte.

VI. Il fera de même dreffé un tableau divifé en fix mille
huit cent quatre-vingt-neuf cafes.
Chaque cafe indiquera la diftance du point central
d'un autre , & la taxe de la lettre fimple d'un département
à un autre.
Cette carte & ce tableau feront dépofés aux archives
de l'Affemblée nationale ; un double de l'un & de
l'autre feront auffi dépofés dans les arch·ves des poftes ,
& des exemplaires affichés dans tous les bureaux des
poftes.

VII. Il ne fera fait ufage dans tous les bureaux de
pofte , pour la taxe des lettres & paquets que du poids
de marc.

VIII. Seront taxées comme lettres fimples , celles
fans enveloppe , & dont le poids n'excédera pas un
quart d'once.

IX. La lettre avec enveloppe ne pefant point au-delà
d'un quart d'once , fera taxée , pour tous les points du
royaume , un fou en fus du port de la lettre fimple.

X. Toute lettre avec ou fans enveloppe , qui paroîtra être du poids de plus d'un quart d'once , fera
pefée.

XI. La lettre ou paquet pefant plus d'un quart d'once

& au-deffous d'une demi-once , paiera une fois & demie le port de la lettre fimple.

La lettre ou paquet pefant demi-once & moins de trois quarts d'once , paiera double de la lettre fimple.

La lettre ou paquet pefant trois quarts d'once & moins d'une once , paiera trois fois le prix de la lettre fimple.

La lettre ou paquet pefant une once & au-deffous de cinq quarts d'once , paiera quatre fois le port de la lettre fimple ; & ainfi de la proportion de quart d'once en quart d'once.

XII. Toutes les fois que le poids des lettres ou paquets donnera lieu à une fraction de fou , cette fraction fera retranchée de la taxe.

XIII. Lorfqu'une lettre ou paquet aura été taxé dans l'un des bureaux de pofte , fa taxe ne pourra être augmentée dans aucun bureau , à moins qu'il ne faille faire renvoi de la lettre ou paquet à une autre adreffe.

XIV. Les ports de lettres & paquets feront payés comptant ; il fera libre à tous particuliers de refufer chaque lettre ou paquet au moment où il lui fera préfenté & avant de l'avoir décacheté.

XV. Il y aura dans chaque département un bureau de pofte défigné pour la réduction des taxes faites au deffus du tarif , & la remife de la fur-taxe fera faite au réclamant , auffitôt que la lettre ou paquet détaxé , s'il y a lieu , aura été renvoyé au bureau où il étoit adreffé.

XVI. Ne feront taxés qu'au tiers du port fixé par le tarif , les échantillons des marchandifes , pourvu que les paquets foient préfentés fous bande , ou d'une maniere indicative de ce qu'ils contiennent. Le port ne fera cependant jamais au-deffous de celui de la lettre fimple.

XVII. La taxe des journaux & autres feuilles périodiques , fera la même par tout le royaume ; favoir , pour ceux qui paroiffent tous les jours , de huit deniers par chaque feuille d'impreffion , & pour les autres, de douze deniers.

La taxe fera de moitié pour les ouvrages qui ne feront que d'une demi-feuille , & les fupplémens feront taxés en proportion.

XVIII. Les livres brochés qui feront mis à la pofte fous bande , ne feront taxés dans tout le royaume qu'à un fou la feuille.

XIX. L'adminiftration des poftes ne fera pas refponfable des efpeces , monnoies , matieres d'or & d'argent , diamans & autres effets précieux qui auroient été inférés dans les lettres ou paquets.

C XX. Ceux qui voudront faire charger des lettres ou paquets , les remettront aux prépofés des poftes , qui percevront d'avance le double port , & en chargeront leurs regiftres.

XXI. Lorfqu'une lettre ou paquet , chargé à la pofte, ne fera pas parvenu à fa deftination en France dans la quinzaine , au plus tard , du jour du chargement , le chargeur , ou celui à qui ils auront été adreffés , pourront en faire la réclamation ; & faute de remife de la lettre ou paquet dans le mois de la réclamation , l'adminiftration des poftes fera tenue de payer au réclamant trois cents livres.

XXII. Le port des matieres d'or & d'argent monnoyées ou non , fera par-tout le royaume de cinq pour cent de leur valeur , & l'adminiftration fera refponfable de la totalité de la fomme dont elle fera chargée.

XXIII. L'adminiftration des poftes fixera le *maximum* des fommes qui pourront être expédiées par chaque courrier de chaque bureau de pofte.

XXIV. Les lettres & paquets deftinés pour les colonies

françoises, feront affranchis jufqu'au port de l'embarquement ; le port en fera payé conformément au tarif
& deux fous en fus.

XXV. Les lettres & paquets venant des colonies françoifes, & remis aux commandans des navires par les directeurs des poftes du lieu de leur départ, feront taxés à
quatre fous dans le lieu d'arrivée, lorfqu'ils feront deftinés pour le port de débarquement ; ceux dont la deftination fera plus éloignée feront taxés conformément
au tarif, à raifon des diftances du lieu du débarquement à celui de leur deftination , & deux fous en fus.

XXVI. Les commandans de navires partant pour les
colonies, ou des colonies pour la France , feront tenus
de fe charger des lettres & paquets qui leur feront remis
par le directeur des poftes du port de leur départ, & de
les remettre auffitôt leur arrivée au bureau des poftes du
lieu de leur débarquement.

Il leur fera payé en France deux fous par chaque lettre
ou paquet qu'ils recevront des prépofés de l'adminiftration,
ou remettront au bureau de la pofte.

XXVII. Les lettres de France deftinées pour les états-
unis de l'Amérique feptentrionale , feront affranchies
depuis le bureau de leur départ jufqu'au port de
l'Orient.

Le port fera conforme au tarif; il fera en outre augmenté d'une livre par chaque lettre ou paquet pefant
moins d'une once, d'une livre dix fous pour ceux pefant
une once & moins de deux ; & ainfi de fuite en augmentant de dix fous par once.

XXVIII. Les lettres & paquets envoyés des états-unis
à l'Orient , paieront le même port d'une livre pour la
lettre ou paquet pefant moins d'une once, d'une livre
dix fous pour la lettre ou paquet pefant une once & moins
de deux ; & ainfi de fuite en augmentant de dix fous par
once.

Ils paieront en outre le port fixé par le tarif de l'Orient
à leur deftination.

XXIX. La lettre simple envoyée de l'île de Corse en France, ou de France en Corse, paiera quatre sous en sus de la taxe, suivant le tarif, à raison des distances d'Antibes au lieu de sa destination, ou du lieu du départ à Antibes.

XXX. Il ne sera rien changé, quant à présent, à la taxe des lettres & paquets arrivant des pays étrangers, ou destinés pour eux, telle qu'elle est fixée par des traités ou conventions existant avec les différens officiers des postes étrangeres, non plus qu'à l'obligation de l'affranchissement jusqu'aux frontieres pour certains pays, résultant des conditions desdits traités.

XXXI. Le pouvoir exécutif est autorisé à entamer des négociations avec les officiers étrangers pour l'entretien ou le renouvellement des différens traités qui existent avec eux, pour, sur le compte qui en sera rendu au corps légiflatif, être par lui définitivement statué ce qu'il appartiendra.

XXXII. *Tarif des lettres simples, relativement à la distance.*

Dans l'intérieur du même département, quatre sous.. 4 f.
Hors du département & jusqu'à 20 lieues inclusivement, cinq sous............................ 5.
De vingt à trente, six sous............... 6.
De trente à quarante, sept sous.......... 7.
De quarante à cinquante, huit sous....... 8.
De cinquante à soixante, neuf sous....... 9.
De soixante à quatre-vingts, dix sous.... 10.
De quatre-vingts à cent, onze sous....... 11.
De cent à cent vingt, douze sous......... 12.
De cent vingt à cent cinquante, treize sous... 13.
De cent cinquante à cent quatre-vingts, quatorze sous........................... 14.
De cent quatre-vingts & au-delà, quinze sous.. 15.

XXXIII. L'administration des postes est autorisée à former

former des établissemens de petite poste dans tous les lieux où elle le jugera nécessaire.

Les lettres portées par ces petites postes seront taxées; savoir,

La lettre simple pour l'intérieur de la ville, deux sous... 2. f.

La lettre sera réputée simple jusqu'au poids d'une once, & lorsqu'elle pesera une once & moins de deux, elle sera taxée quatre sous............. 4.

Du poids de deux onces & moins de trois, six sous.. 6.

Et ainsi de suite en augmentant de deux sous pour chaque once.

Pour le service de l'arrondissement la taxe sera; savoir,

La lettre simple, trois sous.............. 3.
Au poids d'une once, cinq sous........... 5.
Deux onces, sept sous................... 7.

Et ainsi de suite en augmentant de deux sous pour chaque once.

Mandons, &c. *En vertu des décrets des 21 & 25 juin dernier:* Pour le Roi. Signé *M. L. F. Duport.*

Loi relative aux pensions sur la loterie & le Port-Louis.

Donnée à Paris, le 22 août 1791.

Louis, par la grace de Dieu, & par la loi constitutionelle de l'Etat, Roi des Français: à tous présens & à venir; salut. L'Assemblée nationale a décrété, & nous voulons & ordonnons ce qui suit:

Décret de l'Assemblée nationale, du 18 août 1791.

L'Assemblée nationale, ouï le rapport du comité des pensions, décrete que sur la somme de soixante-quatorze mille cinq cent cinquante livres qui reste du fonds de cent cinquante mille livres, destiné par le décret du

Partie XIII.   S.

20 février dernier, à procurer des secours aux personnes employées ci-devant sur les fonds de la loterie royale & du Port-Louis, il pourra être employé après lesdites personnes, sur la vérification & le rapport du directeur général de la liquidation, des personnes âgées ou infirmes qui avoient des pensions, soit sur des corporations ou communautées supprimées, soit sur tous autres fonds qui, d'après les décrets de l'Assemblée, n'existent plus, & ont été réservés au trésor national.

Mandons, &c. *En vertu des décrets des 21 & 25 juin 1791.* Pour le Roi. Signé *M. L. F. Duport.*

L o i qui accorde des gratifications à ceux qui ont bien servi la chose publique, lors des événemens du 21 juin & jours suivans.

Donnée à Paris, le 22 août 1791.

Louis, par la grace de Dieu, & par la loi constitutionnelle de l'Etat, Roi des Français : à tous présens & à venir, salut. L'Assemblée nationale a décrété, & nous voulons & ordonnons ce qui suit :

Décret de l'Assemblée nationale, du 18 août 1791.

L'Assemblée nationale, après avoir entendu son comité des rapports sur les récompenses à accorder à ceux qui ont le plus utilement servi la chose publique, lors des événemens du 21 juin & jours suivans ;

Déclare qu'elle est satisfaite du zele & de la prudence des membres composant les directoires, corps administratifs & les municipalités des départemens de la Meuse, de la Marne & des Ardennes, du courage des gardes nationales & de la gendarmerie de ces départemens, du civisme des troupes de ligne qui, en ces circonstances, se sont réunis aux citoyens, qu'ils ont bien mérité de la patrie & rempli honorablement leurs devoirs.

Décrete en outre, 1°. que deux maisons nationales & dépendances, situées en la ville de Varennes-en-Argonne, occupées ci-devant, l'une par les religieuses Annonciades, l'autre par des cordeliers, feront deftinées, la premiere à l'emplacement du tribunal du diftrict, du juge de paix, & au logement de la gendarmerie nationale ; la feconde, à former des cafernes pour loger de la cavalerie, & que les frais de ces établiffemens feront fupportés par le tréfor national.

2°. Qu'il fera donné au nom de la nation, à la commune de Varennes, deux pieces de canon, un drapeau aux trois couleurs, portant cette infcription : *La patrie reconnoiffante à la ville de Varennes*, & un fufil & un fabre à chacun des gardes nationaux de cette ville.

3°. Qu'il fera également donné une piece de canon à la ville de Clermont-en-Argonne, & cinq cents fufils pour être diftribués aux gardes nationales de ce diftrict ; à la ville de Saint-Menehould, une piece de canon & cinq cents fufils pour être également diftribués aux gardes nationales de ce diftrict.

4°. Qu'il fera payé par le tréfor public, fur les deux millions deftinés à récompenfer des fervices rendus, aux citoyens ci-après dénommés, les fommes qui fuivent ; favoir,

Au fieur *Drouet*, maître de pofte à Sainte-Menehould, trente mille livres.

Au fieur *Sauce*, procureur de la commune de Varennes, vingt mille livres.

Au fieur *Bayon*, commandant de bataillon de la garde parifienne, vingt mille livres.

Au fieur *Guillaume*, commis du diftrict de Sainte-Menehould, dix mille livres.

Au fieur *Leblanc* l'aîné, aubergifte & officier de garde nationale à Varennes ;

Au fieur *Paul Leblanc*, orfévre & lieutenant des grenadiers de la même ville ;

Au fieur *Juftin George*, capitaine de grenadiers à Varennes ;

Au fieur *Coquillard*, orfévre & officier de la garde nationale de la même ville ;

Au fieur *Jofeph Ponfin*, grenadier à Varennes ;

Au fieur *Rolland*, major de la garde nationale de Varennes ;

Au fieur *Mangin*, chirurgien à Varennes ;

Au fieur *Itant*, major de la garde nationale de Cheppy ;

Au sieur *Carré* , commandant de la garde nationale de Clermont ;

Au sieur *Bedu* , major de la garde nationale de la même ville.

Au sieur *Theunevin* , garde national & greffier du juge de paix des Islettes ;

Et au sieur *Feneaux* , garde national & ancien fourrier du régiment de Limosin , demeurant à Sainte-Menehould ,

A chacun la somme de six mille livres.

Qu'il sera également payé sur lesdits deux millions ; savoir ,

Au sieur *Reignier de Monblainville* ;

Au sieur *Délion Droaet de Montfaucon* ;

Au sieur *Marie Barthe* , gendarme à Varennes ;

Au sieur *Fauchez* , ancien fourrier du régiment de Belsunce , & garde national de Varennes ;

Et au sieur *Lepointe* , gendarme à Sainte-Menehould ;

A chacun la somme de trois mille livres.

5°. Que le sieur *Veyrat* , marchand à Sainte-Menehould , & le sieur *Legay* , officier de la garde nationale de la même ville , recevront chacun une somme de douze mille livres pour avoir été griévement blessés de coups de feu.

6°. Que la veuve *Collet* , de Villers-en-Argonne , dont le fils , gendarme à Sainte-Menehould , a été tué , recevra la somme de trois mille livres.

7°. Que le sieur *Labaude* , garde national à Varennes , qui a été attaqué & dangereusement blessé près de Châlons , recevra la somme deux mille livres.

8°. Qu'il sera payé au sieur *Lénio* , gendarme à Clermont , six cents livres ; & au sieur *Pierson* , gendarme surnuméraire en la même ville , quatre cents livres.

9°. Enfin que le président est chargé d'écrire une lettre particuliere de satisfaction aux directoires des districts de Clermont & Sainte-Menehould , & aux officiers municipaux de Varennes , Clermont & Sainte-Menehould.

Mandons , &c. *En vertu des décrets des* 21 *&* 25 *juin* 1791 : Pour le Roi. Signé *M. L. F. Duport.*

*Loi interprétative de plusieurs articles du décret du 3 août,
sur les pensions.*

Donnée à Paris , le 22 août 1791.

LOUIS, par la grace de Dieu , & par la loi constitutionnelle de l'Etat , Roi des Français : à tous présens & à
venir; salut. L'Assemblée nationale a décrété, & nous voulons & ordonnons ce qui suit :

Décret de l'Assemblée nationale , du 18 août 1791.

L'Assemblée nationale , ouï le rapport de son comité
des pensions , décrete ce qui suit :

ARTICLE PREMIER.

L'article VII du titre premier du décret du 3 août
1791 , qui porte que « dans le cas de défaut de patri-
» moine , la veuve d'un homme mort dans le cours de
» son service public , pourra obtenir une pension alimen-
» taire , & les enfans être élevés aux dépens de la nation,
*s'entend des veuves & enfans des militaires & autres fonc-
tionnaires publics qui étant actuellement employés , meurent
de blessures reçues dans l'exercice de leurs fonctions , ou de
maladies que l'on constatera avoir été causées par l'exercice
des mêmes fonctions.*

II. La disposition de l'article XI du même titre, qui
porte qu'il ne pourra être accordé de pensions à ceux qui
jouissent d'appointemens , gages ou honoraires , ne s'applique pas aux juges de paix , ni aux membres des corps
administratifs, lesquels jouiront des pensions qu'ils auront
méritées , quoiqu'ils reçoivent l'indemnité attribuée à
leurs fonctions.

III. La disposition de l'article XVIII du même titre,
qui porte que « quels qu'aient été le grade ou les fonc-

» tions d'un pensionné, sa pension ne pourra jamais excé-
» der la somme de dix mille livres, » s'entend en ce sens :
que, dans tous les cas, & quels que fussent les appointemens, ils ne peuvent être comptés, pour déterminer la pension, que sur le pied de dix mille livres, de manière qu'après
trente années de service, on ne doit pas obtenir plus de deux
mille cinq cents livres de pension, de même qu'on ne sauroit
obtenir plus de dix mille livres après cinquante années de
service.

IV. Les pensions & secours accordés par l'Assemblée
nationale pourront être saisis jusqu'à concurrence de la
moitié de leur montant, par les créanciers des pensionnaires, fondés en titre, pour entretien, nourriture &
logement.

Mandons, &c. *En vertu des décrets des* 21 & 25 *juin
dernier :* Pour le Roi. *Signé* M. L. F. Duport.

Fin de la treizieme partie.

TABLE ALPHABÉTIQUE

DES MATIERES

Contenues dans cette Treizieme partie.

H.

I.

J.

L.

M.

N.

O.

P.

R.

Fin de la table de la treizieme partie.

RECUEIL GÉNÉRAL
DES DÉCRETS
DE L'ASSEMBLÉE NATIONALE
SANCTIONNÉS PAR LE ROI

3179